新闻采访与写作案例教程

News Interview And Writing

Case Tutorial

主编
李世举　俞运宏

中国国际广播出版社

前　言

作为国家一流本科课程新闻采访与写作的主讲人，我们期望在备课和讲授时尽可能多地采用能反映当前时代风貌的案例。在找寻案例的过程中我们却发现，国内新闻采访与写作方面的案例教程为数不少，但其所选的案例多比较老旧，鲜有能反映当今时代特色的典型案例。故而我们萌生了编写这本案例教程的想法，很快这个想法就获得了采写团队成员、所在学院与学校的大力支持，最终有了这部案例教程。

这部案例教程围绕近年来国内各个领域发生的大事进行选材，力求精选出来的案例能反映当前新时代的若干新变化与新风貌，能为全国新闻专业的教师提供更好的教学参考，也能带给新闻学子更多的启发。

这部案例教程是集体智慧的结晶，因为从思想萌芽、编写计划、章节论证、撰写样章、落实写作任务到修改定稿，都是团队合作的结果。一次又一次的沟通交流、思维碰撞、答疑解惑，与一稿又一稿的修改润色，这是一次团队头脑风暴的体验。这个体验过程是焦灼的、新鲜的与喜悦的。

这部案例教程分上、下篇，上篇六章是新闻采访案例集，下篇四章是新闻写作案例集。这部案例教程中无论是新闻采访还是新闻写作的案例，都紧扣社会热点、难点与痛点，力求尽可能丰富地展现当今时代的画卷。

目　录

上　篇　新闻采访

上　篇

新闻采访

第一章　新闻发现与寻找新闻线索

第一节　要点概述

新闻发现及寻找新闻线索对新闻采访具有至关重要的意义。这不仅是新闻采访的起点和基础，也是提升报道质量、增强新闻时效性、促进新闻创新、加强媒体与社会联系以及提升记者职业素养的重要途径。

一、新闻发现的意义

人，是为“发现”而航行的探寻者。任何一篇新闻报道的产生，都是先由记者发现具有新闻价值的事实，而后进入新闻采写环节。因此，缺少有效的“发现”和抽丝剥茧般的探寻就没有新闻。

没有发现就没有新闻。发现是新闻工作的首要前提，如果一个记者缺乏发现新闻的敏锐度，即便他采访熟练，文笔出色，在新闻实践过程中也会产生非常大的困扰。[①]在新闻采编实践中，有的记者能在日常生活中及时发现非常好的新闻线索，有的记者在同样的环境中却难以找到新闻线索，这归根到底是他们的新闻发现力不同。

---

① 任俊兰.新闻记者如何发现新闻［J］.新媒体研究，2017，3（11）：141-142.

曾任新华社总编辑的南振中先生说过："发现是经过研究、探索等，看到或者找到前人没有看到的事物或规律。新闻发现就是把前人没有报道过的新的事物和新发现的规律及时准确地传播出去。"新闻界前辈穆青先生曾说，记者的生命力，其实就是发现力。优秀的新闻报道更是来自新闻发现力。[①]显然，对于记者而言，新闻发现力是其必须具备的专业能力与素养。

新闻发现是新闻采写的前提和基础。所谓新闻发现，是对新闻事件或事实所蕴含的价值认知与逻辑判断。[②]作为新闻制作生产链的"启动键"，新闻发现的实质在于记者需要具备独到的眼光，能够迅速识别出哪些客观事实具备成为公众关注焦点的潜力，即其公共传播价值，并据此规划出最佳的呈现策略与表达方式。

二、新闻发现的目标与依据

（一）新闻发现的目标

新闻发现的目标首先在于抓取具有公共传播价值的事实。新闻发现实质上与其他发现活动一样，属于一种主动探索的思维和行动。[③]新闻发现的过程就像剥洋葱，由表及里，一层一层剖开，而非看山便是山，看水便是水。

在客观世界中，会存在大量的事实和现象，且常以碎片化的形式出

① 常志霞.记者的发现力：兼论新闻价值判断［J］.新闻爱好者，2015（4）：51-54.

② 陈栋.记者的基本功：新闻发现力［J］.今传媒，2013，21（8）：115-116.

③ 李静玲.记者提升新闻发现力的路径探析［J］.新闻研究导刊，2022，13（24）：169-172.

现，使人不易察觉。新闻发现的目标就是在浩如烟海的事实中主动探寻出最具公共传播价值的信息内容，并判断事实的哪一部分、哪一角度对受众更有吸引力、对社会更具公共传播价值，这是记者最常思考和面对的问题。

新闻发现的目标还在于发现并找出新闻作品的最佳表达方式。在采写新闻的过程中，记者面对客观事实，不仅要快速分析、鉴别、判断事实中的新闻价值和隐含的公共传播价值，更要找出新闻作品的最佳表达方式。

（二）新闻发现的依据

新闻发现是对事实信息的公共传播价值及其最佳表达方式的率先认知，更是对新闻价值的评判。新闻的价值，是以“新闻”作为价值客体，看它对社会及其个体的作用与意义。①

新闻发现的依据，便是新闻价值评价的标准。从新闻传播客体属性的角度，可以将新闻事实的时效性、重要性、接近性、显著性、趣味性、人情味等作为新闻价值的评价标准。从新闻发现的实践层面来看，记者主要以三个方面内容作为新闻发现的依据：第一，党和政府的方针政策；第二，受众的需求与社会热点；第三，社会上普遍存在的问题。

首先，党和政府的方针政策是新闻发现的重要指导方向。新闻工作者要善于“吃透两头”，一头是对宏观层面、全局性走势的把握，吃透党和政府的方针政策；一头是关注百姓的需求和愿望，吃透当下的社会热点和问题。

其次，受众的需求与社会热点是新闻发现的重要依据。记者需要密

---

① 杨保军.准确认识“新闻的价值”：方法论视野中的几点新思考［J］.国际新闻界，2014，36(9)：108-121.

切关注社会上的热点事件、话题、问题，及时掌握受众的信息需求和兴趣偏向，进一步优化报道的内容和形式。

受众的所有需求并非都能成为新闻发现的依据，阿德勒认为，“没有一个人是住在客观的世界里，我们都居住在一个各自赋予其意义的主观的世界”，即使我们身处客观世界，随着媒介的发展这也是一个被建构和拟态化的“网络世界”。差异化的需求中掺杂着真真假假，人们以为自己需要的不一定真是自己需要的。因此，受众的需求应以涉及人们的共同利益、共同关注的话题，也就是“实际存在的客观状态”作为其评价标准。

最后，社会上普遍存在的问题是新闻发现的重要线索。这些问题可能涉及环境保护、医疗教育、农村发展、就业保障等多个领域，与公众的生活和利益息息相关。在当今的信息社会，记者作为公平正义的守护者和社会进步的推动者，有义务发现社会普遍存在的问题。例如农产品销售渠道不畅、中间环节过多导致到消费者面前时价格过高的问题，就是经过记者的发现与采写报道后引起社会的广泛关注。在新闻发现的过程中，无论是显性的问题，抑或是在社会上还未曾引发关注的“隐性”问题，尤其是领导层未重视的与公众忽视的问题，记者都要通过独立的观察去发现问题的苗头、关注问题的变化、深究问题的根源，并通过持续的报道去推动问题的解决和改进。

三、新闻发现的过程

（一）记者的前发现阶段

在探索新闻的过程中，记者面临以下六大环节：快速捕捉新闻线索；快速辨认事实真相；快速选定报道角度；快速获取相关信息；快速决策报道方案；快速确定报道的最佳表达方式。

因此，要想在短时间内完成上述任务，仅凭记者一时半刻的准备是不够的，必须依靠长期的努力和训练。正所谓“台上一分钟，台下十年功”，只有具备良好的职业素养，才能在记者心里建立起一个固定的“前发现”阶段，捕捉转瞬即逝的新闻线索。

（二）新闻发现的关键阶段

新闻事件的发现、采集，新闻内容编辑、报道发布，每一个环节都离不开新闻发现。在同样的机遇和报道时效的压力下，有的记者不堪重负，而有的记者却能应对自如，关键在于优秀的记者几乎都具备了新闻发现思维。

记者新闻发现的思维过程，大致分为四个阶段：触发灵感阶段、预测事实阶段、印证真相阶段、定向挖掘素材阶段。[①]这四个先后依次出现或时有交叠的新闻发现思维阶段，贯穿于新闻生产的全过程，形成了独特的新闻“发现链条”。

1.触发灵感阶段

《现代汉语词典》中关于“灵感”的释义：“在文学、艺术、科学、技术等活动中，由于艰苦学习，长期实践，不断积累经验和知识而突然产生的富有创造性的思路。”优秀的新闻作品无疑脱胎于“灵感”，但“灵感”并非凭空捏造，而是依赖于事实基础。新闻的本质在于传播真相，新闻写作的过程是将新闻事实作为核心，采用独到的角度和创新的表达手法——“灵感”来呈现。

灵感作为新闻发现的关键阶段主要有两个方面的表现：一是发现新闻线索中的新闻价值；二是创造性地寻找合适的报道角度。一般来说，

① 张征.记者发现新闻的四个阶段［J］.国际新闻界，2007(2)：39-43.

在寻找线索与触发灵感的交汇过程中，记者的思维大致有以下两种状态：

一种是记者预先把握了大致的价值发现取向，在遇到新闻线索后，迅速利用发散性思维激发灵感。换言之，记者通常具备敏锐的洞察力，能够预先识别出某些问题中潜在的新闻价值。当他们接触到与这些预设的新闻价值取向相吻合的信息时，这些预设的新闻价值取向会被“唤醒”并活跃起来。随后，这些被激活的新闻价值取向与具体的事实信息相互融合，互相印证，最终催生出记者独特的报道灵感，并呈现出具有影响力的新闻作品。

另一种是记者的发现准备状态处于已有的报道主题下，当搜索状态下的目标——新闻事实出现后，记者往往利用直觉思维迅速判断自己搜索目标的“取景框”是否与这个事实吻合。[①]有了既定的主题，记者会时刻关注并搜寻与之相契合的事实信息。

2. 预测事实阶段

触发灵感后，记者不应满足于已获取的事实信息，而是需要沿着事实线索对事实发展的走向做出大胆的预测，致力于挖掘更多的“独家”素材，这需要记者在采访前对事实真相、发展主线进行大胆预测。

3. 印证真相阶段

在触发灵感并获得新闻线索后，记者的首要任务就是对预测的事实真相进行印证。在确定报道选题之后，印证可能出现以下两种情况。

第一种情况，记者预测的事实真相在采访中被证实，由此，按照预测的公共传播价值方向，进一步对报道主题和角度进行提炼。

第二种情况，经过调查采访，记者原先的预测与事实真相有较大出入，甚至预测的事实真相并不存在。面对这种情况，记者必须放弃原先的报道计划，或根据新的发现修订原先的采访计划。

---

① 张征. 记者发现新闻的四个阶段［J］. 国际新闻界，2007（2）：39-43.

4. 定向挖掘素材阶段

在融媒体时代，单一的文字呈现形式已无法满足融媒体时代的受众，新闻报道已演变为一场基于事实的深度探索与多元表达的艺术，因此定向挖掘素材阶段显得尤为重要。此阶段要求记者不仅要具备敏锐的发现力，能够从纷繁复杂的社会现象中捕捉到有价值的新闻线索，还需要掌握多元化的素材搜集技能，例如现场采访、影像记录、社交媒体监听、数据分析等，以实现对事实真相的全景式、多维度呈现。除了文字描述，还可以使用图片、视频、音频、图表、动漫、动画、H5、VR、AR、数据可视化等多种形式，不但可以丰富报道内容而且能满足不同受众群体的阅读习惯与喜爱偏好。

四、新闻线索及其作用

新闻线索是指新闻事实发生的讯号，是最近一段时间所发生事件的简要信息，同时新闻线索又是记者捕捉的敏感对象，是其进行采访活动和发布新闻的出发点。[①]新闻线索可以是一种信号、一些片段、一种现象，甚至是一句话。简而言之，新闻线索不等于新闻事实，它有待核实，不能把现成的新闻线索直接拿来构成新闻报道。

新闻线索的作用不容小觑，它可以给记者指明采访方向和范围，为记者提供认识整个事件的前提和基础。对于记者而言，通过新闻线索能够迅速捕捉到社会热点、突发事件或潜在的社会问题，从而展开深入的调查报道。

---

① 那依拉.记者获取更多新闻线索的途径探析［J］.中国报业，2012（20）：73-74.

五、获取新闻线索的渠道

新华社著名记者徐人仲认为，“新闻线索来源十分广泛，只要记者善于寻找，新闻无处不在”①。

以下几点是新闻界总结的获取新闻线索的主要渠道。

1. 从党和政府的决策会议获取线索

党和政府的决策会议构成了记者挖掘新闻线索的关键路径，这些决策会议中往往蕴含着丰富的、高价值的新闻素材，是记者不可多得的“新闻富矿”。各级党委、政府的办公厅（室）作为信息枢纽，如同信息海洋中的灯塔，汇聚了来自各下属单位及社会各界的最新、最重要的动态与新闻事件。这些机构如同中枢神经，高效整合并传递着各类关键信息，为记者提供了取之不尽的新闻源泉。

因此，记者需积极构建并维护与党政机关、事业单位之间的紧密联系，通过深入研读党的文件、领导讲话、机关简报及领导批示等官方材料，敏锐捕捉“新闻引爆点”。

此外，党和政府制定的宏观方针政策，往往紧密贴合时代脉搏与公众关切，从政府文件中提炼新闻线索，不仅能够精准对接受众的信息需求，还能有效增强媒体的公信力与影响力，进一步巩固其在信息传播领域的核心地位。

2. 新闻线索来源于日常生活

日常生活是新闻线索的“富矿”，记者要以新闻人的独特视角，审视周遭，捕捉那些能够映照时代、触动人心的瞬间，进而将生活的真实与温度传递给公众。因此，日常生活是记者探寻新闻真相、记录时代变

---

① 祁洁，张智超.践行“四力”练好“组合拳”：关于获取新闻线索的几点心得［J］.采写编，2021（2）：18-19.

迁的第一现场。

记者在日常生活中，无论是漫步街头、乘车穿梭、与人交谈还是购物消费，都应时刻保持“眼观六路，耳听八方”的警觉，将每一次的所见所闻视为潜在的新闻线索，善于从平凡的生活中发现新闻素材，捕捉独到之处，这样采写出来的内容才新鲜、有价值。[①]擦亮眼睛，从生活中捕捉的新闻线索，不仅带着“热气”，更有“人情味”。

3. 广泛交友、多一条路

常言道，朋友多则路广。对于记者而言，新闻线索的丰富度与时效性，很大程度上依赖于其个人构建的社会关系网络，这恰似发掘新闻的沃土与活水之源。在职业生涯中，记者需要扮演好社交大使的角色，跨越行业与阶层，结交形形色色的朋友，精心编织一张密布而灵敏的“线索网”。在日常生活的点滴中，通过真诚的交流与互动，记者能够触及社会最真实、最生动的事件，从而在不经意的言谈间挖掘出那些紧贴民生、热气腾腾的新闻素材。对于记者而言，拓展并维护好自己的社会关系网络，无疑是提升新闻报道质量、拓宽职业道路的重要法宝。

4. 从各类媒体中挖掘线索

记者需以双重姿态的行动获取新闻素材：一方面，借助于互联网，浏览各大网络媒体的原始信息源；另一方面，不忘深耕传统媒体——报纸、广播与电视，紧密关注本地动态、人物故事及民众心声。

尤为重要的是，在这个媒体融合的时代，记者还需要具备跨媒体视野，要练就一双在信息流中捕捉新闻线索的慧眼，日常要浏览各大新闻网站、追踪微博以及抖音等短视频平台上的新闻热点。与此同时，记者

① 姜艺玮. 浅析记者获取新闻线索的有效路径［J］. 记者摇篮，2021（10）：60-61.

也要警惕自媒体与社交媒体中信息的复杂性，要通过反复筛选与鉴别，确保新闻线索的真实性。

六、新闻线索的筛选

新闻线索的识别和选择，是新闻采写者的基本功。[①]与过往相比，现代媒体环境中的新闻线索不仅来源广泛，数量也急剧膨胀，这对新闻工作者提出了前所未有的挑战——如何在浩瀚的信息海洋中筛选出有价值、关键且真实的信息。因此，在策划采访前，对各类新闻线索进行细致的对比、筛选、鉴别及核实，成为记者不可或缺的工作流程。

就线索的可靠性而言，官方会议记录、精心安排的采访任务、社会活动的官方通报及严谨的文献研究资料一般具有较高的可信度，而社会人士提供的线索和“媒体间转引”等线索则可能含有较多的不确定因素。

社会群体的多样性和动机的复杂性增加了信息筛选的难度，尽管他们常被视作新闻的“一线哨兵”，但与专业新闻从业者相比，他们往往缺乏系统的新闻素养和事实核查能力。在动机层面，虽然多数提供新闻线索的群众是出于对社会事件的关心，但不排除有人为了追求个人名利、申诉不公、报复他人而提供假新闻线索，这无疑增加了新闻线索真实性的甄别难度。

综上所述，群众的非专业性、身份多样性及动机复杂性，共同造成了其提供的线索具备高不确定性的特点，这要求新闻工作者在处理此类线索时，必须保持高度的警惕性和严谨性，以免发生传播错误、误导公众的情况。

① 刘万胜.新闻线索的识别与选择［J］.军事记者，2009(6)：67.

对新闻线索的筛选和处理需要注意以下几点。

1.关注信源、注意核实

新闻线索，本质上仅是导向新闻事实的苗头和迹象，它并非新闻事实的完整面貌，而是预示着潜在事实发展的信号。这些线索能够激发记者的新闻敏感，却不足以直接形成报道。换言之，它们如同藤蔓，而藤蔓上究竟结着何种瓜果，还需记者亲自探索揭晓。

值得注意的是，并非每条线索都能顺利形成报道。有时，线索仅是浮于表面的泡沫或误导性的幻影，抑或是因其时效性已过而失去了新闻价值。因此，为了最大化利用线索的时效性，记者需立即对已有的信源进行核实，确保不在无果之树上空耗时光，错失捕捉真实新闻的良机。

对于已掌握的线索，记者应采取多源交叉验证的策略，通过比对不同来源的信息，剔除谬误，锁定最接近真相的版本。在此过程中，优先选择权威且可靠的信源作为报道依据，这不仅是新闻真实性的保障，也是赢得报道时效性的关键。

2.尊重规律、常理判断

有些记者一旦掌握某个新闻线索，便急于挖掘出所谓的“大新闻”，然而，新闻事实的发展与演变遵循着其固有的过程与逻辑。倘若记者忽视这些内在规律，轻率地干预或预测事件的发展方向，最终可能只是将一鳞半爪的线索错误地当作确凿无疑的新闻事实来报道，这样的行为无异于自欺欺人，严重损害了新闻的真实性与公正性。

面对手头的每一条线索，记者应当保持冷静与克制，认识到即便许多新闻事件看似超乎寻常、不合常规，但越是这种充满离奇或背离常识的信息，其真实性往往越容易受到质疑，也更容易导致虚假报道。因此，记者不仅要尊重新闻事实自然发展的轨迹，还需怀揣一颗质疑之心，运用基本常识、科学理论、法律法规等多维度视角，对这些信息的真实性与合理性进行初步且严谨的甄别。

在此基础上，记者应“顺藤摸瓜”般，谨慎而有序地推进报道工作，确保每一步都基于坚实的事实基础，避免主观臆断与盲目跟风。这样的态度与做法，才是维护新闻行业公信力、促进信息真实流通的关键所在。

3. 采访验证、合理安排

新闻线索仅仅是故事的起点，而非新闻本身，其后紧跟着的是周密的策划与深入的采访。记者的专业素养，尤其是其扎实的采访功底，是剔除虚假与误导性信息的利剑。将线索转化为新闻，关键在于记者通过实地采访，对线索所指向的事实进行逐一验证，并持续挖掘，力求还原事实的全貌与真相。

然而，在快节奏的信息时代，记者常需同时面对多条新闻线索的考验。若缺乏有效管理，不顾个人精力分配，未能对线索进行优先级排序，便可能陷入顾此失彼的困境。因此，面对众多线索，记者需具备敏锐的判断力与高效的决策能力，依据线索的成熟度、重要性及紧迫性，合理安排采访顺序。这通常意味着优先处理难度大、时效性强、影响面广的线索，即遵循“先难后易、先急后缓、先主后次”的原则进行排序。

若采取广撒网而浅尝辄止的策略，每条线索都仅获得表面而模糊的了解，不仅浪费了宝贵的新闻资源，更可能错失深入挖掘重大新闻的机会。即便偶然捕捉到重要且有价值的线索，若未能给予足够的重视与合理的处理，也可能因认识不足、分析不深，而将原本具有重大意义的新闻报道得平淡无奇，失去了其应有的影响力与深度。

第二节　案例解析

案例一

一、案例简介[①]

2022年8月，“一位肿瘤临终患者的最后一舞”的词条登上热搜，引起了南风窗杂志社记者赵佳佳的关注。通过采访，她了解到河北省沧州市人民医院安宁疗护科病房中那些不为人知的故事：对于曾经的麻醉科医生郭艳汝来说，解决疼痛问题是她的专长，但她的一名患者却因无法忍受疼痛而跳楼自杀。事情发生两个月后，一名父亲又带着患有胶质瘤的女儿走进了郭艳汝的办公室。这位父亲的诉求很简单，只希望让肿瘤晚期的女儿少些痛苦。可郭艳汝知道，在国内，成人肿瘤镇痛尚且是个偏门领域，更何况危险性更高的儿童肿瘤镇痛。于是，为生命终末期病人服务的想法在郭艳汝的心里埋下种子，更成为她职业生涯的转折时刻。

先后任沧州市人民医院院长和党委书记的王兆发也不例外，在20年的职业生涯中，他面对过太多被宣告治疗无效的病人，更见证了生命走向终点时所承受的巨大痛苦。2015年国家开始倡导医院建立癌痛病房，以解决癌症晚期病人使用麻醉药品来镇痛的难题。但是，王兆发觉得，

① 赵佳佳.“让我在这里，有尊严地告别人间”［EB/OL］.（2022-11-07）［2024-08-02］. https://www.nfcmag.com/article/9283.html.

晚期病人的镇痛问题并非只是麻醉药品获取和使用的问题，更是一个社会问题。同年，郭艳汝的母亲突发脑梗，并于2019年春离开人世。在面对至亲离世的打击时，郭艳汝递交了辞呈。王兆发和郭艳汝碰面后发现两人对减轻生命终末期病人痛苦的想法一拍即合，于是在2019年春，河北省沧州市人民医院组建了新的科室：安宁疗护科。

在采访中了解到的这些故事，让记者赵佳佳以河北省沧州市人民医院的安宁疗护科作为写作切入口写成了感人至深的通讯《让我在这里，有尊严地告别人间》，深刻揭示了三线城市在安宁疗护领域的实践现状，让读者对安宁疗护的医疗服务有了比较全面的认识。

二、案例分析

2022年8月，记者赵佳佳在热搜中看到“一位肿瘤临终患者的最后一舞”这一词条。当意识到这一词条背后的新闻价值后，赵佳佳及时地追踪采访，继而挖掘出了不受人们关注的安宁疗护科及其背后不为人知的故事，最终采写发表了颇有深度的通讯作品。

记者通过对王兆发院长和郭艳汝医生两人的采写，勾勒出河北省沧州市人民医院安宁疗护科成立的缘由和病房中感人的故事。这篇报道的问世印证了没有发现就没有新闻，更说明了新闻发现是新闻采写的前提和基础。

普通人在面对热搜词条时往往只是走马观花地浏览内容，而专业记者则是通过热搜词条敏锐地发现新闻线索，进而挖掘出热搜背后的新闻故事。

案例二

一、案例简介[①]

2022年8月，在极端高温下，重庆多地接连发生火灾，其中最令人揪心的莫过于8月21日晚在北碚区歇马街道虎头村燃起的山火。各大媒体纷纷聚焦这一事件，各自以独特的视角切入，各有侧重，为公众呈现了多维度、多层次的报道。

8月25日上午，“封面新闻”记者李茂佳和同事驱车前往现场。在重庆市朝阳中学的一侧，有一片开阔地带被紧急征用为救援人员和物资的集结点。在这里，救援物资堆积如山、药品整齐排列、灭火器等应急装备严阵以待，志愿者们正汗流浃背地将一箱箱救援物资装入摩托骑士们的背篓中。随后，骑士们便踏上了崎岖的山路将物资送往前线。

就在这繁忙而有序的场景中，李茂佳的目光突然被右手缠绕着绷带正从山上蹒跚而下的骑手张骏吸引，刚完成了一趟物资运输任务的张骏毫不在意自己的伤势，面对志愿者的关心，他大声地说道：“往里面装，多装点，我背得动！”目睹了这一幕，李茂佳与身边的同事深受触动。

为了更好地记录骑手运输物资的情况，李茂佳和现场调度员几经协商，最终获准以“医务人员”的身份跟车走一趟，她用相机记录下张骏运送物资抵达火场的完整过程，也记录下了现场忙碌的多位消防员、志愿者、摩托骑士。

---

① 李茂佳.用心捕捉重庆山火扑救过程中默默散发的光彩丨第23次看见初心[EB/OL].(2022-11-08)[2024-08-04]. https://baijiahao.baidu.com/s?id=1748928911503327688&wfr=spider&for=pc.

中国新闻网的唐志勇、穆洪超则把关注点放在武警重庆总队执勤第二支队的官兵们身上，因为自8月21日晚北碚区歇马街道虎头村突发紧急火情起，该支队迅速响应，不分昼夜地赶往火灾现场。在此次扑救任务中，他们或肩扛重担，攀上陡峭的山坡，迅速铺设水带；或穿梭密林深处，细心清除每一处余火，以防死灰复燃。8月25日晚，在武警官兵和各方救援力量的协同配合下，山火被成功扑灭，但险情尚未解除。该支队官兵并未撤离，一边对扑救现场留下的垃圾进行清理，一边安排官兵昼夜巡逻。

据了解，在执行任务期间，该支队官兵共扑灭明火、暗火、余火累计300余处。记者在《重庆北碚山火扑灭后 他们在一线坚守了三天三夜》一文中写道："8月28日晚，在重庆北碚区歇马街道四号防火隔离带，武警重庆总队执勤第二支队官兵戴着头灯，在山林周边巡逻观测。据悉，大火扑灭以来，他们已经在这里坚守了三天三夜。"[①]

二、案例分析

各类媒体因其独特的定位和受众群体，在面对同一议题时，会各自聚焦不同的关注点。同样地，不同的记者因其成长背景、专业视角及敏锐度的差异，在同一题材的报道中总能捕捉到各自的新闻发现点。

"封面新闻"的报道《用心捕捉重庆山火扑救过程中默默散发的光彩丨第23次看见初心》将镜头聚焦于一位普通而又不平凡的民间英雄——摩托骑士张骏。记者通过跟踪采访，生动再现了他及众多志愿者如何凭借摩托车这一看似简单的工具，在崎岖的山路上穿梭，为前线救

---

① 唐志勇，穆洪超.重庆北碚山火扑灭后 他们在一线坚守了三天三夜［EB/OL］.（2022-08-29）［2024-08-04］. https://www.chinanews.com/sh/2022/08-29/9839372.shtml.

援人员运送救援物资与灭火器材的感人场景。而中国新闻网的报道则从更为宏观的视角出发，从宏观角度介绍武警重庆总队执勤第二支队官兵的救援行动，强调了他们的专业素养和奉献精神。虽然两篇报道都涉及了山火扑救的过程，但前者的时间线更加紧凑，从山火爆发到记者采访再到撤离，几乎覆盖了整个救援过程。而后者则更加聚焦于武警官兵在火灾扑灭后的坚守和清理工作，时间线相对更加集中在火灾扑灭后的收尾与善后工作中。

两家媒体对同一事件的关注点不同，向公众展现了不同的“新闻发现”——前者以微观视角聚焦个体，“发现”了民间力量的光辉与温暖；后者则“发现”了武警重庆总队执勤第二支队官兵的官方力量。这两则新闻报道共同彰显了国家力量与民族精神。

案例三

一、案例简介[①]

东北黑土地素有“耕地中的大熊猫”之称，是东北粮仓的保障。黑龙江省五常市凭借其肥沃的土地生产出的“五常大米”更是全国闻名。然而，记者在走访调查中发现一些不法分子正在破坏、盗挖东北黑土地，破坏面积达9万多平方米，保护我国的稀有黑土资源已是刻不容缓之势。

① 李建平，马知遥，杨思琪.新华全媒+丨盗挖屡禁不止、环境遭破坏、电商售卖无监管……谁来保护东北黑土资源？［EB/OL］.（2021-04-01）［2024-08-05］. https://baijiahao.baidu.com/s?id=1695844343732125581&wfr=spider&for=pc.

记者了解到，2021年春节后，有人在五常市以改良土地的名义大范围承包土地，随后便用大型机械挖土。在盗挖黑土者租住的房屋附近都停放着一些机械设备。据当地村民介绍，黑土被挖后不是直接盗卖，而是需要在储存场晾干、粉碎、过筛后才能进袋打包。经专业机构检测，他们的采挖物为泥炭，属于矿产资源，一立方米可达市场价20多元，其涉案总金额达36万元，公安机关以“非法采矿罪”立案侦查。此前，在东北其他地方也发生过类似案件，买卖“黑土地”在网上几乎发展成产业，买卖的黑土被用于私人化的种植或城市绿化。记者在某电商平台发现，标记为“天然草炭土”“东北有机黑土”的商品，依然有不少商家在售卖。

二、案例分析

该报道一经发布便取得刷屏之势，全网浏览量1.2亿次，引起了中央与地方政府的高度重视。通过记者的冒险暗访，这篇报道最终解开了黑土盗卖产业的“黑幕”，完整还原了黑土盗卖产业的关键环节，成功将黑土资源保护问题从地方上升为国家，甚至法律层面的问题。2021年6月，全国黑土地保护现场会在黑龙江召开。2023年12月《黑龙江省黑土地保护利用条例》公布，并指出自2024年3月1日起施行，确立每年5月25日所在周为黑龙江省黑土地保护周。

为挖掘黑土盗卖产业屡禁不止的深层次原因，记者还采访了基层干部、人大代表、中科院权威专家、政协委员等人员。这不仅增强了报道的深度，更解析出黑土地保护法律法规的空白是最大的症结所在，为保护我国稀有资源打响了重要一枪。

新闻记者作为社会公正的守望者与文明进步的催化剂，肩负着揭露社会普遍难题、促进问题解决的重任。通过深入调查与报道，记者能够将这些关乎国计民生的问题置于公众视野之下，激发社会讨论与行动，共同推动社会的和谐发展与持续进步。

新闻敏感与专业素养是新闻发现的重要保障。新闻无处不在，无时不有。[①]然而并非人人都具备发现的眼睛与能力，培养记者的新闻敏感就是培养记者的发现力。若记者缺少发现的眼睛，即使具备专业素养，也无法产出优秀的新闻作品。同样，能够发现新闻但缺乏专业素养，新闻作品也会面临“早产”的窘况。因此，记者首先要发现新闻，其次要富有正义感、同情心，勇往直前、坚持不懈、不断质疑、勤奋学习、勤于思考，才能采写出对社会发展有积极作用的优秀新闻作品。

案例四

一、案例简介[②]

为深入学习宣传贯彻党的二十届三中全会精神，挖掘和展示各镇街围绕“干好‘一三五’、实现新跨越”的目标任务，聚力“三大突破”、建强“三支队伍”、夺取“全年胜”等工作的新成效新亮点，2024年7月初，金东区融媒体中心班子成员带队，12路记者分赴各镇街，走进项目、走进企业、走进田间地头，从而产生了“蹲点·一线见闻”系列报道，如《蹲点·一线见闻丨江东镇：以“新质生产力”为翅膀 澎湃发展新动能》《蹲点·一线见闻丨岭下镇：万千现代新农人 筑梦绿水青山间》《蹲点·一线见闻丨东孝街道：绘就城乡一体化发展希望画卷》等，勾勒

① 郑晓辉.如何增强新闻记者的发现力及传播力［J］.记者摇篮，2021（3）：49-50.

② 王超亚.蹲点·一线见闻丨岭下镇：万千现代新农人 筑梦绿水青山间［EB/OL］.（2024-08-16）［2024-08-20］. https://www.163.com/dy/article/J9NSGJ30053408WF.html.

出经济向上、人民幸福的美好图景。

二、案例分析

这组系列报道可以分为采写的灵感触发阶段、预测事实阶段、印证真相阶段。

灵感触发阶段。有了党的二十届三中全会精神的“取景框”后，记者的核心任务便转化为在纷繁复杂的现实世界中，精准捕捉与当前主题紧密相连的真实事件与典型案例。通过实地走访、深入调查，挖掘出金东区具有报道价值的多维视角。这一过程不仅明确了采访的聚焦点，也指引着报道方向的确立，确保每一篇报道都能紧扣主题，展现事实的多彩面貌。因此，灵感触发阶段在采访报道策划前期必不可少。

预测事实阶段。在新闻发现过程中通常有一个关键且动态的阶段——预测事实阶段，记者需要根据新闻线索的可靠性和自身经验，对可能发生的新闻事实进行初步预测。因此，“蹲点·一线见闻”系列报道正是在记者的不断预测、不断探寻中产生的。记者认真学习了党的二十届三中全会精神，将报道的重点聚焦于基层一线，关注镇村干部、企业员工、农民群众等群体的实际工作和生活状态，通过他们的故事和经历，展现各地在推动经济社会发展中的生动实践。

印证真相阶段。记者通过实地调研与采访，用各地突出的经济建设成绩作为“事实真相”的有力证明。这组系列报道重点展现项目建设、产业转型升级、乡村振兴、民生改善等方面的新成效和新亮点。

案例五

一、案例简介①

2021年秋季，记者在微信朋友圈里发现了一张“村民围着会计出纳领钱”的图片，这是陕西下凉泉村的分红场景。职业的敏感性告诉记者，这张照片背后一定有值得深挖的故事。

记者一头“扎”进这个村子，用5天时间深入农户家中、田间地头，最终写出了报道《一个村会计的“账本”》。恰逢其时，2021年12月25—26日，中央农村工作会议的召开为这篇报道增添了更为深远的意义。12月29日，《陕西日报》以近半个版的篇幅刊发了这篇报道，迅速引起了社会各界的广泛关注。

二、案例分析

记者在浏览微信朋友圈时，偶然间被一张照片深深吸引，这张照片仿佛一扇窗，让他窥见了背后的新闻故事。正是这份对线索的细微感知与敏锐捕捉，促使他深入调查，最终撰写出了一篇引人深思的报道。

这说明即便是日常生活中不经意的一句话、一张照片，也能成为发掘优秀新闻作品的宝贵钥匙；亦说明在记者广交好友形成的“朋友圈”里，有很多新闻线索，只要有发现力，便能挖掘出有价值的新闻。

在深入采访的过程中，记者从一位村会计那里获得了宝贵的“第一

① 一个村会计的“账本”[EB/OL].(2022-11-10)[2024-08-20]. https://baijiahao.baidu.com/s?id=1749059373524925205&wfr=spider&for=pc.

手资料”——一沓沓厚重的账本。这些账本不仅是数字的堆砌，更是乡村变迁的记录者。它们见证了从“窟窿账”到“富民账”的华丽转身，每一笔记录都是农村政策调整、乡村发展进步以及村民生活改善的生动注脚。

基于这些账本，记者巧妙构思，以账本为线索，串联起现实与历史的脉络，撰写了《一个村会计的“账本”》一文。该报道不仅深刻反映了农村政策的积极成效，展现了乡村面貌的焕然一新，还生动讲述了脱贫村庄如何在党的领导下，逐步实现振兴，迈向共同富裕的壮丽篇章。

这篇报道的成功，不仅在于它精准捕捉了日常生活里的细微线索，更在于它深刻挖掘了背后的新闻价值，实现了从微观到宏观、从个体到整体的跨越。它既是对中央农村工作会议精神的生动诠释，也是对广大农村地区在乡村振兴道路上不懈努力的真实写照。

案例六

一、案例简介①②

2022年6月，中南财经政法大学法学院2022届本科毕业生苏正民撰写的6000余字毕业论文致谢，感动了众多网友。而记者又在2022年“湖北青年五四奖章”的公示名单中看到了苏正民这位特别的获奖者——一位来自四川省凉山彝族自治州喜德县一个小山村的彝族本科毕业生。

① 张维纳.来自大凉山的彝族小伙，大学毕业论文致谢写了6000余字［EB/OL］.（2022-06-16）［2024-08-08］. https://liangshan.scol.com.cn/sdxwm/202206/58546438.html.

② 周培培，王亚民，冯成，等.四川凉山大学生苏正民：回到大山 播种梦想［EB/OL］.（2022-07-05）［2024-08-08］. http://news.cnhubei.com/content/2022-07/05/content_14879379.html.

记者通过到苏正民所在的大学采访其同学、老师和受到苏正民帮扶的学生，挖掘出他独特的人生经历。苏正民初二还没念完，父亲就积劳成疾不幸离世，他和姐姐曾一度被迫辍学。得益于党和国家的利好政策和社会爱心人士的帮助，苏正民后来重返校园，潜心苦读，通过国家在少数民族连片贫困地区的预科招生计划，考入中南财经政法大学，成为村里的第一个大学生。上大学后，收获了善意的苏正民，开始帮助他人。2019年，读大二的他，还发起了一项帮助凉山儿童的“阿依助学计划”（阿依在彝语中是孩子、儿童的意思）。在学校的支持下，苏正民志愿服务队成立，至今已经有两百多人参与助学计划，资助了66名凉山困难学生。2022年7月，苏正民的夏令营在凉山两个县开营；因为坚信“不阅读的人走不远”，苏正民办的“阿依书屋”也在他妈妈打工的地方落地开放，开设素质拓展课程并引进当地大学生上门辅导功课。

2022年8月，苏正民大学毕业后跟随中南财经政法大学研究生支教团，回到家乡开展为期一年的支教，在四川省凉山彝族自治州越西县第二中学（彝族学生占到九成）支教了一年，担任七年级道德与法治课老师。一年支教结束后他重返中南财经政法大学读研。他对记者坦言，研究生毕业后，还是要回到家乡，帮助当地更多的青少年掌握知识。

苏正民的故事能被挖掘出来，能由公示获奖名单中的人名转变为感人至深的新闻报道，能给全国的贫困学子传递无数的正能量，离不开记者新闻发现与捕捉新闻线索的能力。

二、案例分析

四川省凉山彝族自治州聚居着全国最多的彝族同胞，曾长期被贫困的阴霾所笼罩，是全国集中连片深度贫困地区之一，其群众的福祉深深牵动着习近平总书记的心。自党的十九大以来，习近平总书记特意把考察脱贫攻坚的第一站放在了凉山，展现了对该地区脱贫工作的高度重视与深切关怀。

记者正是在领悟党的方针政策的前提下，才能敏锐地发现彝族本科毕业生苏正民这个鲜活的个案，并以小见大地通过讲述其个人的奋斗史，展现出凉山乃至全国脱贫攻坚战的胜利果实。由此可见，党的方针政策不仅是国家发展的指路明灯，更是媒体新闻选题源源不断的源泉。这些政策与会议所蕴含的，不仅仅是宏观的战略布局与长远的发展规划，更是无数细微而具体的新信息、新变化与新方向的集合体。它们如同一条条脉络清晰的河流，汇聚成时代进步的滔滔洪流，为新闻报道提供了丰富的素材与广阔的舞台。

在这一过程中，每一项政策的出台、每一次会议的召开，都可能触发媒体人的敏锐触角，激发记者的新闻敏感。生活中处处有新闻线索，好的新闻线索在被发现的一瞬间便被赋予了新闻报道可能的影响力。

在这个信息爆炸的时代，媒体工作者们应当继续发挥桥梁与纽带的作用，将党的声音传递给千家万户，将人民的意愿反馈给党和政府，共同推动社会的进步与发展。同时，他们也应不断创新报道形式与手段，提高报道的时效性与可读性，让新闻报道更加贴近实际、贴近生活、贴近群众。

案例七

一、案例简介[①]

2022年，中宣部遴选并表彰了两位“时代楷模”，其中一位是钱海

① 杨静雅，林微微．“时代楷模”钱海军老式手机里的50条短信［N］．宁波晚报，2022-12-07（A10/A11）．

军先生，他长期坚持不懈地免费为孤寡老人检修电路，用实际行动“点亮万家灯火”，为他们带来温暖与光明。2022年11月正值深秋，钱海军先生不但没有停止电力服务，而且带领团队创立了“累了么”骑手驿站。敏锐捕捉到这一新动态的记者们，迅速将镜头与笔尖聚焦于钱海军的这一重要转变，经过深入采访，完整报道呈现了钱海军老人从“一个人服务”到“带领一群人服务”再到“引领无数人走上志愿服务之路”的成长历程。

二、案例分析

此篇报道是成篇于中宣部“时代楷模”系列报道的基础上，并与之相互呼应与补充。记者以敏锐的洞察力，紧跟时代脉搏，对钱海军老人这一时代典范进行了深入的追踪采访与报道。

记者敏锐地捕捉到人物发展轨迹与时代同频共振——个人愿意为社会中的弱势群体无私奉献的精神与“从中央至地方公益团队支持体系蔚然成风”的时代大背景相辅相成的新闻选题。

在采访基础上写就的新闻报道描画出钱海军先生以实际行动紧跟时代步伐，将自己的志愿服务推向了新的高度。

案例八

一、案例简介①

《山洪也拦不住婚宴 湖北一对新人水中举办婚礼》的线索源于记者

① 周鹏.山洪也拦不住婚宴 湖北一对新人水中举办婚礼［EB/OL］.（2016-06-04）［2024-08-10］. http://jiangsu.china.com.cn/html/jsnews/society/5824185_1.html.

偶然间刷到的朋友圈里一位在婚庆店工作的女孩发出的不同寻常的“抱怨”。她的文字间透露着几分无奈与幽默：“今日小确幸，洪水突袭，跟妆之路秒变探险，山路崎岖也挡不住爱的步伐；抵达幸福彼岸，却遇洪水不请自来，餐桌旁……”这则动态如同一股清流，激起了记者的好奇心。

记者留言询问她是否留有记录下那特别一幕的照片。遗憾的是，女孩并未即时回复，更无联系方式，加之朋友圈的三天可见限制，仿佛这段故事的线索就此中断。然而，命运总是在不经意间编织着奇妙的联系。夜深时，记者发现这条动态下多了一个点赞，仔细一瞧，竟是位共同好友。这份微妙的联系让她眼前一亮，连忙通过这位朋友打听起女孩的下落。朋友回忆说，她似乎提及过在西门那条繁华街道上的一家婚庆店工作。

从这份线索入手，记者开始了小小的“侦探”行动，逐一询问了西门路上几家知名婚庆店的联系方式。经过一番周折，终于锁定了那家与女孩故事相关的婚庆店。电话那头，店员不仅提供了当天婚礼的概况，还善意地分享了新郎新娘的住址与联系方式。

综上所述，一场婚礼因洪水而意外串联起陌生人之间满含温情与帮助的故事，有了圆满的后续——产生了这篇兼具温情与坚毅的报道。

二、案例分析

此篇报道正体现了记者的发现力与新闻报道之间的关系，朋友圈中的一个微线索——一则来自婚庆店工作人员不同寻常的“抱怨”引起了记者的注意，几经查访，促成了这篇报道的产生。

在这个报道的采写过程中，特殊的机缘只是外力，主要是因为记者敏锐的发现力与坚持不懈的努力，记者充分发挥了自己的主观能动性，才让一篇温馨感人的新闻报道问世。

小　结

在新闻业中，优秀的报道往往源自对日常生活细微线索的敏锐捕捉和深入挖掘。上述若干案例充分展示了新闻工作者如何通过不同途径发现新闻线索，并将其转化为具有深刻社会意义和广泛影响力的报道。无论是记者在微信朋友圈中偶然发现的下凉泉村分红场景的照片，抑或是记者通过公示名单挖掘出彝族青年苏正民的励志故事，都体现了新闻工作者敏锐的观察力和职业敏感性。他们能够在日常生活的海量信息中迅速捕捉到有价值的线索，并以此为起点展开深入调查。

深入调查是获取新闻真相的关键。在《一个村会计的“账本”》报道中，记者通过5天时间深入农户家中、田间地头，获得了宝贵的“第一手资料”——村会计的账本。这些账本不仅记录了乡村变迁的历程，也为报道提供了有力的支撑。同样，在《“时代楷模”钱海军老式手机里的50条短信》报道中，记者通过深入采访和细致观察，展现了钱海军老人无私奉献的感人事迹。

国家政策和社会热点同样是新闻线索的源泉，新闻工作者需要紧跟时代脉搏、关注国家大事、遵循大政方针。在苏正民的故事中，记者敏锐地捕捉到了脱贫攻坚战胜利果实和党的二十大即将召开的背景，通过讲述个人奋斗史来反映国家政策的积极成效。促进社会问题的解决，是记者不可推卸的责任。记者要做好时代的记录者，更要做好为人民发声的“喉舌”。

在报道过程中，新闻工作者需要不断创新报道形式与手段，提高报道的时效性与可读性。记者无论是通过文字、图片、视频等多种形式挖掘新闻素材，还是通过深度访谈、数据分析等手段探寻新闻背后的故事，都能够使报道更加立体和具有说服力。

综上所述，新闻线索的发现与报道是一个复杂而细致的过程，需要新闻工作者紧跟时代脉搏，时刻保持敏锐的感知力与发现力，注意在日常生活中挖掘线索、坚持深入调查研究、广交好友、努力开发素材的多种形式等。记者如果能做到上述这些方面，就可以不断发现有价值的新闻线索，继而采写出具有深刻社会意义和广泛影响力的报道。

课后讨论题

1. 你认为一名优秀的新闻工作者应如何培养和提高自己的新闻发现力？在日常生活中，有哪些习惯或方法可以帮助其更快地发现潜在的新闻线索？

2. 新闻发现的过程可以分为哪些阶段？如何高效地搜集相关信息？请讨论可以使用哪些工具（传统媒体、新媒体平台）或渠道（如日常生活、朋友、党的政策会议等）来获取信息，并说明如何对搜集到的信息进行分类、整理和分析，以便识别出有价值的新闻线索。

3. 在筛选新闻线索的过程中，如何确保信息的真实性和准确性？请讨论验证信息真实性的常用方法（如关注信源、注意核实，尊重规律、常理判断，采访验证、合理安排等），并结合具体案例进行分析。

第二章　新闻选题

第一节　要点概述

新闻选题，是指新闻采访的“题材”，即新闻采访的主要对象和内容，它涉及采访什么、从哪个方面或哪个角度进行采访等问题。[①]无论是在传统媒体时代，还是在融合媒体时代，新闻选题都非常重要，它为新闻采访活动的开展规定了具体的目标与方向。新闻选题确定后，具体的采访活动才得以部署与落实。

一、新闻选题的内涵

新闻选题的内涵是指记者发挥主观能动性去了解新闻事物、选择新闻事物、明确新闻报道对象的一个过程。

新闻选题的内涵包括以下几个方面[②]：一是反映当下社会的热点、焦点问题，能引发广泛的社会关注和讨论；二是具有一定的重要性，对社会发展、人民生活等有较大影响；三是体现独特性或新颖性，能给受众

① 《新闻采访与写作》编写组.新闻采访与写作［M］.北京：高等教育出版社，2019：100.

② 参考2022年商务印书馆出版的由新闻学与传播学名词审定委员会审定的《新闻学与传播学名词》一书。

带来新的信息和视角；四是与公众的利益、情感等紧密相关，能引起受众的共鸣；五是符合新闻媒体自身的定位和报道方向，有助于提升媒体的影响力和公信力。

二、新闻选题的作用

新闻选题的作用包括以下几个方面：

（一）反映社会现实

新闻选题通常聚焦于社会热点、重大事件或与公众利益密切相关的问题，通过报道这些选题，媒体能够及时、准确地反映社会现实，让公众了解当前社会正在发生的事件。

（二）引导社会舆论

新闻选题往往具有一定的敏感性和导向性，通过选择不同的选题进行报道，媒体可以在一定程度上引导社会舆论的走向，推动公众对某些问题的关注和讨论。

（三）满足公众信息需求

新闻选题的多样性可以满足不同受众群体的信息需求，无论是政治、经济、文化、娱乐等各个领域的新闻，都能为公众提供丰富、全面的信息。

（四）监督社会权力

新闻媒体通过报道一些具有监督性质的选题，如腐败、滥用职权等，可以对社会权力进行有效监督，促进社会的公平正义。

（五）促进社会发展

一些具有建设性的新闻选题，如科技创新、教育改革等，可以通过报道激发社会活力，推动社会的进步和发展。

（六）塑造媒体形象

通过精心选择具有深度、广度的新闻选题进行报道，媒体可以塑造其专业、权威的形象，提高媒体的知名度和影响力。选题的质量决定着一个媒体在公众中的影响力和可信度。媒体的选题与社会的脉搏相吻合，其描绘的拟态世界与真实世界接近度高，必然会得到公众的认可和青睐，那么这个媒体的影响力就会持续增长。如果一个媒体的选题所反映的拟态世界脱离了现实世界或者违背了现实世界，势必会遭到公众的谴责和唾弃，那么这个媒体便难有影响力、公信力了。①

不同的媒体有着自己的选题倾向和选题范围，这是与其目标受众和社会功能紧密相连的。新闻选题是实现媒体社会功能的重要环节。以报纸为例，我国现存的几大类报纸，如党政机关报、都市报、晚报、行业报、企业报等，它们的社会功能和市场定位各不相同，其选题所关注的领域和内容也就各有差异。有的着眼于实现“宣传功能”，便可能大量选择政策解读、经验收集、舆论回应类的选题；有的着眼于实现地域性的信息总汇功能，便会注重有关本地政治、经济、文化、社会生活的选题；有的着眼于“环境监测”的功能，则会将社会上的新动向、新问题、新矛盾作为重点选题。②

正是不同的选题结构，界定了一个媒体的受众层次和价值倾向。受

① 《新闻采访与写作》编写组.新闻采访与写作［M］.北京：高等教育出版社，2019：103.

② 《新闻采访与写作》编写组.新闻采访与写作［M］.北京：高等教育出版社，2019：102-103.

众接触媒体时，往往通过选题的倾向和选题的结构，就能清晰地感觉到这家媒体的价值观和文化品位。[①]

三、选择报道角度

记者在确定新闻选题后即面临选择新闻报道角度的问题。即使面对同一个新闻事件，不同记者也很可能是从不同的角度去采访、报道该事实。记者到底选择哪一个角度进行采访报道，这既关乎媒体的价值倾向、记者对新闻价值的判断，又取决于记者的新闻业务能力。

对于新闻事实而言，可供选择的角度很多，记者总是力争选择那些最具有新闻价值、最能体现报道思想的角度。[②]

第二节　案例解析

案例一

一、案例简介[③]

2020年是中国人民志愿军抗美援朝出国作战70周年，该从哪方面进

① 《新闻采访与写作》编写组.新闻采访与写作［M］.北京：高等教育出版社，2019：102-103.

② 《新闻采访与写作》编写组.新闻采访与写作［M］.北京：高等教育出版社，2019：110-111.

③ 于雅倩.温度+亮度+浓度！让不朽军魂穿越时空［EB/OL］.（2022-08-01）［2024-08-10］. http://www.zgjx.cn/2022-08/01/c_1310648614.htm.

行选题来纪念抗美援朝保家卫国的中国人民志愿军？这让中国军网的编辑团队思考良久，最后确定了“为了和平，为了胜利”的新闻专题。因为当年我们年轻的志愿军战士是“为了和平”跨过滚滚的鸭绿江水，但他们更是带着击退一切敌人而绝不屈服的英雄主义精神而向胜利进发的，所以“为了和平，为了胜利”新闻选题就此确定。

接下来，中国军网推出大型融媒体专题“为了和平，为了胜利——纪念中国人民志愿军抗美援朝出国作战70周年”，用系列报道、网评、海报、H5等多种形式，从个体和微观的双重角度展示抗美援朝精神的薪火相传，引起网民广泛关注，取得较好传播效果，作品获得第31届中国新闻奖网络新闻专题类一等奖。

二、案例分析

中国军网的编辑团队在整个新闻专题的布置中，紧扣“和平”和“胜利”两个主题词，推出系列报道、网评、海报、H5等多种形式作品，表现出志愿军英勇无畏的精神风貌，也表达了广大群众对志愿军的敬佩与缅怀。这个专题拓宽了传播边界，也使报道更加深入人心，让广大群众永远铭记伟大的抗美援朝精神和“谁是最可爱的人”。

案例二

一、案例简介[①]

帕夏古丽·克热木是一个普通的打工妹，她的家乡位于中国最西的

① 李杨.好新闻，敲在时代绷得最紧的弦上丨中国新闻奖秘笈［EB/OL］.（2022-06-22）［2024-08-10］. http://www.zgjx.cn/2022-06/22/c_1310629289.htm.

县城——新疆乌恰县的山窝窝里。2006年，她响应乌恰县号召前往广东务工，在之后的14年里，她先后组织了家乡1300多人前往广东务工，帮助了家乡279户建档立卡贫困户实现脱贫。

2020年11月底，帕夏古丽获评由中共中央宣传部、中华全国总工会联合评选的“最美职工”称号。获知这一线索后，新疆日报社采编部高度重视，认为此时将帕夏古丽的事迹作为新闻选题，深挖这一典型人物背后的感人事实，可给当时美西方反华势力污蔑新疆“强迫劳动”以最有说服力的回击。

二、案例分析

好的新闻作品应该与时代同频共振，将大时代的故事进行小切口挖掘，找到最佳“切点”的案例。新疆南疆地区在很长一段时间以来，因为受宗教极端思想毒害，当地少数民族妇女不能抛头露面，更不能出去工作。从“祖国西极”乌恰县走出去的妇女帕夏古丽，敢于来到“开放前沿”广东东莞打工生活，这充分体现出在新时代党的治疆方略指引下，南疆大地发生的巨大变化和少数民族群众思想深处发生的深刻变化。

这则报道恰逢其时地选择了帕夏古丽作为典型人物，对帕夏古丽进行了多角度的描述：她到广东务工，展现了她对于宗教极端思想的反对；帮助贫困户脱贫，体现了她乐于助人的高尚品德。帕夏古丽获评“最美职工”称号，是国家对诚实劳动者的最高褒奖。作为一名少数民族妇女，她不仅没有“被强迫”，还得到荣誉，这体现出各民族劳动者享有平等的劳动权利。在美西方反华势力正疯狂以所谓人权问题抹黑新疆、抹黑中国之时，推出帕夏古丽的故事正好在国际舆论场里发出我们有力的反驳声音。

案例三

一、案例简介[①]

2018年1月8日早上，云南省昭通市鲁甸县新街镇转山包小学三年级留守学生王福满迎着风霜到校参加期末考试，监考老师看到“白了头”的王福满，拍下了那张“冰花男孩”的图片放在网上。1月9日，“冰花男孩”头顶风霜上学的照片在网上引起广泛关注，刷爆了朋友圈。

一时间，《人民日报》、新华社、澎湃新闻、红网以及英国《每日邮报》等国内外媒体同步聚焦“冰花男孩”，《人民日报》刊文《云南昭通“冰花”男孩冒冰霜上学造型走红，网友：好心疼》在微博引发20多万网民点赞，留言4万多条；澎湃新闻推出了后续采访报道《对话云南昭通8岁“冰花男孩”：上学冷但不苦，长大想当警察》，再次引发网民集体共鸣。与此同时，微博话题“青春暖冬行动”也在全国微博公益话题榜排名第一。

随后，社会各界纷纷发起捐款捐物、支教等公益活动，帮助当地改善教育和生活条件。

二、案例分析

在融合媒体时代，不同形态的媒体可以聚焦于同一新闻选题，至

① 申正勇.论新闻舆论引导的角度选择：以“冰花男孩”新闻舆论事件为例［EB/OL］.（2018-01-30）［2024-08-10］. https://www.ztnews.net/article/show-102395.html.

于要选择哪一个角度对弱势群体予以报道与关注，则是仁者见仁，智者见智。

《人民日报》对“冰花男孩”的关注获得了20多万点赞、4万多条留言，说明公众对贫困地区的儿童受教育情况的关心；其他媒体后续的采访报道和微博话题生动展示了留守儿童学习环境的艰苦和他们对学习的热爱；在国内媒体广泛关注的基础上，国外媒体也进行了同步聚焦，实现了传播的国内外融合，也增加了报道的国际影响力。这些融合新闻报道不仅增强了受众的参与感和互动感，也让他们感受到这个新闻选题背后的温情，继而推动了社会对贫困地区教育和生活条件的改善与对留守儿童的持续关注。

小　结

以上案例从不同角度揭示了新闻选题对一篇好的新闻报道的意义与价值。案例一展示了面临社会热点时媒体如何选取合适的新闻选题；案例二体现了一个恰当的新闻选题对于引导国内外舆论的重要性；案例三展示了不同媒体如何推动同一新闻选题引起社会公众的关注，进而形成社会合力去帮助弱势群体。

课后讨论题

1. 简述新闻选题的内涵。
2. 查阅某省报近一个月的头版新闻，分析其新闻选题倾向。
3. 结合实例，简述新闻选题的作用。

第三章　采访策划

第一节　要点概述

一、采访策划的内涵与类型

采访策划也称报道策划，其内涵主要指在采访活动正式开始之前，对采访报道过程进行的一系列系统性、前瞻性的规划和准备工作。这一过程旨在确保采访报道活动的顺利进行，提高采访报道效率，并达到预期的采访报道效果。

新闻采访策划属于新闻策划整体的“前奏”，即新闻策划主体需要完成一系列准备工作，按照“5W模型”进行，分别是“采访谁（Who）”“采访主题（What）”“采访时间（When）”“采访场地（Where）”“采访方式（How）”。

“5W模型”下的要素直接决定了一个新闻策划项目的可行性与价值性，同时被纳入新闻策划范畴的采访活动必须高度重视新闻采集、加工、整合等工作，实现对新闻材料的合理取舍与有效发掘，具体情况可划分成三种：突发性新闻采访策划、长期性新闻采访策划、可预见性新闻采访策划。[①]

（一）突发性新闻采访策划

根据《中华人民共和国突发事件应对法》中的相关规定，突发事件指的是突然发生，造成或者可能造成严重社会危害，需要采取应急处置措施予以应对的自然灾害、事故灾难、公共卫生事件和社会安全事件。[②]而突发性新闻采访策划是针对那些不可预料、突然发生且带有很强破坏性的新闻事件所进行的前期规划和准备工作，这类新闻事件往往具有偶然性、紧急性和高度关注性，如2022年8月重庆山火的新闻报道[③]。

（二）长期性新闻采访策划

长期性新闻采访策划是针对那些具有长期性、持续性或深远影响的新闻主题所进行的前瞻性、系统性的规划和准备工作。[④]这类新闻采访往往需要较长时间的跟踪报道和深入分析，以全面展现新闻事件的发展脉络、社会影响及未来趋势。常见题材有教育改革、环境保护、乡村振兴等。

① 赵金萍.对媒体融合时代新闻策划的几点思考［J］.新闻研究导刊，2023，14（4）：123-125.

② 中华人民共和国突发事件应对法（主席令第六十九号）［EB/OL］.（2007-08-30）［2024-08-09］. https://www.gov.cn/zhengce/2007-08/30/content_2602205.htm?eqid=bce3f9d30009323c00000002648127c4.

③ 2022年，重庆市遭遇了自1961年以来最严重的极端高温连晴天气，自8月17日起，重庆市北碚、巴南、大足、长寿、江津等12个区县先后发生多起森林火灾，巴南地区和北碚地区山火火情危急，且发生在主城区，属于重大突发灾难事件，详细案例分析见第二节案例一。

④ 刘海贵.中国新闻采访写作学［M］.3版.上海：复旦大学出版社，2022：184.

（三）可预见性新闻采访策划

可预见性新闻是指能够提前获知的，在既定日期或时段发生的新闻。[①]可预见性新闻采访策划是指对这些能够提前获知的事件性新闻和非事件性新闻进行的有针对性的采访计划和准备工作。这种策划类型在新闻报道中占据重要地位，因为它允许媒体在新闻事件发生之前或新闻话题形成之初，就进行充分的资料收集、话题分析、采访对象预约等工作，以确保新闻报道的及时性、准确性和深度。其中，事件性新闻策划主要围绕一个或多个具体的、独立的新闻事件展开，如C919飞机获国际订单、“夸父一号”记录太阳最大耀斑、奥运会召开、全国人民代表大会开幕等；非事件性新闻策划主要对一段时间或若干空间内近期发生的情况、经验或问题等进行概貌性或阶段性的反映[②]，其时态往往是渐进性的。如唐山大地震30周年祭、庆祝改革开放45周年等。

二、采访策划的原则

采访策划作为新闻工作中的重要一环，其方式是灵活多变的，需要记者根据具体情况展开，通常带有记者的主观色彩，但其基本原则和方法具有普适性。一般而言，采访策划需要确保采访活动能够高效、有序、深入地进行，以获取有价值的新闻信息，常遵循以下几种原则。

（一）坚持正确导向原则

采访策划坚持正确导向原则，是新闻采访工作中不可或缺的重要原

① 许颖.可预见性新闻报道的策划与创新：以新京报“改革开放40年”系列报道为例［J］.新闻与写作，2018（6）：90-92.

② 陆丹.非事件性新闻报道思维的改进：以“唐山大地震30周年”报道为例［J］.新闻前哨，2006（12）：37-38.

则。这一原则要求新闻工作者在采访策划过程中，必须确保新闻报道的内容、观点和立场符合正确的政治导向、舆论导向和社会价值导向。

一是坚持党性原则。新闻媒体是党和政府的喉舌，必须始终坚持党性原则，同党中央保持高度一致。在采访策划中，要深入学习和贯彻党的路线、方针、政策，确保新闻报道的政治导向正确。

二是遵守法律法规。严格遵守国家法律法规，不发布违反国家法律法规的新闻报道。在采访过程中，要尊重国家主权，维护国家安全和社会稳定，不传播虚假信息或有害信息。

（二）真实性原则

采访策划的真实性原则是新闻采访工作中的核心原则之一，它要求在整个采访策划过程中，必须确保信息的真实、准确和客观。在策划阶段，就要对可能涉及的信息源进行仔细筛选和核实。优先选择官方渠道、权威媒体、专家学者等作为信息来源，避免使用未经证实的消息或小道消息。对于关键信息，要通过多个渠道进行交叉验证，确保信息的真实性和准确性。这有助于减少因单一信息源错误而导致的报道失实。

（三）创新性原则

采访策划的创新性原则是指在新闻采访的策划阶段，注重采用新颖的思路、方法和手段，以突破传统采访模式的束缚，提高采访的针对性和实效性，增强新闻报道的吸引力和感染力。采访策划的创新性原则要求新闻工作者在选题、角度、形式、方法等方面不断创新和突破，以提高新闻报道的质量和效果。

1. 选题创新

一是关注新兴领域。紧跟时代发展步伐，关注新兴领域、新技术、新业态等前沿话题，挖掘具有前瞻性和独特性的新闻选题。二是跨界融合。尝试将不同领域、不同行业的话题进行跨界融合，通过新颖的视角和独特的切入点，挖掘出具有创新性的选题。

2. 角度创新

一是多元化视角。在采访策划中，注重从多个角度、多个层面去审视新闻事件，避免单一视角的局限性。通过多元化的视角，展现新闻事件的复杂性和多样性。二是独特视角。寻找独特的报道角度，从新颖的视角切入，使新闻报道具有独特性和吸引力。这要求新闻工作者具备敏锐的观察力和判断力，能够发现别人未曾注意到的细节和亮点。

3. 形式创新

一是多媒体融合。充分利用新媒体技术，将文字、图片、音频、视频等多种媒介形式进行融合，打造立体化的新闻报道。通过多媒体融合，增强新闻报道的直观性和互动性，提升受众的阅读体验。二是互动式采访。在采访过程中，注重与受众的互动和反馈，通过社交媒体、直播等形式，让受众参与到采访中来，提高受众的参与感和归属感。三是创新呈现方式。尝试采用新的呈现方式，如数据可视化、虚拟现实（VR）、增强现实（AR）等，使新闻报道更加生动、形象、直观。

4. 方法创新

一是运用大数据、人工智能等现代科技手段，提高采访的效率和准确性。通过数据分析，发现新闻线索和热点话题；通过人工智能技术，辅助新闻稿件的撰写和编辑。二是团队协作。加强团队协作和跨部门合作，发挥各自的专业优势和资源优势，共同完成高质量的采访报道。

（四）可行性原则

采访策划的可行性原则主要围绕确保采访活动能够顺利实施并达到预期目标而展开。主要包括采访目标是否明确、采访策划是否可操作、采访策划成本效益是否可控等。首先，在策划之初，必须清晰界定采访的目的、主题和预期成果，根据采访目的，精准选择具有代表性的采访对象，且确保采访对象接受采访，并设置备选采访对象，以便实现采访目标。其次，需要注意采访策划的可操作性，在采访开展前合理安排采访的时间、地点，准备好采访所需的设备、工具和资料，并制定详细的采访提纲和应急预案，以应对采访时可能出现的突发情况。最后，还需要合理考量采访策划实施的设备及效益，制定合理的预算方案，确保能够在有限的资源下实现效益最大化。

三、采访策划的一般流程

采访策划是一个系统而全面的过程，旨在确保采访活动的顺利进行和新闻报道的高质量完成。采访策划流程如下。

（一）明确采访目标与主题

1.明确采访目标

明确采访的目标和预期效果，比如是为了获取某个领域的最新信息、了解某个事件的全貌、探讨某个问题的多个观点等。

2.选定采访主题

根据采访目标，选定具有新闻价值和社会意义的主题，确保主题明确、具体、有吸引力。

（二）背景调查与资料收集

1.了解采访对象

对采访对象进行深入的背景调查，包括其个人经历、职业成就、观点立场等，以提升在采访中提出具有针对性问题的概率。

2.收集相关资料

尽可能多方面地收集与采访主题相关的文献资料、过往报道、政策文件等，为采访提供全方位的支持。

（三）制定采访方案

1.确定采访形式

根据采访对象和主题的特点，确定采访形式，如面对面采访、电话采访、视频采访等。

2.设计采访问题

围绕采访主题和采访对象，设计一系列具有逻辑性、针对性、开放性的问题，以便引导采访对象深入阐述观点。

3.安排采访时间与地点

与采访对象协商确定采访的具体时间和地点，确保双方都能按时参加。

（四）准备采访设备与材料

1.检查采访设备

确保采访所需的设备（如录音笔、摄像机、笔记本电脑等）完好无损，并提前进行调试。

2.准备采访材料

打印采访问题清单、背景资料等，以便在采访过程中随时查阅。

（五）实施采访

1.建立良好沟通

在采访开始前，与采访对象进行简短的交流，建立良好的沟通关系，缓解紧张气氛。

2. 引导采访进程

按照预定的采访方案，有序地引导采访进程，确保采访内容围绕主题展开。

3. 灵活应对变化

在采访过程中，根据实际情况灵活调整采访策略，应对可能出现的突发情况。

（六）后期整理与编辑

1. 整理采访记录

将采访录音或录像进行整理，提取有价值的信息和观点。

2. 撰写采访稿

根据采访记录和相关资料，撰写采访稿，确保内容准确、全面、有深度。

3. 审核与修改

对采访稿进行多次审核和修改，确保语言流畅、逻辑清晰、无错别字和语法错误。

（七）发布与反馈

1. 发布采访报道

将采访报道发布到合适的媒体平台，如报纸、杂志、网站、社交媒体等。

2. 收集反馈意见

关注受众对采访报道的反馈意见，以便不断改进和优化采访策划工作。

制订合适的采访策划方案，会大幅提升采访的效率和质量，但采访策划的具体流程可能会因采访对象、主题和媒体平台的不同而有所差异。

在实际操作中，需要我们根据具体情况进行灵活调整。

四、采访策划的作用

（一）提升新闻资源综合利用率

公众普遍依赖新闻报道作为其了解新闻事件发展动态的主要途径，根据个人兴趣与需求，在众多新闻资源中精准筛选符合其信息诉求的内容。新闻采访活动的前置环节，即新闻采访策划，是新闻工作者一项至关重要的创造性任务，它涉及对潜在报道资源的深度挖掘、创新开发、优化整合以及精细筛选管理。这一过程体现了新闻从业者对信息价值的敏锐洞察力，通过新闻采访策划，实现新闻素材的精准匹配与深度挖掘，从而提升新闻报道的时效性、准确性及影响力。

（二）提升新闻报道效果

采访策划的最终目的是更好地服务于新闻报道或信息传播。通过精心策划的采访，可以获取丰富多样的素材和角度，为新闻报道提供有力的支撑和补充。同时，采访策划还可以帮助报道团队在报道过程中更好地把握节奏和重点，使报道更加生动、有趣、引人入胜。

（三）有利于新闻导向正确

从新闻报道实际情况来看，通过精心策划，新闻工作者能够主动引导公众舆论的方向，使得新闻报道不仅能传递信息，还能够引导积极的社会价值观，促进社会稳定与和谐发展。一方面，新闻采访策划有助于新闻工作者在纷繁复杂的新闻事件中筛选出具有正面价值和教育意义的报道题材。通过对新闻资源的深入分析和评估，新闻工作者能够准确把握事件的本质和核心，选择那些能够弘扬社会正气、传递正能量、展现人性光辉的新闻素材进行报道，从而引导公众形成正确的价值观和道德观。另一方面，新闻采访策划还强调对报道角度和立场的精准把握。在策划过程中，新闻工作者需要充分考虑新闻报道的社会影响力和舆论导向作用，确保报道内容客观公正、立场鲜明。通过精心设计的采访问题和报道框架，新闻工作者能够引导公众以更加理性、全面的视角看待新闻事件，避免片面报道和误导性信息的传播。

第二节　案例解析

案例一

一、案例简介[①]

2022年夏天，高温干旱接踵而来，随之而来的是牵动人心的山火。火情就是命令，重庆市委、市政府连续部署，多方力量火速集结奔赴灭火现场。2022年8月26日，重庆华龙网发布了新闻专题《重庆山火突发 他们逆行而上——人民的英雄，英雄的人民！》（图3-1）。该专题报道从“人民的英雄，英雄的人民”切入，将视角对准摩托骑士、消防队员、志愿者等山火救援中涌现出的普通人。专题有新闻组图5组、新闻特写2篇、竖屏短视频11条、横屏视频5条。该作品荣获第33届中国新闻奖新

① 重庆山火突发 他们逆行而上：人民的英雄，英雄的人民！［EB/OL］.［2024-08-09］. http://cq.cqnews.net/cqztlm/col1810999.html.

闻专题类一等奖。

图3-1 《重庆山火突发 他们逆行而上——人民的英雄，英雄的人民！》报道作品封面

根据《中华人民共和国突发事件应对法》中的相关规定，森林火灾作为一种突发性强、破坏性大、处置救助较为困难的自然灾害，是突发事件中需要各方密切关注的一种。突发事件报道的采访策划不仅需要新闻媒体人的过往经验，也考验着新闻媒体人的随机应变能力。

二、案例分析

（一）选题背景

2022年，重庆市遭遇了自1961年以来最严重的极端高温连晴天气，自8月17日起，重庆市北碚、巴南、大足、长寿、江津等12个区县先后发生多起森林火灾，巴南地区和北碚地区山火火情危急，且发生在主城区，属于重大突发灾难事件。并且，重庆山火的特殊性还在于其面临持续连晴高温，旱情、灾情、疫情叠加的复杂形势。该山火正式发生在8月17日，截至当年8月26日上午8时30分，重庆森林火灾救援任务全线告捷。在突发事件发生时，新闻媒体的及时报道具有重要的社会功能和新闻价值。在此次重庆山火事件报道中，重庆地方主流媒体实时洞悉重庆山火走势，及时把握扑救节点，对重庆山火事件进行了有理、有力、有节的现场报道。

（二）采访过程

山火发生后，华龙网尽锐出击，派出多路记者逆行而上，持续多日在山火现场蹲点采访，获取大量素材，通过专题串联起“军民团结一心、众志成城战山火”的全过程，记录了“人墙传送带”“防火长城”等鏖战山火、守望相助的震撼画面和感人故事。

采访对象主要包括摩托骑士、消防队员、志愿者等山火救援中涌现出的普通人，通过长卷式的画面展现抗灾救灾的人物群像，以对普通救灾群众的描绘，展现中国人民身上的血性、意志和团结，矗立起家国情怀的精神灯塔，诠释出中华民族的伟大精神。

（三）制作与分发

该专题报道在制作上注重视觉创新，在表达上起到了入脑入心的效果。专题利用手绘、3D等多手段包装，以光影叙事手法，将新闻内容以场景化叙事娓娓道来、连缀成篇，巧妙搭配融媒体素材，给公众带来强烈的视觉冲击。

1. 动画还原重庆山火灾情发展

在专题的第二部分，通过3D动画对重庆8月17日之后的山火走势进行了动态展现，直观生动地进行了场景还原，让公众更加清楚明白地了解重庆山火情况（图3-2）。

图3-2 《重庆山火突发 他们逆行而上——人民的英雄，英雄的人民！》报道3D动画

2. 动态展现救援过程

在专题的第三部分，通过3D动画对重庆8月17日之后的山火救援情况进行了动态展现，体现了重庆市委、市政府对救援工作的高度重视与迅速调配，以及“一方有难，八方支援”的中国精神。

3. 多种短视频提升专题的丰富度

在专题的多个部分，通过大量短视频的使用，很融洽地配合了各部分表达的内容，视频形式丰富了专题展现的人物角度，场景化的表达也提升了观众的沉浸式观看效果（图3-3）。

图3-3 《重庆山火突发 他们逆行而上——人民的英雄，英雄的人民！》报道短视频

4. 模拟视频科普救援手段

在专题的第五部分，通过视频模拟了以火灭火的救援方法，帮助公众了解山火的救援方法以及消防兵、武警官兵、志愿者们在与山火决战中做出的努力。

5. 大量使用同期声，提升沉浸感

除了大量使用3D动画、短视频、图片等形式，专题还使用了大量同期声，这些同期声的使用配合全景图片与文字，使得交互沉浸感更强，更能让人身临其境地体会到当时重庆人民救援的奋不顾身。

（四）社会效果

该专题聚焦重大事件，充分发挥了地方媒体在突发事件报道上的效能。其在华龙网、新重庆客户端等全媒体平台发布后，社会反响强烈，线上浏览量超2000万次，网友留言近1000条。[①]该作品通过融合视频、文字、语音及全景照片等多元媒介形式，生动再现了军民同心抗击山火的壮烈场景。借助先进的技术手段，新闻内容得到了全方位、立体化的呈现，不仅增强了信息传递的感染力，更显著提升了与受众的互动体验。作品以极具现场感和沉浸式的叙事方式，深刻诠释了中华民族团结一心、众志成城的伟大精神，引发了观众强烈的情感共鸣。

重庆华龙网在2022年重庆突发山火期间的采访策划与报道，反映了其过硬的媒体素养和团队协调能力。并且，不同于以往多数媒体大而全的宏观报道方式，重庆华龙网不仅满足了公众的知情权，同时与公众产生了良好的互动，以响亮的主流声音引来了各方参与，是一个具有参考价值的新闻采访策划案例。

---

① 重庆山火突发，他们逆行而上——人民的英雄，英雄的人民［EB/OL］.（2023-10-25）［2024-08-09］. http://www.zgjx.cn/2023-10/25/c_1310746080.htm.

案例二

一、案例简介[①]

党的二十大闭幕后，习近平总书记第一次外出考察就来到陕西省延安市，考察老乡们脱贫后生活还有什么困难，如何去搞好本地的乡村振兴。2022年10月26日下午，习近平总书记走进延安市安塞区高桥镇南沟村苹果园考察，称赞他们找到了合适的产业发展方向和现代化发展之路。[②]

2022年11月21日，《人民日报》头版推出“新时代新征程新伟业”大型主题报道专栏，开篇即刊发通讯《延安苹果红了》。同日，《人民日报·新农村》周刊第8版推出整版报道《延安苹果为什么这么红》，两篇报道前后呼应，聚合发力。随即中央网信办进行了全网推送，各大门户网站、商业网站纷纷转发，并进行头条置顶。

二、案例分析

（一）选题背景

为了牢记习近平总书记嘱托，全面贯彻落实党的二十大精神，《人民日报》以党报应有的政治站位和高度的新闻敏感，把微镜头里的民之所盼和大广角里的中国之治相融合，深入探寻延安苹果产业里的农业农村现代化密码。

---

① 龚仕建，刘维涛，王浩.延安苹果红了［N］.人民日报，2022-11-21（1）.

② 王浩.从小苹果里看到大世界［J］.新闻战线，2023（6）：15-17.

（二）学习与准备

在新闻采访策划的过程中，策划前期资料的收集与准备关系到整个采访流程的质量。在“延安苹果”系列融媒体报道策划之初，编辑部新闻工作者们从稿件的立项、研讨、采访到写作修改，始终坚持以学为先。一方面，系统学习习近平总书记关于实施乡村振兴战略的重要论述，特别是反复学习习近平总书记在延安考察时的重要讲话。另一方面，系统学习《人民日报》关于延安苹果的相关报道，按照时间线整理延安苹果的发展历程和关键节点，为后期采写夯实基础。①

在海外传播准备方面，“延安苹果”的融媒体产品在策划之初，就计划通过人民日报海外社交媒体传播账号进行全方位推送。

（三）采访过程

2022年11月中旬，《人民日报》采访组分别从北京和西安出发，在延安会合后深入安塞区、宝塔区和洛川县开展调研。②采访组采取实地采访、深入访谈、座谈会等多种形式，采访了20多名果农、农技员和基层干部，挖掘了大量鲜为人知的新闻故事。

在采访过程中，采访组十分重视采访方式的灵活变换，善于结合具体情况展开具体采访。譬如，宝塔区临镇镇庙塬村果农李延军在座谈会现场比较拘束，于是记者改变采访方式与环境，将采访地点挪至果农家中，在李延军熟悉的生活场景进行面对面采访，让其打开话匣子，从而了解了果农李延军采取绿色种植技术破解果子销售难的曲折故事。③

除了灵活调整采访方式，采访组在采访过程中还充分运用“脚力”，

① 王浩.从小苹果里看到大世界［J］.新闻战线，2023（6）：15-17.
② 王浩.从小苹果里看到大世界［J］.新闻战线，2023（6）：15-17.
③ 王浩.从小苹果里看到大世界［J］.新闻战线，2023（6）：15-17.

注重实地考察与研究。例如，为体现延安苹果的加工水平，记者走进车间，顺着生产线仔细观察每一道工序。“智能光电分选机里，闪光灯闪烁”“一个果子，留下数十张‘X光片’”“苹果按等级精准分流到16条通道”这些大量的考察细节，使苹果生产线得到了具象化呈现。[①]

（四）制作与分发

在制作与分发过程中，《人民日报》将《延安苹果红了》进行了多种形式的融媒体报道呈现，并结合微博、微信等新媒体平台进行了多渠道分发。

为了配合“新时代新征程新伟业”专栏开篇报道《延安苹果红了》，人民日报社经济社会部同步策划、同步制作、同步传播融媒体产品。

2022年11月21日上午11时，人民日报社经济社会部微信公众号发布深度解析文章《今天，一颗苹果闪亮登上人民日报！》；其策划的多语种九图海报《一起品品这颗延安红苹果的味道》在人民网、人民日报社经济社会部公众号等发布（图3-4、图3-5）。

图3-4 《一起品品这颗延安红苹果的味道》海报1

① 王浩.从小苹果里看到大世界［J］.新闻战线，2023（6）：15-17.

图3-5 《一起品品这颗延安红苹果的味道》海报2

同时，在生产制作环节，人民日报社经济社会部与人民网策划联动中心、全媒体制作部、外文频道等形成合力，同步制作了九图海报的英文版、阿拉伯文版、德文版、俄文版、韩文版、葡萄牙文版、日文版、西班牙文版、法文版共计9种外文版本。[①]这些产品除了发表在人民网的外文频道，还同步推送至人民日报的多个海外社交媒体账号，如人民日报英文客户端，海外网、环球网的脸书、推特等账号，“一带一路”新闻合作联盟等。

2022年11月28日，人民日报社经济社会部策划的SVG（可缩放矢量图形）产品《小经带你当一天延安果农》在人民网微信公众号发布；11月29日，人民日报社经济社会部微信公众号发布动漫产品《小经带你当一天延安果农》（图3-6）。

这些融媒体产品在人民日报客户端、人民网微信微博、人民日报海外社交媒体账号、“一带一路”新闻合作联盟等多渠道发布。

---

① 王浩.从小苹果里看到大世界［J］.新闻战线，2023（6）：15-17.

图3-6 《小经带你当一天延安果农》产品首图

11月21—29日，人民网在微博设置了“#带你当一天延安果农#”“#延安苹果为什么这么红#”等话题，引发网民热议。而当“延安苹果”刷屏之后，11月29日推出的《登上人民日报的这颗苹果，为啥引发热议》，将“延安苹果红了”的话题继续发酵，形成持续传播声势。

（五）社会反响

《延安苹果红了》这一头版通讯，紧扣“苹果红了”这一意象，围绕习近平总书记关心的问题，从“丰收账”“增值账”“振兴账”出发，展现全面推进乡村振兴的基层实践，用一个个典型故事连缀成新时代乡村面貌。《延安苹果为什么这么红》这篇报道传递出党中央一以贯之的重农思想，深入探究延安苹果产业发展的秘诀，讲好延安苹果故事，发出了新时代新征程重农强农的强烈信号。文章刊发后，各地的果农、农技员、基层干部、专家、热心读者通过各种方式留言热议，如山东省农业农村厅厅长张红旗说，《延安苹果为什么这么红》报道了延安苹果已成为农民增收致富的“红果果”“金果果”，这对山东果业的高质量发展有很强的借鉴意义。下一步，山东将进一步加强与陕西，特别是延安的交流合作，共同把民族果业做得更大更强。①

“延安苹果”系列融媒体产品在人民日报客户端、人民网微信微博、快手抖音人民号、人民日报海外社交媒体账号、“一带一路”新闻合作联盟等多渠道发布，累计曝光量接近1000万。②

多语种九图海报《一起品品这颗延安红苹果的味道》用凝练、精准的文案辅以视觉冲击力极强的图片，短时间内让受众感知到“延安苹果”的独特性，广受关注。来自美国、土耳其伊斯坦布尔的国外网民纷纷留言：“中国太棒了！”，“很好！太好了！”延安苹果红“出圈”、红“出海”，助力正流量澎湃大能量，好声音成为最强音。③

《小经带你当一天延安果农》一经推出，就在社交媒体掀起了刷屏热潮。网友们纷纷点赞留言，“一嗓子信天游就到了陕北了”“咱延安苹果好吃，甜”“这个旅程好有创意”……人民网微博“#带你当一天延安果农#”当天阅读量即达59.3万，截至2024年8月22日阅读量97.2万（图3-7）；微博“#延安苹果为什么这么红#”阅读量达46.5万，截至2024年8月22日阅读量105.9万。

“延安苹果”系列融媒体新闻报道，乡韵悠悠、意味深长，用沾泥土、带露珠的质朴语言讲述生动、有趣的故事，让读者仿佛跟着记者的脚步一起深入延安的山峁沟梁，近距离感知苹果产业的红红火火，助力“延安苹果”成为新的农产品IP，有效促进了当地农业发展。

① 高云才，朱隽.讲好我们正在经历的新时代故事［J］.新闻战线，2023（6）：17-20.

② 冯华.创新融媒产品 放大一体效能［J］.新闻战线，2023（6）：21-23.

③ 冯华.创新融媒产品 放大一体效能［J］.新闻战线，2023（6）：21-23.

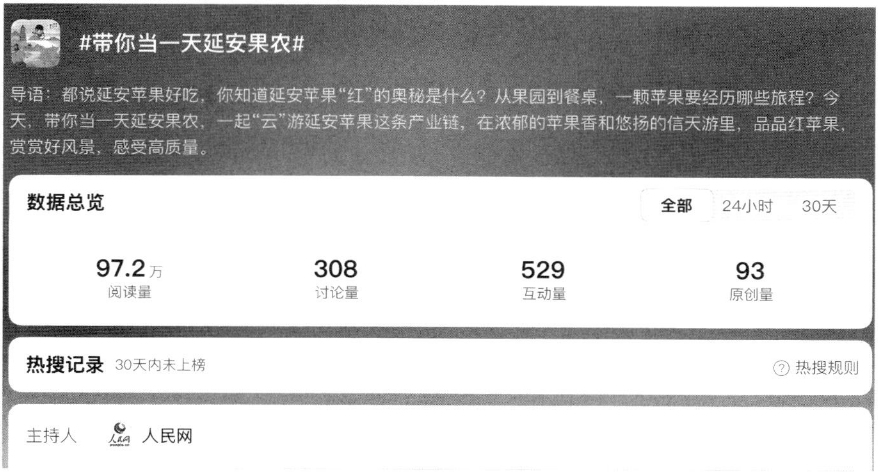

图3-7 “#带你当一天延安果农#”微博话题阅读量截图（截至2024年8月22日）

此外，这组系列报道梳理了乡村特色产业的发展逻辑，展现了全面推进乡村振兴的基层实践，为主流媒体如何做好“三农”报道提供了很好的思路。“三农”报道在信息爆炸的今天如何进入大众视野尤为重要。“延安苹果”系列报道以生动的融媒体形式，将现代化技术与生动故事相结合，采用公众喜闻乐见的动漫、九图海报以及SVG交互推文等形式，提升了报道的传播效果，为主流媒体做好“三农”报道提供了借鉴。

案例三

一、案例简介①

第33届中国新闻奖重大主题报道类一等奖获奖作品《神山村三日》

① 光明日报调研组.神山村三日［N］.光明日报，2022-07-21（1）.

长达上万字，是由光明日报社社长兼总编辑王慧敏带队去井冈山市茅坪镇神山村进行实地调研后采写而成的。该团队在采访调研期间，用三天时间与神山村村民同吃同住，走遍全村70户人家[①]，通过自身的观察与体悟，写出的报道真实动人：

第一日

天才麻麻亮，楼前板栗树上，鸟儿已经喧噪起来。夹杂着几声高亢的鸡啼。

记者迫不及待来到了村头。攒着花香、草香、泥土香的空气一股脑地往鼻腔里钻，冲得记者连打几个喷嚏。一缕又一缕白云在村舍四周的山头上溜达，一钩弯月尚未褪去，蹑手蹑脚躲在云彩的后面。

……

村头的茶田里，已有人在劳作了，有的挥动锄头在除杂草，有的蹲下身子在覆压地膜，还有的挽着裤管埋头修补田畔的排水沟……

……

第二日

……

在鸟儿的合唱声中，记者迎来了神山村的第二个黎明。

眼见为实。昨晚睡前，记者已打定了主意：想通过自身的切身感受，来体悟神山村这些年的变化。

昨天采访中，很多村民谈到，神山村已经结束了“行路难”的历史。今天，记者特意换了双合脚的旅游鞋，要用脚底板“亲近”出村的山道。

第三日

……

今天是周末。走进街巷，嗬！一片闹忙：红色、白色、蓝色……身着各色团服的游客，就像春日里一场雨后园圃里攸然冒出的缤纷花朵，

① 社长兼总编辑带队，数易其稿，几次通宵打磨，获中国新闻奖一等奖［EB/OL］.（2024-01-11）［2024-08-09］. http://www.zgjx.cn/2024-01/11/c_1310759733.htm.

一下子“开”遍了小山村。

……

记者将结束采访，依依惜别神山村。在这三天多的时间里，我们按照花名册挨家挨户走遍了全村每一户人家。乡亲们的质朴、热情、坚毅，点点滴滴都刻在了记者的心头。

二、案例分析

（一）选题背景

江西省井冈山神山村是有着光荣革命历史和鲜明时代印记的村子，是体现党和人民血肉相连的标志性地方。神山村从穷乡僻壤到美丽山村，背后离不开共产党的领导，离不开人民的艰苦奋斗。

该团队再现习近平总书记踏访江西井冈山神山村的情景，力图通过对脱贫山村美好面貌与幸福生活的描述，反映乡亲们对总书记的深切爱戴、对党的深厚感情，以诠释“不负人民 人民不负”的深刻主题。[①]

（二）采访调研

该团队主要采用蹲点调研的报道方式，2022年6月，调研组由社长兼总编辑王慧敏带队，切实践行“四力”，住进神山村农民家中、走遍全村70户人家，开启了深入采访；施展脚力，洞悉山村全貌。

调研期间，工作组成员与村民同吃同住同劳动，手持全村居民花名册开展逐户走访。他们跋涉山间小道、深入果园田间、参与“院坝会”

---

① 社长兼总编辑带队，数易其稿，几次通宵打磨，获中国新闻奖一等奖［EB/OL］.（2024-01-11）［2024-08-09］. http://www.zgjx.cn/2024-01/11/c_1310759733.htm.

座谈，全方位融入神山村的日常生活。通过口述历史采访与实地考察相结合的方式，既还原了历史原貌，又真切感受了神山村的发展变迁。

在深入调研过程中，工作组以敏锐的洞察力发现了极具象征意义的“点赞之手”雕塑，挖掘出“无名红军七烈士墓”等珍贵红色遗迹。以此为契机，工作组牵头开展烈士寻亲活动，传承红色基因，为报道积累了重要素材。

（三）编辑制作

正如前文所言，在采访策划中，编辑制作部分十分重要，它决定了最后作品的呈现形态和可阅读性。在深入分析前期调研素材的基础上，报道团队创新性地确立了“血肉相连、感恩奋进”的叙事主线，采用“行进式调研、三日见闻”的独特架构，使报道既突破传统模式又极具感染力。

为了确保内容质量，团队反复推敲、精益求精，通过生动细腻的笔触描绘乡村图景，以深刻凝练的思考提升文本内涵，打造出兼具思想性与艺术性的精品力作。

为进一步增强传播效果，团队还精心制作了15分钟纪实短片《人民之赞》，通过新媒体平台发布并在纸质版面同步配发二维码，实现多维度立体传播。

（四）分发

2022年7月21日，《光明日报》头版发布了调研报道《神山村三日》，并在头版版面配发了《光明日报》评论员文章《不负人民 人民不负》。当日，光明日报微信公众号推出同名推文，微博、客户端也同步发布这两篇文章，微博设置话题“#井冈山的神山村有啥不一样#”，并转载视频《人民之赞》（图3-8）。人民网等数十家主流媒体、新媒体平台也进行了转载转发。

2022年8月3日，《光明日报》应广大读者要求，在微博发布“#帮井冈山神山村红军七烈士回家#”话题，在光明网发布“为烈士寻亲 为天地铸魂”专题（图3-9）。随后光明日报微信公众号发布推文《为烈士寻亲 为天地铸魂——光明日报社与井冈山市政府、井冈山报社联合启动神山村烈士寻亲活动》。

图3-8 光明日报微博话题截图

图3-9 光明网“为烈士寻亲 为天地铸魂”专题海报（图片来自光明网）

2022年8月22日，《光明日报》头版刊发消息《提灯，让英魂归根》，对神山村烈士寻亲活动进行了追踪报道。

（五）社会反响

该报道刊出后，深获行业内外好评，“是一篇难得的好作品，令人眼前一亮，耳目一新”，“作品所体现出的扎实调研的作风，真挚激荡的情感，清新明快的文风，值得学习和提倡”[①]。

该报道和后续报道及新媒体产品被数十家主流媒体、新媒体平台转载转发，点击量总计超过6000万[②]，引发热情互动，各种媒介下的受众都留下了大量饱含深情的评论，点赞“小山村反映的脱贫巨变、血肉深情”。

神山村乃至整个江西更是反响强烈，井冈山根据报道提供的线索修建了简约庄重的“无名烈士墓”，为“红军药库”等红色遗迹安装铭牌、原址保护。[③]神山村传承红色基因、砥砺奋进的感人事迹已通过十余场专题宣讲活动广泛传播，社会反响热烈。报道推出的“为烈士寻亲 为天地铸魂”公益活动，凝聚了全国各地志愿者的力量，共同开展革命先烈缅怀行动。微博关于“#帮井冈山神山村红军七烈士回家#”话题阅读量达228.5万，不少网友留言“致敬烈士”“为烈士寻亲”，在各方共同努力下，烈士寻亲工作取得显著进展，目前已获得突破性成果。

① 社长兼总编辑带队，数易其稿，几次通宵打磨，获中国新闻奖一等奖［EB/OL］.（2024-01-11）［2024-08-09］. http://www.zgjx.cn/2024-01/11/c_1310759733.htm.

② 社长兼总编辑带队，数易其稿，几次通宵打磨，获中国新闻奖一等奖［EB/OL］.（2024-01-11）［2024-08-09］. http://www.zgjx.cn/2024-01/11/c_1310759733.htm.

③ 社长兼总编辑带队，数易其稿，几次通宵打磨，获中国新闻奖一等奖［EB/OL］.（2024-01-11）［2024-08-09］. http://www.zgjx.cn/2024-01/11/c_1310759733.htm.

案例四

一、案例简介[①]

第31届中国新闻奖副刊作品类一等奖获奖作品《"燃灯校长"送1600多名女孩出深山》由《新华每日电讯》的编辑记者们采写，发表于2020年7月10日。这篇长达6000字的人物报道成为新华社2020年最有传播力的人物报道之一，被赞"石头人看了也要流泪"，同时也成为"刷屏之作"，人民日报、共青团中央等多个微信公众号转发，微信点赞量达"10万+"，网友评论达数万条，全网阅读量超2000万。相关视频在抖音等短视频平台发布后，累计播放量超5000万。[②]这篇人物报道让更多人知道了张桂梅的故事，传播了社会正能量，同时从侧面反映了近年来中国贫困山区教育事业发展取得的显著成绩。

二、案例分析

这篇人物报道在采访策划上的出彩之处有以下三点：

（一）前期调研的深入细致

采访策划前期准备对于整个采访策划过程的进行具有不可忽视的作

① "燃灯校长"送1600多名女孩出深山［EB/OL］.（2021-10-25）［2024-08-09］. http://www.zgjx.cn/2021-10/25/c_1310259452_2.htm.

② "燃灯校长"送1600多名女孩出深山［EB/OL］.（2021-10-25）［2024-08-09］. http://www.zgjx.cn/2021-10/25/c_1310259452_2.htm.

用。《新华每日电讯》之所以能在2020年高考期间5天左右的时间里写出一篇6000余字且细节翔实、深入人心的人物通讯，与其前期调研的深入细致密不可分。

早在2007年，《新华每日电讯》的记者编辑就对张桂梅的事迹进行了报道。2007年正值张桂梅办免费高中但多年寻求支持无望，几乎放弃办学的时期，《新华每日电讯》头版报道《穿破洞牛仔裤参加十七大》，使得张桂梅的故事开始被全国人民所熟知，而同年新华社记者林红梅、徐江善、张先国在党的十七大期间采写的报道《“我有一个梦想”——访云南省丽江市华坪县民族中学教师张桂梅代表》播发后，被《新华每日电讯》头版和其他媒体刊发，并产生了较大反响[①]。2020年《“燃灯校长”送1600多名女孩出深山》的报道能够出彩地完成，离不开编辑记者十几年的持续跟踪积累。在这次《新华每日电讯》对张桂梅的采访过程中，前期关于人物采访的资料梳理让采访组更加了解张桂梅，能够挖掘出更细致的报道角度，这也体现了前期深入采访调研的重要性。

（二）采访形式的灵活变换——从“面对面”到“观察式采访”

在采访策划中，不同的采访形式所产生的采访效果可能天差地别，因而在采访策划中确定合适的采访形式对于采访效果的达成十分重要。

尽管在前期调研过程中可以对采访形式做出初步判断，但是在实际采访过程中，可能会面临采访对象不配合、采访对象年纪过大而有心无力等情况。尤其是对于典型人物的报道，如果采访形式使用不当，很容易挖掘不出有价值的新闻信息，影响后续报道效果，甚至可能导致整个采访策划的失败。

---

① 庞明广，严勇，陈欣波.面对采访“逐客令”，如何走进“燃灯校长”的内心？| 中国新闻奖秘笈［EB/OL］.（2022-09-14）［2024-08-09］. http://www.zgjx.cn/2022-09/14/c_1310662559.htm.

在《“燃灯校长”送1600多名女孩出深山》这篇人物稿件的采访策划之初,《新华每日电讯》的记者们计划采用面对面的访谈式采访。但是，张桂梅因为担心采访会影响学生上课学习，对于媒体采访具有一定的抵触心理。面对这样的现实情况，记者庞明广与其他同事在第一次到丽江华坪女子高级中学采访时，就吃了“闭门羹”，张桂梅一句“我最近实在太忙了，没时间接受采访”差点使采访失败。不过，早有心理准备的记者们转换采访形式，在不耽误她教学、不打扰学生学习的情况下，采用观察式采访的方式，诚恳地跟在采访对象张桂梅校长身后，陪她巡课，和学生谈心，督促学生运动、吃饭……这样一边观察、一边记录的方式，不仅让记者们获得了很多有价值的新闻素材，同时通过与采访对象的相处，也让他们打开了采访对象的心。据记者说：“之后每次采访，她不仅不再拒绝，还主动和我们聊起了许多独家的故事，比如她在病危时要求政府预支丧葬费给学生用的故事，之后也成了我们稿件中最感人催泪的片段。”①

值得注意的是，这一采访策划过程中采访形式的灵活变换并非随意更改，而是记者在前期调研的过程中对采访对象的性格进行了了解，有初步的心理预期。这也告诉我们，采访策划是要做足前期调查，同时还要多设计备选采访方案，以便在采访过程中能够及时变换，提升采访策划的完成度，继而提高报道效果。

（三）全媒体平台传播推广

不同于传统媒体时代人物报道仅刊登在报纸上或通过电视报道等方式进行传播,《“燃灯校长”送1600多名女孩出深山》不仅在《新华

① 庞明广，严勇，陈欣波. 面对采访“逐客令”，如何走进“燃灯校长”的内心？| 中国新闻奖秘笈［EB/OL］.（2022-09-14）［2024-08-09］. http://www.zgjx.cn/2022-09/14/c_1310662559.htm.

每日电讯》进行了整版刊发，而且在微信公众号、抖音、微博等全媒体平台进行了呈现与传播。该稿件在《新华每日电讯》刊发后，被140多家媒体采用，人民日报、共青团中央、中国妇女报等多个微信公众号转发量均破10万，网友评论达数万条。而且在微博上出现多个与“张桂梅”“燃灯校长”有关的词条，讨论量大，正面评论占比较大，全网阅读量超过2000万[①]。相关视频在抖音、快手等短视频平台发布后，累计播放量超5000万。此外，在相关的海外报道也取得了不错的成绩，在新华社海外社交媒体账号播发的英文稿件《揭秘中国一所女子中学12年来的奇迹》，在新华社当日海外播发的中国新闻中排名第一。

案例五

一、案例简介[②]

工伤认定如何在新形势新工作环境下完成“新题新解”，针对这个社会问题，《工人日报》从2022年10月13日—11月17日，在“法治新闻”板块策划了系列报道，分别聚焦送餐员、快递小哥、网约车司机、货车司机等新就业形态劳动者群体工伤认定难这一现实问题，发掘出“职工居家办公期间猝死，算不算工伤”等新问题，并通过对大量专家学者以及劳动人员进行采访，获得丰富的报道素材。该系列报道同步刊发在工人日报客户端，百家号、学习强国也对该系列报道进行了跟进，全

① “燃灯校长”送1600多名女孩出深山［EB/OL］.（2021-10-25）［2024-08-09］. http://www.zgjx.cn/2021-10/25/c_1310259452_2.htm.

② 裴龙翔.人在途中的“小哥”何以证明“上下班途中”［N］.工人日报，2022-10-13（6）.

网传播量达到260.3万次。该采访策划主要在新闻选题、采访写作、编辑方面有许多出彩之处。

二、案例分析

（一）采访策划选题背景

1.政策考量

工伤保险是社保五险之中十分重要的险种。它是公司员工人身安全的保障，员工在遭受工伤时可以依据《工伤保险条例》享受工伤待遇。早在2003年，中华人民共和国国务院颁布《工伤保险条例》，成为劳动者工伤保险保障的主要法律法规之一，并不断进行修订完善。我国2010年修订并于2011年实施的《工伤保险条例》中，第十四条规定职工有下列情形之一的，应当认定为工伤[①]：

（1）在工作时间和工作场所内，因工作原因受到事故伤害的；

（2）工作时间前后在工作场所内，从事与工作有关的预备性或者收尾性工作受到事故伤害的；

（3）在工作时间和工作场所内，因履行工作职责受到暴力等意外伤害的；

（4）患职业病的；

（5）因工外出期间，由于工作原因受到伤害或者发生事故下落不明的；

（6）在上下班途中，受到非本人主要责任的交通事故或者城市轨道

① 中华人民共和国国务院令第586号［EB/OL］.（2010-12-20）［2024-08-09］. https://www.gov.cn/gongbao/content/2011/content_1778064.htm.

交通、客运轮渡、火车事故伤害的；

（7）法律、行政法规规定应当认定为工伤的其他情形。

2022年7月，人力资源和社会保障部开展新就业形态就业人员职业伤害保障试点，多地陆续出台相关实施办法，党中央关心的、社会关注的、劳动者关切的问题，成为该报道的发力点之一。

2.现实现状

采访策划的选题决定了整个新闻报道的基调，而新闻报道的选题往往需要具有时效性、显著性、接近性等特点。“工伤认定如何‘新题新解’”系列报道契合当下社会热点，紧跟时代变化，抓住新时代涌现出的大批新就业形态劳动者存在“因工受伤”保证难等现实问题[①]。目前我国《工伤保险条例》的规定，主要说明职工在工作时间和工作场所内，因工作原因受到事故伤害的，属于工伤。但新就业形态劳动者因其工作地点、工作时间等方面的灵活性，其“上下班途中”“工作时间”等认定成为亟须解决的痛点；而居家办公、随时随地在线工作打破了线下坐班的传统时空限制，发生的一些伤害能否认定为工伤也成为大众关心的新问题。“工伤认定如何‘新题新解’”系列报道针对现实现状，聚焦当下劳动者普遍关心与疑惑的问题，探索劳动者“因工受伤”后及时获得保障的新路径。

（二）采访实施

这组系列报道所采访的人物多元，力求尽可能全面地探讨工伤认定如何“新题新解”。该系列报道始终以“人”为报道的切入点和关注点，

---

① 卢越.《工伤认定如何“新题新解”》触碰现实热点 叩问时代脉搏［J］.中国记者，2023（11）：44-45.

针对新就业形态劳动者在工伤认定时面临的多种问题，深入采访了包括外卖员、快递小哥、网约车司机、网络平台主播等在内的多名劳动者，倾听一线声音，通过真实的案例，反映实际工伤认定中存在的困难。

在系列报道一《人在途中的“小哥”何以证明“上下班途中”》中，记者分别针对不同种类的派送员如物流公司骑手、外卖员等进行了采访，并重点选取了其中三位典型案例，这三位采访对象各自具有特殊性与共性。如“因工致残”的小张面临的问题是无法证明事故发生时本人是在“上班途中”；于成展面临的问题在于受伤时是否处于工作时间；蒋峰峰面临的问题则是公司企图用商业保险冲减工伤保险待遇。三位问题不尽相同的人物采访背后，都指向报道的同一主题——在途劳动者的工伤认定问题。

在系列报道二《别让居家成工伤认定“不在场证明”》中，记者除了引用居家办公猝死的黄某的案例，还从居家办公的典型代表人群——主播中选取了一位进行采访，反映出“居家办公发生的工伤，在申请工伤认定阶段，大多会因为‘居家’而被驳回”等问题。

在系列报道三《网约车司机工伤认定存争议，何解？》中，网约车司机董利民是主要采访对象之一。全篇通过网约车司机董利民对于“如果网约车司机猝死算不算工伤？找谁理赔？”等问题的疑惑展开，并通过对董利民的采访，反映出网约车司机工作时间的真实情况。

在系列报道四《工伤鉴定延期 多出来的费用谁赔》中，记者对面临“鉴定延期赔付、停工留薪期认定”问题的工伤人员刘约礼、吴永胜、谢晓云进行了采访，反映了工作人员工伤认定延期存在的多种实际问题。

在系列报道五《家在车上，活儿在路上，受到伤害咋认定？》中，记者对货车司机进行了采访，反映出货车车主和挂靠公司在事故中担责问题存在的争议。

在这组系列报道中，记者采访了18位政府官员、专家、法官等，他们多为在劳动法领域很有建树的专家，记者通过采访他们，力求回归工伤认定的本质，从完善立法等宏观制度层面，多角度探求解题思路。

案例六

一、案例简介[①]

“店招[②]用了‘青花椒’竟成被告”系列报道是《华西都市报》在全国媒体中率先展开的深度调查报道，揭批积弊已久的“碰瓷式维权”乱象。

随着我国知识产权保护力度加强，知识产权侵权诉讼大幅增加，日益突出的商业化维权现象引起了媒体关注。在2021年，“逍遥镇”胡辣汤、“潼关肉夹馍”等“碰瓷式维权”案频发，曾经引发过公众不满。

而成都、遂宁、眉山等川渝地区的多家餐饮企业都因为店招中含“青花椒”字样而被上海万翠堂餐饮管理有限公司诉侵权，不少商家在一审中败诉。青花椒是四川有名的调味料，餐馆店招能不能使用“青花椒”三字？上海万翠堂餐饮管理有限公司又是何来路？《华西都市报》围绕四川多家涉事餐饮企业老板自发组群准备维权的情况进行报道策划，推出一系列追踪调查报道，进行了有效的舆论监督。

该报道在报纸、新媒体、社交媒体平台等多渠道进行分发，在《华西都市报》要闻版块进行深度报道，在其新媒体客户端“封面新闻”上

① “店招用了‘青花椒’竟成被告”系列报道［EB/OL］.（2022-11-01）［2024-08-09］. http://www.zgjx.cn/2022-11/01/c_1310668474_2.htm.

② 店招又称店铺招牌、门头招牌，是一种常见且直观的宣传店面的方式。

推出图文、直播、短视频等多种形式的融媒产品。作为首发的深度调查报道，该系列报道发布后立即被中央各重点新闻网站、各大主流新闻网站大量转载。新华社、央视网、人民网等中央主流媒体以及澎湃新闻、川观新闻等有影响力的新媒体也纷纷跟进甚至直接引用这组报道，而在微博、微信等社交媒体平台上发布的相关话题则继续引发网友讨论和转发。众多媒体的参与进一步拓展了这一事件的影响范围，引发了公众对该事件更深层次的思考。

二、案例分析

舆论监督报道的采访策划相较于其他类型报道的采访策划，更加注重采访的全面性与深度性，否则就可能面临客观性缺失的状况。此外，正如习近平总书记曾强调的舆论监督和正面宣传是统一的，而不是对立的。新闻媒体要直面我们工作中存在的问题，直面社会丑恶现象和阴暗面，激浊扬清，针砭时弊。对人民群众关心的问题、意见大反映多的问题，要积极关注报道，及时解疑释惑，引导心理预期，推动改进工作[①]，舆论监督报道的特性也决定了其需要推进和改进。

“店招用了‘青花椒’竟成被告”系列报道能够看出其选题针砭时弊，采访比较全面客观。

该组报道充分采访了原告、被告、法院、行业协会、主管部门等当事各方，对关键事实本着严肃负责的态度反复核实。通过对最高人民法院、国家知识产权局等权威机构的采访，以法律法规为准绳，切实维护各方合法权益。

① 习近平在党的新闻舆论工作座谈会上强调：坚持正确方向创新方法手段 提高新闻舆论传播力引导力［EB/OL］.（2016-02-20）［2024-08-09］. http://cpc.people.com.cn/n1/2016/0220/c64094-28136289.html.

采访人物组1：被告餐饮店老板们，如成都一家火锅店店主唐女士、成都武侯区的一家火锅店老板吴先生等。被告餐饮店老板们作为此事件中的关键人物组之一，是《华西都市报》记者们重点关注的对象之一。采访围绕核心问题展开——被告为何选取了“青花椒”作为本店招牌，并通过采访了解原告方身份，了解老板们目前采取的维权手段等。

采访人物组2：原告上海万翠堂餐饮管理有限公司负责人、上海万翠堂董事长左正飞。原告左正飞同样是该案件中的重要一方。针对原告的采访问题主要围绕商标维权的合理性，深度挖掘原告维权的原因。记者了解到该公司的维权出发点在于“针对那些恶意模仿我们店名、装修甚至骗取加盟费的商家提起诉讼”。

采访人物组3：法院、行业协会、主管部门，主要有鼎宏知识产权服务集团有限公司商标事业中心总监王璐、四川发现律师事务所律师陆元辉、正尚律和（北京）知识产权服务有限公司（简称“正尚律和”）、陈登高律师等人。在“青花椒”维权事件中，还有一个重要的参与方是正尚律和，对此，记者也对相关人员进行了电话采访，但是对方并没有让记者联系到对接任务的负责人。除了采访正尚律和，记者还采访了鼎宏知识产权服务集团有限公司商标事业中心总监王潞和四川发现律师事务所律师陆元辉，请其对被告是否构成侵权进行了专业分析。

综上所述，《华西都市报》在采写报道中坚持了客观性采访原则，给予原告和被告以及法律专业人士充分的陈述机会。

在编发层面，《华西都市报》对这个新闻事件并没有简单采取单一的图文报道方式，而是使用融合报道形式，采用多种传播载体和传播手法，在《华西都市报》新媒体客户端“封面新闻”上推出20余篇深度图文、现场直播、短视频等融媒产品，引发全网对“碰瓷式维权”的大规模关注和强烈声讨，系列报道在“封面新闻”阅读量超过1000万，微博话题总阅读量超过1亿，全网传播超2亿。

小 结

上述六个案例分析分别探讨了突发性新闻采访策划、长期性新闻采访策划、可预见性新闻采访策划。

案例一中重庆华龙网对重大突发事件迅速进行策划，通过报道方式的创新以及传媒新技术的应用，以现场沉浸式的体验直击观众心灵，充分发挥了地方媒体在媒体融合创新上的效能，报道发布后社会反响强烈，线上浏览量超2000万次。

案例二《延安苹果红了》既涉及长期性新闻采访策划，也包含可预见性新闻采访策划的元素。从长期性新闻采访策划的角度来看，延安苹果产业的发展是一个长期的过程，涉及种植技术的改进、管理模式的优化、品种的改良以及市场的拓展等多个方面，并且反映了乡村振兴这一时代主题。从这篇策划案例中，也能看到新闻工作者进行长期的跟踪报道，记录延安苹果产业在不同阶段的发展变化，展现延安人民在苹果产业上的辛勤付出和取得的成就。“延安苹果红了”这一新闻主题，可以视为长期性新闻采访策划的一部分，通过持续的报道，为受众呈现一个完整、生动的苹果产业发展历程。

从可预见性新闻采访策划的角度来看，延安苹果的丰收季节是每年相对固定的时间段，同时习近平总书记到延安进行实地考察，也使得新闻工作者可以预知并策划相关的报道活动。新闻工作者可以制订详细的报道计划，包括采访对象的选择、报道内容的确定、报道形式的创新等，以确保在苹果丰收季节到来时能够迅速、准确地报道相关新闻。

“延安苹果”系列融媒体新闻报道，助力“延安苹果”成为新的农产品IP，带动当地农业发展；此外，系列报道梳理了乡村特色产业的发展逻辑，展现了全面推进乡村振兴的基层实践，为主流媒体做好“三农”

报道提供了借鉴。

案例三《神山村三日》通过讲述神山村的发展变迁，体现了习近平总书记对革命老区和老区人民的关心关爱、“人民至上”的深厚情怀，展现了在中国共产党的领导下，脱贫攻坚、乡村振兴战略给乡村带来的喜人嬗变，以及党和人民之间血肉相连的深厚情感。该报道是坚持政治家办报与尊重新闻规律相结合，倾心讲好新时代故事的生动体现。在采访策划过程中，调研组深入践行“四力”开展调查研究，记者的笔端饱蘸感情，文字充满张力，打磨出的作品具有很强的感染力、战斗力。该报道引发了赓续红色血脉的“为神山村烈士寻亲”活动，社会反响强烈，起到了很好的宣传与引导效果。

案例四《“燃灯校长”送1600多名女孩出深山》是一则典型人物报道。典型人物报道的采访策划与事件性新闻的采访策划最大的不同在于，典型人物报道的采访策划更加考验记者的采访功底，如何走进采访对象的心，是决定采访策划是否成功的关键之处。《“燃灯校长”送1600多名女孩出深山》是一篇优秀的人物报道，在这篇报道背后的采访策划中，有许多值得学习的经验。正如前文所言，采访策划前期的深入调研为后期采访策划的顺利进行打下了坚实基础，而中间采访方式、形式的灵活变换决定了采访这一重要环节的完成度。在采访过程中，不能“急于求成”，有时候需要记者适当地采取“迂回”的方式，走进采访对象的内心，挖掘更多具有价值的信息。在后期的分发中，也需要结合新媒体时代的传播特点，在优质内容的支撑下选择合适的传播方式，提升报道传播的触达率。在制作分发上，记者庞明广也提出了3个关键点：一是要有优质的文字报道作为传播的“压舱石”；二是通过全媒体多元呈现；三是内外并重，让典型人物报道成功“出海”。

案例五“工伤认定如何‘新题新解’”系列报道贴近现实，聚焦当下劳动者普遍关心关注的问题。该系列报道比较完整地回应了当前劳动者心中的疑问和社会公众的关切，并通过采访深耕这一领域的专家、学者，专业地提出能解决问题同时又能平衡劳动者权益保障和社会生产健康发展的针对性建议，力图达到法治报道“帮忙不添乱”的效果，具有很强的当下性、新闻性。

案例六“店招用了‘青花椒’竟成被告”系列报道在采访策划与实施上展现了高度的全面性与深度性，紧扣知识产权保护背景下“碰瓷式维权”的社会热点，通过深入调查和多角度采访，揭露了现象背后的积弊。该报道不仅涉及原告、被告双方，还广泛采访了法院、行业协会、主管部门及专业律师等，确保信息的全面性和客观性。在编辑分发环节，采用融合报道形式，结合图文、直播、短视频等多种媒介手段，实现了广泛的传播效果，引发全网关注和强烈反响。该报道不仅成功推动了社会对“碰瓷式维权”问题的关注与反思，也彰显了新闻媒体在舆论监督中的重要作用。

上述案例展示了优秀的采访策划对于新闻报道呈现的重要性，不同类型的新闻报道因为其报道对象、报道方式的不同，在实际采访策划中需要根据情况制订与调整采访策划方案，以便更好地服务新闻报道。

课后讨论题

1.说说你认为的“采访策划在新闻报道中的重要性及其影响因素”。

要求：探讨为何采访策划是新闻报道不可或缺的一部分，以及它如何影响报道的质量、深度和受众接受度。分析影响采访策划的关键因素，如新闻事件的性质（突发性、长期性、可预见性）、报道目标、受众需求、资源限制（时间、人力、技术等）等。

2.针对最近即将到来的节日，拟一则新闻采访策划，并思考如何通过创新采访策划策略在同质化报道中脱颖而出。

要求：分析当前媒体环境下新闻报道面临的同质化问题，讨论如何通过创新采访策划策略来打破常规，使报道内容更加独特、有深度且引人入胜。探讨可能的创新方向，如独特的报道角度、新颖的采访形式（如互动式采访、虚拟现实采访等）、多媒体元素的融合等。

3. 请选取一个你认为优秀的采访策划案例，对其精彩之处进行分析。

要求：可以从采访策划的选题、采访调研、具体开展、后期制作、传播效果等角度进行具体分析。

第四章　采访的类型

第一节　要点概述

访问，指记者为获取新闻事实或观点而与新闻当事人或关联人的交谈。[①]访问作为互知身份的双向信息交流形式，是最重要、最可靠和最常用的采访类型。访问的定义因领域和语境而异，但通常都涉及一种主动寻求与被寻求方建立联系并进行交流的行为或过程。

一、当面采访

当面采访是一种采访方式，指记者直接与采访对象面对面进行交流和采访。当面采访的优点是可以更加直接地了解采访对象的观点和感受，获取更真实、准确的信息，同时也可以更好地与采访对象建立信任和沟通。

（一）当面采访的优势

1.直接性和实时性

当面采访允许记者与采访对象直接交流，即时获取信息和反馈。这

① 《新闻采访与写作》编写组.新闻采访与写作［M］.北京：高等教育出版社，2019：117.

种直接的交流有助于减少信息传递中的误差和误解，提高信息的准确性和真实性。

2. 建立信任

面对面的交流有助于建立采访对象对记者的信任感，使他们更愿意分享真实的想法、感受和经验。这种信任关系是获取深入、独家报道的重要基础。

3. 观察和感受

当面采访不仅限于言语交流，记者还可以通过观察采访对象的身体语言、面部表情和环境等，获取更多非言语信息，丰富报道内容。

4. 灵活性和适应性

当面采访允许记者根据采访对象的反应和回答，灵活调整采访策略和问题，以适应不同的采访对象和情境。这种灵活性和适应性有助于记者获取更多有价值的信息。

5. 建立专业形象

通过当面采访，记者可以展示自己的专业素养和人格魅力，树立专业形象，增强公众对媒体的信任感。

6. 增强报道的生动性和可读性

当面采访可以获得采访对象的第一手资料和直接体验，这些真实、生动的素材可以增强报道的吸引力和可读性，使读者更容易产生共鸣和兴趣。

（二）当面采访的形式

1. 一对一采访

指记者与采访对象单独进行交流和采访，是最常见的当面采访形式。这种形式有利于建立信任和深入交流，但需要记者具备较高的沟通和引导技巧。

2. 小组讨论

指多个采访对象和记者一起进行讨论和交流。这种形式可以获取多个角度的观点和看法，但需要记者具备较强的组织协调和引导能力。

3. 公众场合采访

指在公众场合（如会议、活动等）对嘉宾或参与者进行采访。这种形式需要注意环境和场地的选择，以及与采访对象的预约和协调。

4. 视频采访

虽然不直接面对面，但通过视频等远程方式进行采访也可以视为当面采访的一种形式。这种形式适用于跨地域的采访，但也需要注意技术和设备的稳定性和安全性。

5. 集体采访

通常是指多个记者联合采访同一个人或事件，以获取更多的信息和角度。这种采访方式可以更全面地了解一个事件或问题，并可以获得更多的细节和背景信息。集体采访还可以减少采访对象的压力，因为他们只需要回答一次问题，而不是多次回答相同的问题。

集体采访也具有多种形式，主要有以下几种。

一是战役性采访。由某新闻单位组成一个记者团，就某一问题或事件分工进行采访，将所得到的新闻材料写成一篇综合性稿件供本新闻单位使用，或者写成许多稿件组成一个专栏或专版。这种采访形式强调团队合作和分工协作，通过多个记者的共同努力，深入挖掘事件或问题的各个方面，形成全面、深入的报道。

二是座谈会采访。指记者有意组织或邀约多个采访对象进行座谈，通过座谈会形式，各方面人士从不同角度、不同层次发表看法和意见，介绍有关情况和材料。座谈会采访能够集合多个采访对象的智慧和经验，形成更加全面、深入的讨论和交流。同时，也能够让记者们更加深入地了解事件或问题的各个方面和细节，为报道提供更加丰富的素材和背景信息。

三是现场会采访。各新闻单位的记者同时接受某单位或地区的邀请，前往同一现场，分别展开采访活动。记者之间可相互交换情况，也可相互保密，相互竞争。现场会采访能够让记者们亲身体验和感受事件或问题的现场氛围和实际情况，从而写出更加生动、真实的报道。同时，记者之间的竞争和合作也能够激发更多的创意和灵感。

集体采访的优点是可以在较短时间内获取多方面的信息和观点，提高采访效率。不同媒体记者的参与能从不同角度挖掘信息，使内容更丰富全面。缺点是由于时间限制，每个记者可能无法深入展开提问，难以挖掘深层次的细节。采访对象可能会因众多记者而感到紧张或有压力，不能自然地表达。

二、电话采访

电话采访是一种非面对面的采访方式，通过电话进行交流和采访。虽然不直接面对面，但电话采访仍然可以获取到有价值的信息和素材，适用于跨地域、时间紧迫或无法直接面对面的情况。自1875年贝尔发明电话、1879年爱迪生大幅提高通话质量后不久，电话就被用来传递新闻。1912年4月，“泰坦尼克号”沉没后，《纽约时报》就成功地通过临时架设的电话线对死里逃生被运往纽约的幸存者进行了采访。

在相当长的时间里，电话采访使用的都是固定电话设备，这限制了电话的现场采访。随着信息技术的迅猛发展，特别是始于20世纪70年代的民用手机的大范围普及，以及后来的可视电话、卫星电话、网络电话的相继诞生，电话采访已不再受时间、地点的限制。2013年7月，腾讯微信最新版本（5.0）实现了免费即时可视通话，将电话的便捷程度又提高了一级，克服了电话“只闻其声，不见其形”的固有缺陷。

（一）电话采访的优势

1. 便捷性

电话采访不受地域限制，可以随时随地进行，适用于跨地域的采访。电话的便捷特点不仅来自其本身的便利性，更取决于电话的普及程度。如今电话已大为普及，特别是手机，现已成为随身携带的“器官性”通信工具，大大提高了电话的到达率。这使得电话采访不仅可以足不出户，而且可以随时随地进行，基本不受空间、气候、环境、交通等影响。有了较高的普及率和到达率，电话的快捷优势越发明显。特别是面对突发事件而记者难以及时赶到现场时，电话采访几乎成为首选手段。记者可以通过电话对当事人、目击者或知情者乃至专家学者进行远距离采访，从而迅速成稿。富有经验的记者，大都善于利用电话完成一时难以抵达现场、难以与采访对象见面的采访。当然，由于互不见面和采访的突然性，电话采访需要一定的技巧。

2. 时效性

电话采访可以快速响应突发事件或热点话题，及时获取第一手资料和信息。例如报道某种现象、争议事件或出台的某项新政策时，记者常需采访多位民众、专家、官员等，以集合他们的意见和观点，有时甚至需要做一个小规模的调查，这时电话采访就成了首选的方式。

3. 灵活性

电话采访可以根据采访对象的时间安排和需求进行调整，具有较大的灵活性。

4. 匿名性

电话采访可以让采访对象保持一定的匿名性和隐私保护，避免直接面对面的压力和不适感。

5. 记录方便

电话采访可以通过录音等方式进行记录和保存，方便后续的整理和编辑工作。

（二）电话采访的弊端

1. 缺乏面对面交流

电话采访无法像面对面交流那样观察采访对象的肢体语言、面部表情等非言语信息，可能影响对采访对象情感和态度的理解。

2. 受外界干扰

电话采访可能受到外界噪声和干扰的影响，如信号不稳定、环境嘈杂等，这可能导致通信质量下降，影响采访效果。

3. 难以建立信任关系

电话采访缺乏面对面交流的亲密感，可能难以建立与采访对象的信任关系，使得采访对象不愿分享深入或敏感的信息。

4. 采访对象的选择受限

电话采访主要依赖于有电话接入的人群，无法联系到没有电话或无法接听电话的采访对象。

5. 信息准确性和真实性核实困难

电话采访中，记者难以直接核实采访对象提供的信息或数据的准确性，可能需要额外的调查和核实工作。

6. 保密性和隐私问题

电话采访需要注意保护采访对象的个人隐私和信息安全，避免泄露敏感信息或侵犯他人隐私。

7. 设备和技术限制

电话采访需要稳定的通信设备和网络环境，技术故障或设备限制可能导致采访中断或质量下降。

（三）电话采访的设备

电话采访的设备多种多样，但主要分为两大类：传统电话采访设备和现代科技辅助设备。

1.传统电话采访设备

传统电话采访设备主要包括电话机和录音设备。记者通过拨打电话与采访对象进行沟通，并使用录音笔或电话录音功能记录采访内容。这种方式的优点是简单易行，不需要额外的技术支持，但可能受到通话质量、信号干扰等因素的影响。

2.现代科技辅助设备

随着科技的发展，现代电话采访设备越来越多样化，主要包括以下几类。

（1）电话采访机

如荷兰eela audio公司推出的新一代记者电话采访机S25，这种设备专为电话采访设计，能够很好地抑制高频串扰，提供高质量的音频信号。同时，它还具有多种电缆接口，可用于连接各种主流手机，使用简单方便。

（2）无线麦克风

如大疆（DJI）Mic、猛玛（MOMA）Lark M1等无线领夹麦克风，这些设备不仅适用于现场采访，也可以通过蓝牙或无线连接手机进行电话采访。它们具有音质好、收音效果佳、便携性强等优点，非常适合需要灵活移动的采访场景。

（3）手机稳定器与麦克风组合

对于需要同时进行视频采访的场合，可以使用手机稳定器搭配外置麦克风进行。手机稳定器如浩瀚卓越（hohem）V3等可以提供稳定的拍摄画面，而外置麦克风则可以提升音频质量。这种组合方式既满足了视频采访的需求，又兼顾了音频的清晰度。

（4）录音笔与手机录音APP

一些专业的录音笔或手机录音APP也可以作为电话采访的辅助设备。它们通常具有高质量的录音功能，并支持多种录音格式和编辑功能，方便记者后期整理和编辑采访内容。

三、网络采访

网络采访是一种以互联网为平台进行的新闻传播活动，它利用搜索、采访、下载、编辑加工等多种方式采集新闻信息及相关资源。

（一）网络采访的优势

1.采访工具数字化

网络采访的主要工具包括电脑、数字音视频处理软件、电子邮件、网络论坛（BBS）、聊天工具以及搜索引擎等，数字化工具使得采访更加便捷和高效。

2.采访空间扩大

网络采访突破了空间限制，理论上可以采访全球范围内的事件和人物。记者可以通过网络与世界各地的人进行交流和采访，获取更多的信息和素材。

3.采访迅速便捷

网络采访可以迅速发送采访话题，并立即被接收，不受地理和气候限制，有助于提高采访效率。

4.精准表达思想

书面文本形式的表达有助于传递复杂抽象的内容，且便于精准表达双方想法。

5. 采访多元化

可实现一对多的多元化采访，获取丰富素材和内容。

6. 信息保存与传播

可以通过录音、录像等方式保存采访内容，便于后期整理编辑和多次查阅。

7. 增加曝光度

通过媒体专访，可以增加企业的知名度和曝光度。

（二）网络采访的局限性

1. 难辨身份

网络的匿名性使得记者难以确定采访对象的真实身份和背景，可能导致信息不准确。

2. 较为被动

网络采访往往是一种被动的采访方式，记者需要等待采访对象的回复，采访过程可能受到采访对象回复意愿和时间的限制。

3. 受限于环境

网络采访可能受到网络环境和技术条件的限制，例如网络连接不稳定、技术故障等，这可能影响采访的质量和效果。

（三）网络采访的形式

1. 在线实时采访

指通过视频聊天工具（如Zoom、Skype、Teams、腾讯会议等）进行的实时交流。这种形式最接近传统的面对面采访，允许记者和采访对象进行即时互动，并可以捕捉到对方的非言语信息，如表情和肢体语言。

2. 社交媒体互动

指利用微博、微信、抖音、小红书等社交媒体平台进行采访。这包括私信交流、评论回复、直播问答等。社交媒体互动具有高度的灵活性和即时性，能够吸引大量观众参与。

3. 电子邮件采访

尽管这种方式较为传统，但仍然是网络采访的重要组成部分。记者通过电子邮件向采访对象发送问题，并等待其回复。这种方式适合于双方在不同时间和地点进行采访，同时也便于记录和整理采访内容。

4. 网络调查问卷

记者设计问卷并通过网络平台发布，邀请受访者填写。这种方式便于收集大量数据和信息，并进行量化分析。问卷可以包含各种类型的问题，如单选、多选、填空、简答等。

5. 网络直播采访

通过直播平台（如Bilibili、抖音直播、快手直播等）进行实时采访，观众可以在线观看并参与互动。这种形式结合了实时性和互动性的优点，能够吸引大量观众关注。

四、隐性采访

隐性采访，也称秘密采访或暗访，是指在采访对象不知情的情况下，通过偷拍、偷录等记录方式，或者隐瞒记者的身份，以体验或其他非公开方式，获取已发生或正在发生但尚未被披露的新闻素材的采访形式。隐性采访的目的，在于实施显性采访难以实施的采访行为，获取显性采访无法获得的新闻信息，因而是一种不得已而为之的采访。也正因如此，隐性采访具有难以替代的重要作用，是有助于还原真相的特殊新闻职业行为。

（一）隐性采访的特点

1. 隐蔽性

隐性采访的最大特点是其隐蔽性，包括不公开记者身份、不公开采访目的和不公开采访手段。这种隐蔽性有助于减少采访障碍和干扰，从而获取更真实、更有价值的新闻事实。

2. 针对性

隐性采访通常针对特殊场合、特殊题材或特殊采访对象，这些采访对象可能基于种种原因不愿意接受公开采访，或者公开采访难以获取真实信息。

3. 法律与道德约束

隐性采访必须在法律和新闻道德允许的范围内进行，或已经得到有关部门的授权。同时，隐性采访不能侵犯当事人的隐私权和其他合法权益。

（二）隐性采访的弊端

1. 侵犯隐私权和名誉权

（1）侵犯隐私权

隐性采访往往在采访对象不知情的情况下进行，这容易侵犯其隐私权。如果记者的法律知识欠缺或操作不当，很容易触犯法律红线。隐性采访时，采访对象因不知有记者在场而基本处于“不设防”状态，这使得记者在获取真实信息的同时，也可能获得采访对象不愿暴露的个人隐私，包括其姓名、面容、住址、家庭关系、私生活、个人化的言行举止等，稍有不慎，就可能侵犯隐私权。现实中，公众人物与普通民众的隐私保护范畴有所区别，这就要求记者更加小心地处理具体采访内容。

（2）侵犯名誉权

由于隐性采访的隐蔽性，可能导致报道内容未经充分核实就公之于众，从而损害采访对象的名誉权。

2. 引发社会信任危机

（1）加深防备心理

隐性采访的存在容易导致社会中人与人之间防备心理的加深，人们之间的相处可能变得更加谨慎和防备，长此以往可能产生严重的信任危机。

（2）降低媒体公信力

隐性采访中的“不坦诚”甚至“欺骗”行为，容易引发公众对媒体的质疑和反感，从而降低媒体公信力。

3. 道德争议和法律风险

（1）道德争议

隐性采访涉及新闻职业道德的争议，如是否应该通过欺骗手段获取新闻素材。这种争议可能损害新闻行业的整体形象。

（2）法律风险

由于隐性采访的特殊性，记者可能面临法律诉讼的风险。一旦操作不当或侵犯他人权益，将可能承担法律责任。因此，隐性采访实施时要注意厘清法律的边界，坚守公序良俗的底线。

4. 采访技巧退化和职业理念淡化

（1）采访技巧退化

过度依赖隐性采访可能导致记者采访技巧的退化，因为隐性采访往往不需要复杂的采访技巧就能获取新闻素材。

（2）职业理念淡化

隐性采访可能使记者忽视新闻职业理念的重要性，如真实性、客观性和公正性等，从而影响新闻报道的质量。

5. 资源浪费和效率低下

（1）资源浪费

隐性采访需要投入大量的人力、物力和财力进行准备和实施，如果未能获取有价值的新闻素材，将导致资源浪费。

（2）效率低下

隐性采访的隐蔽性和不确定性可能导致采访效率低下，因为记者需要花费更多时间和精力来观察和等待合适的采访时机。

五、社会调查

社会调查是指人们为达到一定目的，有意识地通过对社会现象的考察、了解和分析、研究，来了解社会真实情况的一种自觉认识活动。它使用一定的方法，针对具有社会意义的调查对象进行深入研究，以获取实际调查效果。

在新闻采访的领域中，社会调查具有以下几种形式。

（一）问卷调查

指通过发放问卷的方式来收集信息和数据的一种调查方法。问卷调查可以通过纸质问卷、网络问卷、电话问卷等方式进行。问卷调查的关键在于问卷的设计，包括以下几个方面。

1. 明确调查目的

在设计问卷之前，首先需要明确调查的目的和所要收集的信息类型。这有助于确保问卷中的问题与调查目的紧密相关，避免冗余或无关的问题。

2. 定义目标受众

了解目标受众的人口统计学数据（如年龄、性别、地点和行业）对于设计有针对性的问题至关重要。这有助于确保问卷中的问题与受访者的背景和兴趣相符，从而提高回答的准确性和有效性。

3. 构思有效问题

设计问题时应遵循清晰、简明、易懂的原则。问题应与调查目的紧密相关，并为目标受众量身定做。同时，要注意平衡开放式问题和封闭式问题的比例，以便尽可能全面地收集反馈。

4. 合理编排问题顺序

问题的编排应遵循一定的逻辑和顺序，以便受访者能够顺畅地回答问题。一般来说，可以从简单到复杂、从一般到具体地编排问题。

（二）访谈调查

指通过与调查对象进行面对面或电话访谈来收集信息和数据的一种调查方法。

在进行访谈时，研究者需要考虑多种因素，包括：选择合适的受访者样本以确保代表性；确保隐私和保密性，尤其是当讨论敏感话题时；使用开放式问题鼓励详细回答；保持中立和客观，避免引导性问题；记录和保存访谈以便后续分析和参考。

（三）合作调查

合作调查指借助社会调查机构进行的抽样调查。在面对较大范围人群或进行较大规模的抽样调查时，记者或单一媒体的力量毕竟有限，而随着社会的发展，各类公共调查机构越来越多，高校和科研单位面向社会的抽样调查也很普遍，媒体通过与其合作获取所需新闻信息的采访形式便渐渐流行。2014年7月，深圳市政府为控制汽车流量拟高额征收路外停车场停车调节费，此事在社会上引起很大反响，民众讨论热烈。就在这时，当地某大学传媒文化与发展研究中心开展了相关的民意抽样调查。《晶报》（深圳）闻讯后，立即与其开展合作，于同月28日刊发整版图文并茂的报道《过半受访市民支持征收停车调节费》。

六、体验式采访

体验式采访是指记者为了深切地理解生活，亲自去体验某一行业的工作或生活状态，并在此基础上写出报道的采访方式。它是新闻记者深入生活、体察民情的一种好方法，对于记者的思想作风和新闻写作都有积极作用。

在体验式采访中，记者的身份具有双重性，既是采访者又是体验者。这种双重身份使得记者能够更深入地了解采访对象的生活和工作环境，从而获取更真实、更丰富的新闻素材。

体验式采访强调记者要亲自参与到新闻事件中去，通过亲身体验来感受新闻事件的发生和发展过程。这种参与性使得记者能够更直观地了解新闻事件的全貌，提高新闻报道的准确性和生动性。

体验式采访的核心在于“体验”，即记者要通过自己的亲身经历来感受和理解新闻事件。这种体验性使得新闻报道更具感染力和说服力，能够更好地引起读者的共鸣。

体验式采访在新闻采访中具有独特的作用和价值，但也存在诸多局限性。

（一）时间制约

体验式采访要求记者深入新闻事件或生活环境中进行长时间的体验，但受时间限制，记者可能无法全面、深入地了解所有细节，容易导致对个别问题的片面理解，甚至将个别问题当作一般问题、将偶然问题当作必然问题。这不利于新闻的快速报道。在新闻时效性要求越来越高的今天，长时间的体验可能无法满足读者对最新信息的需求。

（二）采访条件限制

体验式采访要求记者具备较高的个人素质和专业技能，如良好的沟通能力、敏锐的观察力、深入的思考能力等。然而，由于记者个人素质和专业技能的差异，可能导致体验效果参差不齐，影响新闻报道的质量。

不同的新闻事件或生活环境对记者的适应能力提出了不同的要求。在一些特殊环境中，如极端天气、危险地区等，记者可能难以适应，从而影响采访的顺利进行。

（三）观察与体验的片面性

由于记者个人素质、经验和观察角度的限制，可能导致在体验过程中对新闻事件的观察产生片面性。这种片面性可能影响新闻报道的全面性和准确性。体验式采访虽然能让记者亲身体验新闻事件或生活环境，但受限于记者个人的能力和经验范围，有些复杂或深入的问题可能仍然难以触及或理解透彻。

七、观察

观察是一种通过感官或仪器等工具，有目的、有计划地感知和记录事物或现象的方法。观察是人类认识世界的重要手段之一，通过观察可以获取直接、真实、具体的信息，为科学研究、决策制定等提供依据。观察是一种重要的科学研究方法，通过有目的、有计划地感知和记录事物或现象，可以为科学研究提供直接、真实、具体的信息。

（一）场景观察

场景观察指记者在新闻现场利用五官主动感受事物的过程。其要点就是记者必须身临其境，感受新闻发生的过程或产生的结果。[①]在新闻采写实践中，场景观察是记者不可或缺的一种采访方式。即便是一些现场感不太强的非突发事件，也常常需要记者走进现场，利用自己的眼睛和

① 《新闻采访与写作》编写组.新闻采访与写作［M］.北京：高等教育出版社，2019：125.

耳朵，注意捕捉有说服力的场景画面。

当今社会，随着信息和传播技术的进步，有些重大活动在电视或网络上现场直播，使得记者虽未到达现场，却也能观察和感受到现场气氛。此类观察可称为“间接现场观察”。

有时新闻发生时记者并不知情或未能及时赶到现场，因而无法目睹新闻过程，只能对现场的目击者或其他相关场所如医院、学校等进行采访和观察。这类观察可称为“第二现场观察”。

（二）人物观察

人物观察是一种深入了解个体特征、行为模式和情感状态的方法，用以揭示人物的个性特征以及内心世界等。

人物观察的作用在采写有关新闻人物的特稿或深度报道时最为突出。离开观察，人物的描写便苍白无力或死气沉沉，稿件的成功率大为降低。

（三）细节观察

细节观察是指对事物的微小部分、特征或事件进行深入的观察和分析。细节观察要求记者在事先做好功课的基础上，更好地把握事物细微的部分。

虽然所有观察都应重视细节，但“细节观察”特指在采访中有意识地对现场事物或人物活动的某些细节留意、跟踪、捕捉以获取特有的新闻含义。一般的场景观察或人物观察，对将要观察到的现象，特别是细节性信息并无预见，因而缺乏心理准备，容易错过。细节观察则要求记者在事先做好功课并对即将采访的人或事有一定了解的基础上，更好地把握事物细微的部分，察人所不觉，记人所无睹。[①]

① 《新闻采访与写作》编写组.新闻采访与写作［M］.北京：高等教育出版社，2019：127.

第二节　案例解析

案例一

一、案例简介

2024年7月9—11日，中国互联网协会于北京召开2024中国互联网大会之“人工智能领域深度访谈盛会”，其核心议题为“互联三十载 智汇新质变”。此次盛会聚焦人工智能在互联网发展进程中的地位、功能、挑战与机遇，并探究中国互联网协会在助推人工智能前行之路上的角色定位。为此，大会相关工作人员对中国互联网协会副理事长黄澄清先生进行了一次深度访谈。

在访谈中，黄澄清肯定了人工智能在互联网发展史上具有里程碑意义，并指出未来的全球格局将由人工智能引领。他着重阐述了大数据、大算力和强算法是人工智能发展的三要素，而互联网的开放性和普及性为人工智能的发展提供了海量数据基础；人工智能在金融、医疗健康、教育体系、交通运输等多个关键领域已经展现出强大的影响力，而移动互联网的蓬勃兴起更是加速了数据积累，为人工智能技术的飞跃提供了有力支撑。

面对人工智能发展过程中挑战与机遇并存的局面，黄澄清强调，当前亟待解决的关键问题如下：一定要确保人工智能产品与服务的价值取向与人类伦理道德相一致；维护网络信息安全、保护个人隐私免受侵犯。

他主张，治理部门在秉持包容审慎的治理理念的基础上，应积极鼓励人工智能的创新发展，并在问题刚出现时就迅速响应，采取有效措施予以应对。

此外，他还阐述了中国互联网协会在人工智能时代背景下所肩负的重要使命——作为互联网产业发展的奠基者与政府、企业间的桥梁纽带，中国互联网协会应发挥更加积极主动的作用，广泛听取互联网行业企业和广大网民的意见与建议，做好沟通交流，共同促进人工智能技术在中国的健康发展。

二、案例分析

该采访不仅深入探讨了人工智能在互联网发展中的重要性和未来趋势，还为中国互联网协会在推动人工智能发展中的角色和定位提供了清晰的阐述。

通过此次采访，公众对人工智能的认识和理解得到了进一步提升，同时也为相关企业和机构提供了有益的参考和启示。

这个案例展示了网络采访在深入探讨行业热点、传递专家观点方面的独特价值。通过精心策划和准备，网络采访可以成为连接公众与行业专家、传递有价值信息的重要桥梁。

案例二

一、案例简介①

“出发！”踢踢轮胎，拍拍车门，围着白色东风牌半挂牵引车转了一

① 同行1800多公里，跟着货车司机跑长途［EB/OL］.（2022-02-07）［2024-08-10］. http://www.zgjx.cn/2023-10/16/c_1212289308_2.htm.

圈，王勇平完成出车前的例行检查，招呼记者上车。

记者抬手看了一眼表，时间为2021年12月18日下午3点。这辆车牌号为“晋LD8577”的货车，驶出山西临汾兴荣物流园，向着目的地广东佛山启程。

“一车染料，加上货车自重，整车不到50吨，符合限载要求。”43岁的王勇平供职于临汾经济技术开发区兴荣供应链有限公司车队，专跑山西到广东的货物运输。

长期以来，广大货车司机以车为家、与路为伴，奔波在物流运输一线。2021年11月3日国务院新闻办举行的加强货车司机权益保障工作新闻发布会介绍，2020年，全行业1728万名货车司机完成74%的全社会货运量和31%的周转量，为支撑经济社会发展、保障和改善民生做出重要贡献。

2020年11月，习近平总书记在全国劳动模范和先进工作者表彰大会上指出，要适应新技术新业态新模式的迅猛发展，采取多种手段，维护好快递员、网约工、货车司机等就业群体的合法权益。

聚焦广大货车司机反映的停车休息难等“烦心事”、城市通行难等“操心事”、路面执法不规范等“揪心事”，2021年10月，交通运输部等16个部门联合印发《关于加强货车司机权益保障工作的意见》，坚持远近结合、标本兼治、协同联动、综合治理，重点围绕推动严格规范公正文明执法、畅通货车司机投诉举报渠道、简化货车司机办事办证手续、优化调整货车禁限行政策、改善货车司机停车休息条件等9个方面，切实维护货车司机合法权益。

历时46个小时，记者跟随王勇平驱车1800多公里，抵达南海之滨的佛山。一路同吃同住，感受着货车司机以车为家、与路为伴的辛勤奔波，以及多部门共同发力加强货车司机权益保障，让他们切实感受到关心关爱。

……

12月18日当晚，记者和王勇平在平顶山西高速服务区留宿，“宿舍”就是货车驾驶舱后排——如同火车卧铺车厢一样的上下铺。王勇平想让记者睡稍微宽敞一些的下铺。“您早起还要跑车，休息好了更重要。”见记者婉拒，他又帮着整理好上铺的被褥：“车里很安全，踏实睡！”

刚熄火的车内，温度如常。王勇平感慨道，过去想要睡个安稳觉可不容易。多年前的一天夜里，王勇平在一个服务区停车场留宿，半夜感到不对劲：一辆摩托车在货车附近来回转悠，迷迷糊糊中听到油箱盖“叭”的一声被打开，抬头看了一眼后视镜，只见抽油软管已经塞进了货车油箱。他立即翻身来到前排驾驶室，迅速打开货车大灯，这才驱离了偷油的人。

“过去，我们晚上睡不踏实，怕有人偷油、偷货。一般货车油箱最多可装800升柴油，值5000多元。”王勇平说，“现在，服务区周边安装了停车监控，还有专人负责巡查巡逻。”

据11月3日新闻发布会介绍，保障服务区车、货停放安全，让货车司机放心停车，不少地方都在探索。比如，甘肃省交通运输部门面向货车司机推出了“车货无忧”公众责任保险，保费全部由交通运输部门承担，货车司机一旦在甘肃的联网收费高速公路服务区发生财物被盗，由保险公司赔偿。“我们将在总结甘肃经验的基础上，指导地方结合当地实际有序推广，给货车司机提供更多、更安全的服务保障。”蔡团结表示。

……

二、案例分析

这篇通讯是《人民日报》记者与大货车司机一起体验了跑长途而写成的，它给读者的第一感觉是真实、完整、全面，而这些感觉源于记者与长途车大货车司机的共同经历。在采访过程中，记者加入了自身“跑长途”的所见所闻，同时还能深入采访对象的生活工作，从素材收集上来说更完整丰富。

（一）带着问题采访体验

本篇通讯大篇幅讲了记者体验的事件，即与货车司机同行1800多公里跑长途。这件小事甚至都不能成为新闻，为何能获得第33届中国新闻奖通讯类二等奖呢？其实在于记者在体验这件事的背后，加入了自身对于货车司机权益保障问题的关注，是带着问题去体验采访的。体验式采访需要记者深入某一群体或个人的生活当中，与其同吃同住来获得第一手采访信息，类似于研究中的田野调查。因此，在采访的初期就必须有明确的问题意识，以问题为导向，在采访过程中通过交流观察，不断丰富信息，逐渐突出新闻价值。

（二）文风朴实，以时间为序，流畅完整

在本篇通讯中，记者以在车上的时间为线索，串联起了整篇文章主题。不但有司机的叙述，也有记者的观察，同时还有政府的数据政策等，内容全面深刻。文中不但提到了国家政策的支持，也提到了目前市场中存在的不正当竞争等问题，是一篇客观中立的通讯作品。

案例三

一、案例简介

正值抗美援朝胜利70周年之际，2023年7月27日，黑龙江广播电视台新闻法治频道推出了电视新闻访谈节目《中国好儿女》。[①]该台从2023年3月就对本次访谈进行提前策划，在辽宁丹东、黑龙江虎林等地采访，"抢救性"地实录了好几位90岁以上志愿军老战士的影像。2024年1月15日，节目中的志愿军老战士李占山就去世了，这个节目成为他最后接受采访的珍贵影像。

这个特别访谈节目专门邀请到92岁志愿军老战士李占山、特级英雄黄继光的侄子黄拥军、新中国第一代铁路英雄司机范永的孙子范伟以及著名军史专家齐德学，他们从各自的视角分别讲述了鲜为人知的抗美援朝传奇事迹。这些特邀嘉宾讲述的鲜活历史使得该节目既是全国性选题，又充满了"黑龙江元素"，形成了远近结合、历史与情感并重的节目风格。

同时，该节目在黑龙江卫视的《新闻联播》、新闻法治频道、新闻广播、极光新闻等多媒体平台同步播出[②]，激励青年传承革命精神，为实现中华民族伟大复兴的中国梦营造了良好的舆论氛围。

该访谈节目播出后深受观众喜爱，被评为国家广播电视总局2023年

① 中华好儿女［EB/OL］.（2023-07-27）［2024-07-27］. https://tv.cctv.com/2023/07/27/VIDEoCWPe9PA6zJ4VqPDOeFr230727.shtml?spm=C55953877151.PZoCQI3fz1JO.0.0.

② 龙广电《中国好儿女》喜获广电总局优秀作品［EB/OL］.（2024-01-03）［2024-12-12］. https://mp.weixin.qq.com/s/-VhJRn7y-S9d7-vcu4Kmfg.

第三季度优秀广播电视新闻作品，并荣获第34届中国新闻奖新闻访谈类一等奖。

有学者评价其是一部深刻缅怀抗美援朝英雄事迹的力作，不仅“抢救性”地记录了90岁以上志愿军老战士的珍贵记忆，还邀请英雄后代和专家从不同角度再现了那段峥嵘岁月。

二、案例分析

《中国好儿女》运用的采访形式是主持人与嘉宾在演播室面对面进行的小组访谈，让与抗美援朝历史相关的三种不同身份的代表者——老战士、英雄后人及军史专家，在主持人的话语引导下从不同的角度去呈现真实的历史故事。

首先是第一位采访对象，92岁高龄的战斗英雄李占山。镜头前，老前辈以其风趣又不失深情的质朴叙述道尽当时的艰辛，仿佛打开了一扇时光之门，瞬间引领观众穿越至70年前那段烽火连天的岁月。采访片段如下①：

于硕：……当时爷爷您只有十九岁，还记得那个时候的情景吗？

李占山：解放海南岛回来以后，就动员我们抗美援朝，朝鲜是咱们邻邦国家，“失火了”，咱们得去救去。

于硕：爷爷刚到朝鲜战场的时候，是不是看到的情形比想象的还要艰苦？

李占山：人家枪弹、火药、武器齐全，都是自动化。人家吃的饼干、罐头各方面啥吃的好，咱们不行，一把炒面一把雪，渴了冰雪当水喝，

① 第34届中国新闻奖新闻访谈（电视）初评参评作品《中国好儿女》［EB/OL］.（2024-04-02）［2024-12-12］. http://heilongjiang.dbw.cn/system/2024/04/02/059298227.shtml.

饿了炒面来几口。我们最（困难）时候，三天多啥也没吃着，最后压缩饼干像豆饼似的，不大一块。那时候就开始跟老美那就拼了，我们就豁出来了，抗美援朝，保家卫国呀！

于硕：那您在参加云山战斗的时候，曾经荣立过一次二等功，能不能讲讲您立功证书背后的故事？

李占山：云山一上一下是80公里，打进来打进去打几个反复。我们赵义（战友）说有六七个人跑过去了。我说是不是美国兵啊？他说是。我说团长我俩撵去吧！"站住，缴枪不杀！"我俩一人削（打）了半梭子，七个美国鬼子，打死四个，三个活的，七支大枪，两支手枪，手雷二十多个。有一千多枚子弹，最后抓住俘虏。

由上可以看出，李占山老人在主持人于硕的屡次提问下，一步步讲述了当时在朝鲜亲历的战斗和生活场景。

第二位采访对象是军史界专家、中国人民解放军军事科学院原军事历史研究部副部长齐德学将军，他以其广博的学识与严谨的态度，为访谈节目提供了精确且详尽的历史资料，确保访谈中每一句陈述、每一个历史瞬间追溯、每一个数据引用都能经得住推敲。齐德学将军的专业精神为节目的历史真实性与学术价值做保障，也增添了新闻的真实性与权威性。原文部分如下[①]：

于硕：听了李占山老人的讲述，仿佛我们能够跨越时空，重新回到炮火连天的朝鲜战场。齐老师，刚才爷爷所在的39军117师，从第一次战役到第五次战役是全程参与了抗美援朝战争，那么他们所在的这支部

① 第34届中国新闻奖新闻访谈（电视）初评参评作品《中国好儿女》[EB/OL].(2024-04-02)[2024-12-12]. http://heilongjiang.dbw.cn/system/2024/04/02/059298227.shtml.

队在整个战斗过程当中起到了什么样的作用呢?

齐德学:39军入朝以后，参加了第一次战役到第五次战役，打得比较有影响的战斗，一个是云山战斗。39军那是我们的主力，打美骑兵第一师……所以中美两军第一次交战就是在云山战斗。再一个打得有影响的战斗，就是横城反击战。我们9个师作战共歼灭敌人12000多人，单是39军117师歼灭敌人就是3300多人，占27%，也是117师在整个抗美援朝战争当中打得最出彩的一仗。

随后是主持人于硕对英雄后裔黄拥军的采访①：

于硕：那么当黄继光烈士牺牲的消息传回到家里的时候，您的奶奶在痛失了自己心爱的儿子之后，仍然把自己最小的儿子送到了朝鲜战场。

黄拥军：奶奶当时就说了一句话："我不需要任何人照顾，国家人民更需要黄继恕继续去接过他哥哥的枪，继续完成保家卫国的使命。"然后在1958年，中国人民志愿军最后一批战士撤离回国的时候，当时父亲带了他们连队部分的战友，还有黄继光生前所在部队的一些战友去了。对着暗堡说了一段话："哥，我接你回家。"然后他就将这捧土带回了我们的家乡。奶奶接过这捧泥土以后，我们在院子中间挖了一个树坑，亲手栽下了一棵梨树苗。

于硕：在这棵梨树下，您的奶奶又为你们的家族定下了一条特殊的家规。

黄拥军：奶奶当时就说，以后黄家的孩子长大以后都要去参军报国。三爸黄继光是第一位，我父亲是第二位。我是第十二位。目前我们黄家

---

① 第34届中国新闻奖新闻访谈（电视）初评参评作品《中国好儿女》[EB/OL].(2024-04-02)[2024-12-12]. http://heilongjiang.dbw.cn/system/2024/04/02/059298227.shtml.

已经有十六名中国人民解放军了。

在现场的小组访谈中，后续的特邀嘉宾还通过讲述“黄继光号”、马恒昌小组的故事，生动再现了大后方民众在加工军需粮食、构筑飞行机场、动员民工力量以及加速物资生产等关键环节所做出的贡献。这些口述历史故事生动地还原了抗美援朝战争中，黑龙江省作为至关重要的战略后方，如何倾全省之力全力支援前线，为战争的最终胜利奠定了坚实的物质基础。

在抗美援朝战争胜利70周年之际，《中国好儿女》会聚了亲赴战场的英雄前辈、烈士后代及资深专家等，在短短几十分钟的访谈中聚合了大量的信息，带给观众许多鲜为人知的细节。在小组访谈这种形式下，他们以各自的视角对那段历史进行讲述，通过多视角的叙事，复合呈现了那段波澜壮阔的历史篇章。

课后讨论题

1. 结合实例，谈谈当面采访的优势。
2. 就近期的一则热门话题，设计一份调查问卷。
3. 请举例说明隐性采访的弊端。

第五章　采访提问的方法

第一节　要点概述

子曰："不知言，无以知人也。"意为不善于分辨别人的言语就不能真正了解他。现实生活里，语言是人类交流的工具，它往往比镜子更能快速了解一个人。在采访活动中，提问是"问路石"，也是采访成败的关键，记者要巧妙地展开提问，营造轻松交谈的氛围，在激发采访对象表达欲的同时尽可能地挖掘重要的新闻信息，从而提高新闻采访质量。因此记者要注重掌握采访提问方法与技巧。

一、采访提问的主要方法

在新闻采访实践中，面对不同情境需要不同提问方法，提问的技巧与策略呈现出多元化的态势，主要有正面提问法、迂回提问法、引导提问法、追问法、设问法，以及激发采访对象情绪的激将提问法等方式。[①] 可见新闻采访并没有固定的提问方式，而是趋向于灵活多变，这也考验着新闻从业者的应变能力。

① 李昕．探讨新闻采访中的提问方法［J］．新闻研究导刊，2020，11（19）：2.

（一）正面提问法

正面提问法是直接而高效的沟通方式，核心在于通过开门见山的提问使采访对象能即刻把握采访的主旨，从而通过简单的肯定或否定回答，快速勾勒出新闻事件的基本轮廓。这种方法适用于那些追求效率，需要迅速捕捉并传递大量信息的采访情境。

（二）迂回提问法

鉴于采访对象的复杂背景或新闻事件的错综复杂，新闻记者在采访过程中需巧妙引导、旁敲侧击地引出采访对象起初不愿告知的内容。在实施迂回提问策略时，新闻记者需要敏锐洞察采访对象的情绪变化，提问时应从侧面切入，营造出轻松自然的对话氛围，为后续深入交流打下良好的沟通基础。

面对采访对象因紧张、不自在或有所保留而不愿主动开口，或虽有意愿交流却难以启齿的情境，新闻记者应灵活采取侧面迂回的方式提问，逐步引导对话深入主题。当采访对象对话题态度含糊不清时，记者可通过间接探询的方式进行侧面了解，这些提问往往围绕采访对象的兴趣点、日常生活等轻松的话题展开，这样能减少采访对象的思考压力，促进双方之间更加顺畅的沟通与交流。

新闻记者应深刻认识到，迂回提问仅为辅助手段，旨在促进采访进程，而非采访的最终目的。因此在实施过程中，记者应始终紧扣新闻采访的主题，有选择性地提出问题。

（三）引导提问法

引导提问法的核心在于巧妙运用启发与引导的方式，引导采访对象主动披露关键信息。这种方法侧重于通过引导采访对象的思考方向或情感共鸣，来达到获取有价值信息的目标。在新闻采访中，当面对掌握大量信息却因性格内向或其他原因难以顺畅表达的采访对象时，引导提问法显得尤为重要。通过精心设计的提问，记者能够逐步引导采访对象明确采访主题，激发其交流兴趣，进而拓宽思维，提升采访的深度与广度。

为了确保引导提问法的有效实施，记者在采访前需进行充分的准备工作，包括设计多样化的引导性提问，以便在不同情境下灵活应对。这些提问是为了帮助采访对象回忆事件细节，重现当时的心理状态，从而挖掘出更多有价值的新闻素材。然而值得注意的是，在应用引导提问法时，记者必须谨慎把握好启发与引导的尺度，避免将其演变为强制性的提问方式。部分新闻学者之所以对引导提问法持保留态度，正是因为担心其可能被滥用，导致采访过程失去公正性和客观性，进而对新闻报道的整体质量产生负面影响。因此，记者在使用引导提问法时应始终遵循新闻伦理原则，确保采访的公正、客观和真实。

（四）追问法

追问法要求新闻记者在采访交流中敏锐捕捉回答中的核心点，遵循事物发展的矛盾性和逻辑性，连续地提出一系列环环相扣的问题。这种提问方式考验着新闻记者的综合素质，需要其能够深刻理解事物的内在联系，并随机应变地设计出多个有针对性的问题。[①]尽管这种方法可能会给采访对象带来一定的压力，但它能够促使采访对象提供更深入、更有价值的信息，使新闻记者能从对方的回答中捕捉到关键线索继而进行深入挖掘。在运用追问法时，新闻记者需要通过引导和启发使采访对象主动参与到讨论中来，而不是通过强制或逼迫的方式获取答案。

---

① 李昕. 探讨新闻采访中的提问方法［J］. 新闻研究导刊，2020，11（19）：2.

（五）设问法

设问法，简而言之就是新闻记者运用假设性构思，将采访对象置于虚构的场景内，引导其从自身立场出发进行深度剖析的一种探索性提问方法。这种方法主要是灵活引导对话的方向，激发采访对象的思维活力，从而逐步挖掘其对于特定话题的见解与感受，同时辅助其回忆特定的场景，或者是调整心理状态，最终达到敞开心扉交流的目的。有效运用设问法，既要求新闻记者具备深厚的采访功底，还需要拥有丰富的社会知识积累、生活经验以及对突发情况的快速应变能力。

（六）激将提问法

激将提问法是提出具有挑战性的问题，这些问题通常会触及采访对象的“敏感地带”。然而，在恰当的时机下通过巧妙地激发采访对象的情绪能够促使他们转变态度，从回避问题转变为愿意主动阐述观点。但是在运用这种方法时，必须谨慎评估其适用性和影响，要确保不会因刺激过度而引发采访对象的强烈抵触情绪而适得其反。此外，还需要充分考虑采访对象的情绪状态和心理特征，确保提问既符合逻辑又充满人情味。

二、采访提问的技巧

（一）注重倾听

在新闻采访过程中，记者给予采访对象的首要尊重方式即为倾听。为了营造采访对象被尊重与被重视的氛围，记者的交流应当紧密围绕所提问题展开。记者应全神贯注地听取采访对象的发言，以此建立强烈的信任感，使采访对象愿意向记者敞开心扉，分享更多的新闻事实。此外，记者还需在合适的时机通过恰当的语言引导，促使采访对象将思考方向转向问题核心进而提供详尽的回答。

（二）从采访对象的视角来发现与理解采访对象

作为新闻事件的直接经历者或现场目击者，他们对新闻事件的感触最为深刻且影响最为深远。对其进行新闻采访，核心在于引导他们回顾新闻事件的完整经过，并分享他们个人的真实感受与理解。为促使采访对象能够坦诚地分享，放下心中的戒备，并对新闻事件进行概括性描述，记者需设身处地地从采访对象的角度出发，深入理解其感受与认知，同时采用适宜的语言策略，如鼓励、安抚或引导等，以促使采访对象能够围绕关键问题，清晰、准确地表达他们的观点与见解。

（三）灵活地应用提问方式

为了使采访取得效果，记者需在采访筹备阶段细致梳理新闻事件脉络，精心设计具备可操作性的采访问题，并依据问题的特性和情境选择最为合适的提问技巧。尤为重要的是，记者需提出能够激发采访对象积极表达意愿的问题，这不仅能够确保获取到有价值的回答，还能够显著提升采访的质量与深度。反之，若提问方式欠妥，比如触及敏感的个人隐私领域或违背采访对象的个人意愿，可能会导致采访对象采取回避态度或发表过激言论，进而引发不必要的冲突，使采访进程受阻。

（四）巧妙地引导采访对象

记者应当注意在提出问题的同时，引导采访对象产生表达欲望。为了能够引导采访对象以稳定、放松的心态来面对采访问题，记者在初始采访阶段应提出采访对象比较感兴趣的话题，积极与之交流、沟通，打消彼此之间的距离感。在采访对象真正放松下来之际，记者要运用恰当的语言将话题转移到新闻事件上，提出预先设置的问题。记者在新闻采访之前要尽可能详细地了解采访对象的基本情况，比如生活状况、性格特点、处事原则及教育水平等。在具体展开新闻采访的过程中运用恰当的开场白，打破隔阂，使采访对象与记者互动交流。如若采访对象的态度并不利于采访计划的推进，那么记者要及时调整采访问题，并且运用恰当的语言与其交流，将其引导到采访问题上来，使之能够解答问题，获取新闻信息。

（五）努力营造相对融洽的讨论氛围

新闻采访工作的顺利开展还需要亲和融洽氛围的助力，采访对象在这种氛围中能保持相对放松的心态来接受记者的提问，甚至与记者畅所欲言，从而使采访工作能比较顺利地完成。[①]记者应当在采访中用善意和同理心来感染和影响采访对象，使之能够与记者进行良性互动，围绕记者提出的问题一一作答并展开交流。

营造氛围的一个好办法是根据采访对象的日常生活习性，精心挑选适宜的访谈时间与场所。恰当的访谈时间和理想的访谈场所能够使采访对象缓解紧张情绪，降低其戒备与抵触心理，可以放松并投入对话，还可能触发采访对象的情感共鸣，唤醒深藏的记忆，为采访带来意想不到的收获。

因此，选择采访时间和地点时，要尽可能选择最有益于采访对象敞开心扉的采访时间与地点。

（六）采访交流的“平视”

采访的本质在于沟通交流，采访的目的、相关事件的深入挖掘都依

① 申丽芳.新闻采访中记者提问方式与技巧［J］.中国报业，2022（6）：112-113.

赖于访谈双方之间的对话交流。在采访时，记者只是作为一个与事件无关的旁观者，为满足公众的知情权而与当事人平等地交流。

首先，采访时的平等交流不是口头上的平等，而是心态上、交流上的平等。采访的主角永远是采访对象，因此要尽可能让采访对象“开口”，而不是硬把自己拉到一个所谓“平等”的位置上侃侃而谈。高渊在《中国寻路者》的后记中提到“与高端人物对话，最需要的就是平视”。平视即平等，就是摆正自己的位置。在与高端人物进行对话时，记者应当秉持专业精神，避免将自身置于仰慕者或求学后辈的角色之中，相反，应当保持平等的交流姿态；而面对一些容易在社会上引起争议的特殊群体时也要平等相待，采访时要牢记自身作为专业记者的身份与职责，确保对话的平等、客观与深入。

这里有一个关于平等交流的小故事，可以让我们更加直观深刻地体会到平等交流。复旦大学教授张力奋曾在英国《金融时报》担任要职，他目睹了报社里的记者面对首相时非但不见丝毫胆怯反而以一种从容不迫的态度进行采访，甚至戏谑道：“我成为记者两三年，而你担任首相的时间，也是两三年。”

在采访名人时，记者可能会因面对公众人物而产生一定的紧张感，但这种紧张感通常会在开始采访后的5—10分钟内逐渐消散。记者需要迅速调整心态，以平和、自信的态度与采访对象进行交流，通过自然而流畅的对话来消除紧张感，确保采访活动的顺利进行。

在履行采访职责时，记者应深刻认识并秉持“记者是无冕之王”的职业尊严，明确意识到自身职业角色的重要性与平等性。与此同时，亦需保持一种谦逊谨慎的态度，清醒地认识到在特定专业领域，个人的知识储备与实践经验或许尚不及采访对象深厚。因此，在采访过程中，记者应精准拿捏分寸，既要自尊自爱，珍视记者职业的身份与荣誉，又要客观认识自身在专业领域的局限，力求在心态上达到既不妄自菲薄，亦不盲目自大的平衡状态，展现出一种不卑不亢、专业严谨的职业风范。

（七）人际交流中的情感温度

著名记者穆青曾说：“欲使读者情感共鸣，记者自身必先情感投入。”[①]优秀的新闻作品之所以能触动人心，根源在于记者对新闻人物的深切共情与理解，以及对人性美好情感的细微感悟。在新闻采访时，记者不是机械录音摄像，采访对象也不是没有感情的信息载体，双方都是有血有肉、有独立思想之个体。唯有以心交心才能深入挖掘人物之真实性格和人生经历，才可能比较全面地了解其人生轨迹和真情实感，从而完成一次好的采访。

第二节 案例解析

案例一

一、案例简介[②]

2022年4月16日，神舟十三号载人飞船返回舱在东风着陆场圆满完成了其长达183天的太空作业任务成功着陆。这标志中国载人航天事业

① 穆青.穆青论新闻［M］.北京：新华出版社，2003：163-164，161.

② 案例一《权威访谈丨张扬对话王亚平：重返太空的183天》选自新华社客户端2022年9月21日新华全媒+刊播视频，作者张扬、马原驰、赵世通，http://www.zgjx.cn/2023-10/27/c_1310747426.htm。

历经30年的持续发展取得又一重大里程碑。在这段长达183天的太空驻留期间，中国航天员创造了单次太空驻留时间最长的纪录。王亚平作为中国首位实现太空漫步的女航天员，亲自体验了这183天的太空任务，她的经历深刻体现了个人命运与国家航天事业发展轨迹的紧密结合。

正值中国载人航天工程启动并实施30周年之际，新华社特别邀请了中国首位实现太空漫步的女性航天员王亚平，进行了这次访谈。

王亚平现为中国人民解放军航天员大队大校师级正职航天员。2013年6月她执行神舟十号飞行任务，同年7月被授予“英雄航天员”荣誉称号，并获“三级航天功勋奖章”；2019年12月入选神舟十三号飞行任务乘组。

此次报道以神舟十三号飞行任务为背景，深入挖掘并展现了这一重大航天事件背后感人至深的故事。

这次实地面对面采访涉及多个场景、全方位的呈现，例如空间站训练模拟器、航天员健康中心、王亚平的家等，这些都是与采访对象王亚平息息相关的工作和生活的场所，其中大量场景和细节都是首次公之于众，独家画面极具震撼力，极大地提升了观众的代入感和感受度，从而精心塑造出真实可感的榜样人物形象。这些丰富多变的空间元素设计，拓宽了传统访谈节目的表现形式，不仅打破了单一访谈场景的束缚，还使得人物形象更为丰富、真实，从而展现出更强的立体感和生命力。

这次采访以采访对象三次升华作为结尾。第一次是关于自己的，“很庆幸自己迈出的每一小步，都能融进国家航天事业发展的每一大步当中”。第二次关于中国，“中国载人航天30年，未来肯定会有一个又一个30年。我们确实是赶上了一个好的时代，而且我觉得宝宝他们，更是赶上了一个好时代”。而第三次关于人类，“去探索太空是我们全人类的一项事业。比宇宙更浩瀚的，比星辰更灿烂的，是探索的勇气和永远保有的好奇心”。

此外，该视频采取了持续追踪的报道方法，团队根据长期跟进神舟十三号任务所积累的丰富资料，跨越时间长河，深入探索细节，全面展现了航天事业的波澜壮阔与荣耀时刻。其中有大量感人肺腑的画面，例如王亚平母亲含泪送别的画面，触动了观众的心弦，成为全片情感爆发的焦点；而女儿那句“怀疑妈妈摘的星星是假的”的稚嫩之语，则以纯真无邪之感为全片增添了一抹温馨与趣味，这些富含人情味的细节，使得作品更加生动感人。

作品聚焦王亚平的个人经历与感悟，不仅生动地描绘了她作为航天员的非凡历程，更以她为镜像折射出中国航天事业30年来所经历的艰难险阻与不懈追求，展现了这一壮丽事业所体现的笃定前行、勇往直前的奋斗精神。

2022年9月21日发布的《权威访谈丨张扬对话王亚平：重返太空的183天》获第33届中国新闻奖新闻访谈类一等奖，以个人经历为缩影，映射出中国30年来载人航天事业的艰辛历程，勾勒出新时代航天工作者的梦想与情感，通过年轻化、创新性的访谈方式以及深入而充满情感的访谈内容，激发了网友们的热议与情感共鸣。其转发、点赞总互动量超200万，微博话题“#重返太空的183天#”阅读量超6700万，单条抖音作品最高播放量超1800万，Bilibili播放量超110万。[①]

该作品一经上线，即被全网置顶推送并成功登上微博、抖音等平台的热搜及热门榜单，同时获得腾讯新闻插件的推送。作品播出后，广大网友反响热烈，纷纷表达了自己的感受与见解。有网友评论道：“最令我动容的瞬间莫过于天地通话，以及从空间站俯瞰地球时窗外飘落的鹅毛大雪，这一幕仿佛让多年前的科幻小说情节跃然眼前，成为现实。”另有网友指出：“王亚平之所以难能可贵，是因为她打破了我们对传统英雄形象的固有认知，即英雄并非必须铁面无私、历经磨难，而是可以拥有普

---

① 数据来源为中国记协网http://www.zgjx.cn/2023-10/27/c_1310747426.htm。

通人的情感与梦想，将个人梦想与民族梦想紧密相连。”还有网友直言：“王亚平才是青少年应当追求的榜样。”

二、案例分析

在采访类型里，《权威访谈丨张扬对话王亚平：重返太空的183天》属于人物专访。2022年标志着中国载人航天工程立项实施迎来了30周年的重要里程碑。在这30年的辉煌历程中，王亚平女士成为我国首位成功进驻空间站的女性航天员，同时，她也是我国首位在太空中开展教学活动的教师，以及首位实现太空漫步的女性航天员。该作品深刻挖掘了神舟十三号飞行任务背后的感人至深的故事，以王亚平女士的个人经历为具体实例，生动地展现了我国航天事业历经30载风雨兼程却始终坚定信念、勇往直前的奋斗精神与姿态。这篇引起广泛关注的人物专访的成功离不开记者恰到好处的提问方式与技巧。

（一）采访提问的方法——迂回提问法

涉及此次新闻采访主题时，新华社记者张扬使用的是迂回提问法，没有直接生硬地问在太空生活和在地球生活有什么不同，而是从采访对象的视角来谈，询问采访对象的个人感受，从而引导采访对象回忆一些在太空生活的片段并将之与回到地球的常规生活进行对比。记者这样提问没有限制采访对象的思路，给了她很大的联想发挥空间，王亚平从几个小细节入手提到自己的感受，让宇航员的太空之旅变得生动形象和有趣，例如：

张扬：所以你这次回来后，自己感受有不同吗？

王亚平：上一次飞行是15天，神舟十号飞行是15天的时间，那么这次飞行是180多天。所以这么长的时间真的是让我们会产生很多的身体记忆和习惯记忆。比如说我刚回来的时候，拿杯子喝完水就特别想把杯子粘到某一个地方，生怕它飘走了；然后比如说我要给别人递一个东西，我就特别习惯性地想直接飞过去、撇过去，就像太空一样；刚回来在床上睡觉的时候，总会觉得哎呀，好像有点儿硌得慌，因为太空睡觉都是飘着的……

在内容构成上，张扬的这次采访是新华社向网络青年主战场进军的尝试，提问多聚焦于网络时代感较强的小问题，一系列小问题深化了对新闻主题的阐释。

（二）采访提问的技巧

1. 营造融洽的氛围

营造融洽的氛围是这次采访的一大亮点。首先，在访谈开始之前，张扬首先与王亚平进行了短暂的寒暄，亲切自然地进入访谈场景。

其次，本次采访涵盖了与采访对象及新闻主题紧密相关的多个场景，提升了现场感和情境感。张扬与王亚平在行走中进行对话，通过现场交流的同期声以及运用多种蒙太奇技巧，呈现给观众一个制作精美的作品。访谈主体发生在空间站训练模拟器；王亚平带着张扬参观太空豪宅，回忆对应的空间站里的生活场景时更加具体，身临其境更容易唤起采访对象的回忆，一些小细节比如喝水怕杯子飘走、用再生水、吃苹果等情景历历在目；她们一起去了航天员的体育馆，在那里感受了航天员的日常训练过程；还来到了王亚平家中，母亲调馅、亚平擀皮、女儿帮忙包饺子，张扬尝到了王亚平在太空中日思夜想的“妈妈牌”水饺。

2. 采访交流的“平视”

这个访谈作品通过双方平等的对话，成功实现了新闻作品的个性化展现。新闻采访本质上是一个与人密切互动的领域，因此如何有效地与人交流以及构建和谐的对话氛围，是新闻访谈团队必须深入思考的议题。在《权威访谈丨张扬对话王亚平：重返太空的183天》里，记者张扬一直秉持平等交流的原则，采访全程不卑不亢，心态好、精神好。尽管其名曰“张扬”，但其在采访中的表现却截然相反，更多地体现了一种“细水长流”般的温婉与平和。在访谈过程中，她始终保持着柔和而平静的语调与采访对象交流，面带微笑地倾听采访对象的叙述，并以求知者的身份向王亚平提出了诸多关于宇宙生活的问题。这些问题不仅体现了对采访对象感受的深切关注，而且具体、可感且真诚亲切，展现出了独特的个性化色彩。同时，这些问题也与王亚平坚定而温暖的气质相得益彰，有效地缩短了与采访对象之间的心理距离。

3. 人际交流中的情感温度

王亚平，作为中国首位实现太空漫步并开展太空授课的女性航天员，其人物形象颇具英雄主义色彩，并被赋予了诸多重大标签。然而，单纯从这一维度呈现其形象，不仅可能导致形象扁平化，还可能引发同质化现象。正如张扬所言：“我们的目标是展现一个与众不同的航天员形象，她不仅承载着奋斗与奉献的光辉标签，更展现出丰富多元、生动鲜活的女性特质。”

这次采访在塑造王亚平形象时特别注重挖掘其英雄光环之外的真实面貌：她扎着别出心裁的小辫子，展现出个性与俏皮；面对除夕夜的万家灯火，她流露出对家人的深深思念；在视频中目睹地球飞雪的壮丽景象时，她兴奋地欢呼，展现了孩子般的纯真与激动。这些细微之处，虽不起眼，却真实地勾勒出她的情感世界，为故事增添了温度与深度。

此外，记者还致力于挖掘新闻事件之外的人物关系，通过展现王亚平作为“摘星星”的妈妈和被家人挂念的女儿的双重身份进一步丰富其立体形象。她谈及“太空出差”前父母的担忧时，不禁潸然泪下，展现了作为子女的柔情与牵挂；而当提及女儿亲手制作的小花时，她的脸上又绽放出温暖的笑容，流露出作为母亲的幸福与满足。这些情节不仅展现了王亚平作为航天英雄的非凡成就，更凸显了她作为普通人的温情与柔软，使人物形象更加饱满、立体。

案例二

一、案例简介[①]

“各民族要相互了解、相互尊重、相互包容、相互欣赏、相互学习、相互帮助，像石榴籽那样紧紧抱在一起。”在2014年5月28日举行的第二次中央新疆工作座谈会上，习近平总书记巧妙地借用了石榴“千房同膜，千子如一”的生动意象来比喻我国56个民族之间血脉相连、命运与共的紧密关系。这一比喻揭示了中华民族内部各民族间相互依存、不可分割的紧密联系，强调中华民族是一个你中有我、我中有你、彼此紧密相连的大家庭。自党的十八大以来，习近平总书记多次重申了铸牢中华民族共同体意识的重要性。

2022年8月1日，在兰海高速公路G75线，具体位于广西壮族自治区的都安地苏镇路段发生一起紧急情况——一辆轿车不幸侧翻随后起火，关键时刻四名恰好驾车经过此地的新疆青年毫不犹豫地下车施以援手。他们毅然决然地冲入熊熊烈火之中，成功营救出两名身陷火里的人。随后，他们又专程前往医院，为受伤人员慷慨解囊。其后，他们又将获得的万元公益奖金捐赠给了广西壮族自治区因遭受洪水肆虐而家园遭受

① 案例二《对话新疆救人青年：来自“石榴籽”的深情》选自广西广播电视台新闻频道《新闻在线》2022年8月20日刊播作品，作者赵凌凌、陈辰、罗雪伶，http://www.zgjx.cn/2023-10/31/c_1310747208_2.htm。

严重破坏的苗族同胞。这四位来自遥远新疆的青年，为何会远赴广西并展现出如此频繁的善举？他们背后所隐藏的，究竟是怎样一番动人的故事？基于新闻敏感，记者团队历经多次努力，以真诚的态度赢得了采访对象的信任，最终成功获得了进行独家专访的宝贵机会。

这四位新疆青年分别是来自新疆和田的艾尼瓦尔·吾买尔、买买提肉孜·艾海提、徐照亮和买买江·吾曼尔江。前三个青年从小一块长大，2022年结伴到柳州工作生活后认识了买买江·吾曼尔江并成为好友。

8月1日早晨，四位青年从柳州出发到都安看羊，因为新疆烧烤需要的原材料是羊，然后途中经历这一车祸事故并救出两人，但还有两人未能及时救出生还。

采访团队经过精心策划，采用事故现场回顾、深入对话以及纪实性跟拍等多种手法，逐步引导观众走进采访对象的内心世界。访谈过程层层深入，既揭示了新疆青年这一系列善举中“偶然”背后的“必然”逻辑，又展现了爱心传递所产生的“连锁效应”，彰显了新时代中国青年代表的勇气、真诚与善良。

《对话新疆救人青年：来自“石榴籽”的深情》入选第33届中国新闻奖新闻访谈类三等奖，2022年8月20日刊播在新闻频道《新闻在线》，时长12分钟50秒。这次访谈节目成功融合了电视大屏与新媒体矩阵进行广泛传播。在电视节目访谈首播的同时，精心剪辑的新媒体访谈内容也通过广西新闻频道微信公众号、广西视听客户端，以及微博、抖音、今日头条等新媒体平台同步推送，形成了强大的传播合力。

此外，这次访谈还获得了“国家广播电视总局2022年第三季度优秀广播电视新闻作品”的荣誉。新媒体作品也收获了广大网友的热烈反响，众多网友纷纷评论、转发，并对节目内容给予夸赞。获救者家属在评论区留下真挚的感谢；网友们用“很温暖”“这是爱的双向奔赴”等语汇表达了对四位采访对象的高度赞扬；新疆网友说他们是“新疆的儿子娃娃亚克西”（亚克西在维吾尔语中意味着“好”“优秀”“棒”，这个词在新疆地区很常用，不仅在日常交流中表达赞美和肯定，也在各种场合中作为鼓励和赞扬的用语）。

二、案例分析

该作品时长虽然仅有12分钟50秒，但是其中提问精准、巧妙，清晰地回答了受众对这一新闻事实的疑问，四位新疆青年的善举令人敬佩。

（一）正面提问法

采访画面开始，记者简单打招呼问候，四位采访对象简单自我介绍了姓名和家乡后，记者提了第一个问题。没有其他多余的环节，直接问到事故发生当天是谁看到的，这种开门见山切入新闻主题的方式让采访对象能够更简单地做出回答，直接将采访对象的思绪带到回忆中，带观众回到事实发生的当天。

记者：当时是谁在开车，谁最先发现前面出事了？

艾尼瓦尔·吾买尔：当时是我开的车。8月1日早晨，我们四位从柳州出发到都安看羊，新疆烧烤需要的原材料是羊。经过事故现场后我就看到那个车已经在着火，然后车是属于翻滚侧翻的状态，四个人第一时间就下车跑到事故现场了。我们的徐照亮，我说你赶快拦车，因为在高速路，我就害怕再次发生二次交通事故，然后我就拿灭火器就往事故现场喷……

（二）引导提问法

引导提问法对于记者的要求比较高，需要记者准确把握采访对象的心理，对事实现场观察仔细，以及有较强的应变能力能够根据实际情况对问题进行调整。这次采访里好几个问题都用到了引导提问法。下面这个案例里我们可以看到记者几次关键的引导，首先记者注意到四位新疆青年说的是维吾尔语，进一步追问他们在说什么，有效防止采访当时的尴尬，给采访对象新的话题引导，透露出更多的与新闻事实相关的细节。例如：

记者：（你们）说的是维吾尔语是吧？

艾尼瓦尔·吾买尔：对，维吾尔语。

记者：当时在说什么？

艾尼瓦尔·吾买尔：当时我在给我们的一个民警发现场的这个情况。

记者：您向他咨询下一步救助方案是吗？

艾尼瓦尔·吾买尔：对对对。

（三）追问法

在涉及事物核心或本质的关键性材料、事实中的关键细节、对方谈话中存疑之处，以及从对方话语中挖掘出的具备重要价值的新状况、新线索时，记者通常会采取紧追不舍的态度，采用追问的方式，穷根究底，直至水落石出。例如：

记者：这个事件被报道之后，包括被很多平台转发之后，您的生活有什么变化吗？

买买江·吾曼尔江：说实话（社会公众）真是太热情了，这几天搞得我生意确实太忙了。（我）有点不好意思。

记者：为什么会觉得不好意思呢？他们是觉得您做了好事想来见一

下您，为什么会觉得不好意思？

买买江·吾曼尔江：因为不是做得特别好，应该再救出两个人，那我就开心了。没救出这两位（我）心里面是一个结，很不舒服。

在这段采访对话里，记者敏锐地捕捉到买买江·吾曼尔江“救了人做了好事但是不好意思”这个点展开追问，才发现原来他还处于自责当中，这个细节更反映出他的善良。若是记者没有追问他不好意思的原因，我们就要错过这一大亮点了，可见追问法的重要性，需要记者时刻保持细心，随时灵活应变。

（四）采访提问的技巧——人际交流中的情感温度

《对话新疆救人青年：来自“石榴籽”的深情》里的四位新疆青年并不善谈，他们在回答记者的提问时速度很慢，记者没有打断他们，而是尊重他们、耐心地等待他们说完。

采访到了后半段时出现了很感人的画面，采访对象买买江·吾曼尔江回忆救人现场时披露了自己内心的自责，自责没有救出剩下的两人。记者没有沉浸在自己准备的问题中，而是细心观察到买买江·吾曼尔江眼含泪水进而做出提问。这给了他情绪宣泄的出口，也将他的自责展现出来，后面感人的回答让观众切实感受到了他的善良。受到感染的记者自己也眼眶红润，他去帮买买江·吾曼尔江拿纸的这些小细节，也让观众感受到温暖。例如：

记者：我看您都要流泪了。

买买江·吾曼尔江：看到这位遇难者，没救出来，我感觉很对不起他，再发生这种事，我是不会放弃任何一个时间，或者是，哪怕我自己受伤我都愿意。是，一点伤救出一个人，值。

记者：我帮您拿点纸。

案例三

一、案例简介①

《奔跑在希望的田野上》是第31届中国新闻奖广播访谈类二等奖的获奖作品。2020年是我国全面建成小康社会的目标实现之年，同时也是全面打赢脱贫攻坚战的收官之年。安徽广播电视台交通广播精心挑选了习近平总书记曾亲临考察调研的5个具有代表性的村庄，并邀请到了5位直接参与这些村庄脱贫攻坚工作的一线代表，在访谈中对如何将脱贫攻坚与乡村振兴有效衔接进行共同探讨。

这5位访谈代表分别是：河北省能源局驻骆驼湾村扶贫干部、兼任黑崖沟第一书记、龙泉关镇党委副书记黄文忠，安徽省六安市金寨县花石乡大湾村第一书记余静，河南省新县田铺乡田铺社区党支部书记韩家旭，宁夏银川市贺兰县稻渔空间乡村生态观光园总经理、“全国十佳农民”赵建文，以及山西省大同市云州区下榆涧志海黄花种植专业合作社监事、大同市黄花产业发展先进个人杨旗。

访谈是从5位采访对象介绍5张照片背后的故事开始的，5张照片拍摄的都是习近平总书记去当地考察工作时的一些言行。5位代表基于各自丰富的实践经验，阐述脱贫攻坚所取得的显著成就，并深入剖析乡村

① 案例三《奔跑在希望的田野上》选自安徽广播电视台交通广播2020年12月31日刊播栏目《无人驾驶》，作者戴红莲、黄樱、王丽丽，http://www.zgjx.cn/2021-10/29/c_1310275367_2.htm。

振兴战略的未来发展趋势与实施路径。

黄文忠书记提到骆驼湾村的新变化，村里大力发展旅游业。如今，大公路修到家门口，人人住上新民居，取暖用空气源热泵的地暖，乡亲们都过上了富足的新生活；余静书记说她完成了在总书记面前的军令状；同样其他几位也分别对村里新面貌进行叙说。

关于未来的发展，黄文忠说还要以旅游发展为龙头，在发展壮大集体经济上下功夫；余静说以创建4A景区为抓手把产业跟旅游业融合在一起去发展；韩家旭计划未来5年要争取接待游客达到150万人，每年的旅游综合收入要超过1500万元，要让更多的务工人员返乡创业，让更多大学生和创客们到田铺大塆创业……

此次访谈通过“访谈+微型纪录片+现场活动”的综合展现方式，融合了多元化的声部元素，构建了层次分明的叙事结构。

二、案例分析

这次访谈以精准的小视角切入，深刻揭示了时代的大主题。记者运用恰当的提问和技巧，与5位采访对象的对话精彩纷呈、引人入胜，充分展现了其新闻工作的专业水准和深刻洞察力。

（一）追问法

在前面的论述里我们提到，追问法是记者就某个感兴趣的线索或是疑问，打破砂锅问到底，直到挖掘到想要的信息的提问方法。在这次访谈里就用到大量追问法。记者在问韩家旭书记时，韩书记提到“务工人员返乡创业”，记者在下一个问题设计时就紧接着追问“回到乡村创业”的项目。这种连贯的问题设计让事实更深层次的特点展现出来，有助于了解新闻事实的更多方面。例如：

记者：发挥自身优势，找准发展路径。大湾村的未来让我们很期待。韩书记，之前您也提到金寨大湾和咱们河南田铺大塆其实有很多相似的地方，那接下来，咱们的发展又将围绕哪些方向来发力呢？

韩家旭：我们2014年开始打造美丽乡村的景点，第一年游客量比较火爆。但第二年以后，村民从一个农民转变为经商人，服务有些不到位，另一方面是基础设施有些没跟上……我们计划未来的5年要争取接待游客达到150万，每年的旅游综合收入要超过1500万。这样让更多的务工人员返乡创业，让更多的大学生和创客们到我们田铺大塆来创业。

记者：让更多的人回到乡村创业，为乡村发展齐聚力量，自然也少不了项目做支撑。赵总，听说您这边已经有一个大项目开始谋划了？

赵建文：我们现在已经在做一个9000多万的项目，就在稻渔空间改造提升上面，计划投资9000多万，目前设计已经通过，有的施工已经开始……

（二）巧妙引导

这次采访能得出这么多精彩的回答，与记者巧妙引导的提问分不开。这次访谈对象数量多，关于脱贫攻坚又有着大量繁杂的事情，那么，在有限的时间里问哪些问题最能贴合主题呢？而且关于这种枯燥的话题，如何提问才能显得不那么枯燥乏味，更具可读性呢？

首先，此次访谈的巧妙引导体现在开篇没有直接进行提问，而是从描述5张照片背后的故事入手，引人入胜。其次，针对采访对象的自身经历开展提问，从一些小细节入手。比如关注到采访对象赵建文的微信名称“赵大米”，以此为切入口也提高了读者的好奇心。而赵建文解释这个名称的来源也与他的工作相关，与这个村里脱贫攻坚的发展相关，如此，不枯燥乏味，可读性强。例如：

记者：听了刚才几位的介绍，发现大家都不约而同地围绕夯实产业基础，各展所长。产业发展，除了扶贫干部，致富带头人也发挥了很关键的作用。下面，我们就请宁夏银川市贺兰县稻渔空间乡村生态观光园总经理赵建文、山西省大同市云州区下榆涧志海黄花种植专业合作社监事杨旗和我们一起聊聊。

赵总，您的微信名很特别，叫“赵大米”？有什么寓意吗？

赵建文：我一直在做粮食加工，一直跟农民打交道。从事农业30多年。这么多年，也看到了农民不容易，看到现代农业发展过程中的许多不足。所以在2012年，我决定去流转土地，带着农民一块干……2018年开始，向游客进行开放，同时我们一直没有离开我们的主业——卖大米。我们的收入是买50块钱的门票，送5斤最好的大米。这样，我们每年园区基本上能送出去300万的大米，我们门票收入基本上也七八百万了。

案例四

一、案例简介[①]

2019年1月17日，中央广播电视总台知名访谈节目《面对面》在深圳华为公司总部，对华为创始人任正非进行了独家采访，这是他首次接受电视媒体的专访。

任正非，作为一位在中国改革开放进程中具有显著标识的企业家，

① 案例四《任正非：时下的华为》选自中央广播电视总台2019年1月20日刊播的《任正非：时下的华为》，作者张士峰、董倩、王惠东，http://www.zgjx.cn/2020-10/14/c_139436989_2.htm。

始终保持着低调神秘的姿态，极少在公众视野中亮相，尤其是在媒体报道中。自1987年华为公司创立以来，直至2019年的长达30多年时间里，他接受媒体采访的次数极为有限，总计不超过十次。

采访时间定在2019年1月17日下午，任正非比约定的时间提前3分钟，一个人到达了采访地点。

记者已经搜集了任正非过往的采访资料，从细微之处着手对提问进行了深度精简。此次提问框架聚焦于以下几个核心方面：首先，在2019年1月15—17日的三天时间里，任正非一改常态，与国内外数十家媒体记者见了面，他打破常规选择接受本次采访的动机与考量；其次，对于备受社会关注的“孟晚舟事件”，他有何具体回应与看法；再次，面对国际社会对华为实施的严苛政策，他持怎样的立场与态度；最后，对于基础理论和基础研发的重要性，他有何独到见解与战略规划。

一个多月前，华为公司的首席财务官孟晚舟在加拿大温哥华不幸遭到美国方面提出的指控并被扣留。此事件与华为长期以来所面临的来自以美国为首的西方势力的持续打压相互交织，事态不断升级并引发广泛关注。

在此次专访中，任正非以一位父亲的身份对女儿孟晚舟被扣留的事件进行了回应。同时他以公司掌舵人的身份，从个人切身的感受出发深入剖析了华为当前所面临的困境与挑战。他还以企业家的全球视野，强调了基础教育和基础研究对于国家与企业发展的重要性。

采访中，记者董倩以独特的采访风格，任正非以高屋建瓴、洒脱智慧的回答令人印象深刻。首先，这是一次很成功的采访。成功之处在于聚焦核心人物、捕捉敏感时刻、实现首次曝光以及独家呈现。其次，从采访内容看，提问细腻入微地从个人家庭生活的细微之处出发，逐步延伸至华为的企业发展，再拓展至基础教育与科研的广阔领域、人才培养的长远规划，构建了一个从微观到宏观、从个人到世界的立体对话空间；

最后，采访中展现的任正非及华为团队的亲和力、沉稳气质、自信风采、乐观态度、深邃智慧及清晰认知，更是给观众留下了深刻印象。

此次采访选题独具匠心，创新性强，内容呈现丰富多彩，兼具时效性与权威性，并蕴含着重要的思想深度与高度的可视性。对于华为相关新闻舆论的持续影响，此次采访发挥了正面的舆论导向作用，为公众提供了具有价值的观点与信息。特别是在中美贸易战日益紧张的时期，这次访谈作为桥梁成功地将中国企业家理性、客观的声音传递至全球，为国际社会增进对中国的理解与交流搭建了关键平台。在全球贸易与科技竞争日益激烈的背景下，任正非所展现出的从容不迫与自信洒脱，不仅令人振奋，更引人深思。

经过大小屏互动的立体传播，任正非接受《面对面》专访成为热点新闻事件，引发社会强烈关注。采访次日，记者团队利用央视新闻新媒体平台对专访内容进行片段化推送，同时在《东方时空》《新闻1+1》《24小时》等新闻直播节目中播出部分精彩内容。1月20日本期采访完整播出当天，大小屏同步直播，舆论热点迅速掀起新一轮高潮。节目播出后的12小时之内，央视专访任正非的相关信息近2000篇，网媒、微博、微信呈现“刷屏”之势，成为“现象级”的新闻作品[①]。除了国内媒体密集报道，路透社、《纽约时报》等国际主流媒体都报道了这次专访的内容，形成了一条打通国内国际的舆论通道。

二、案例分析

这个案例是第30届中国新闻奖电视访谈类一等奖获奖作品。在对华为进行的采访中，华为方面限定了人物专访时间为15分钟。为了充分利

① 任正非：时下的华为［EB/OL］.（2020-10-14）［2024-08-10］. http://www.zgjx.cn/2020-10/14/c_139436989.htm.

用这有限的时间，尽可能让任正非表达更多信息，摄制组进行了周密的策划与详尽的准备。记者预先构思了多样化的采访路径，并设计了涵盖不同视角的问题，以期深入挖掘。

记者董倩凭借深厚的采访功底与细致的准备工作，高质量地完成了此次时长25分钟的采访。专访环节已经结束时，董倩依然保持着高度的职业热情与责任感，跟随着任正非一同前往他的下一个工作场景——圆桌会谈，并在途中进行了适时的追问，力求获取更多有价值的素材与信息。

（一）设问法

设问法用来启发采访对象的思路，设身处地地为对方着想，积极帮助对方回忆某种情景。一般而言有以下几种：用于调节采访对象的情绪，引导其倾诉一些不愿轻易吐露或难以启齿的事情及想法；记者基于事物发展的自然规律，进行推断与预测，以激发采访对象的联想与想象；当记者已具备一定的认知基础时，可通过提出假设性问题，与采访对象进行深入探讨，从而进一步加深自身对事物的理解。

设问法在提问时具体表现为采用“如果”“假如”一类的设问，使用这种方法不但可以了解采访对象的观点、看法和见解，而且还能深入了解对方的内心世界。像在《任正非：时下的华为》里就用到大量设问法。例如：

董倩：您怎么看这个问题，比如说华为在成长的过程当中，年轻的时候、小的时候没有核心科技，加入不了人家的竞争。现在有了核心科技，有了领先的技术，但是有的国家不让你参加竞争，这是每一个公司都必经的一个过程吗？

任正非：这只是有的国家。这些国家很少，没有这么大的影响。

董倩：但是就像您所讲的，欧美国家在电信领域的投资占到60%，如果重要的欧美国家不让您进，有什么办法？

任正非：不会。我们有很多东西欧美国家最终非买不可，我们一定会卖给他们的。我们不会计较他们曾经拒绝过我们，我们是市场经济，是以客户为中心，当他们要买的时候，我还是会卖给他们的。但是我重点把想买我东西的国家（产品）做好。

（二）激将提问法

激将提问法是在某些时机，通过适当地刺激采访对象转变其心态，使采访内容不再是采访对象不敢说的话题，而是采访对象愿意主动分享的话题。这次采访里激将提问法的问题设置得很好。关于华为如何面对自己成为这个行业里一些企业的竞争对手，由于这个问题很敏感，董倩没有直接提问，而是先提到任正非自己说过的话，使其主动分享出后面这一大段精彩内容。例如：

董倩：就在前段时间，我看您接受采访的时候曾经讲过这么一段话：华为发展到今天，不会以任何人为敌，也不会把谁看成自己的竞争对手，但是现在有的人把华为当成对手，那您怎么去面对这种状况？

任正非：这是比赛你做得好不好，你做得好了以后，不会没人买的，你不要担忧，我从来没有担忧过这个事情。我举个例子给你听：前两天我对西方记者专门讲的，全世界把5G做得最好的是华为，全世界把微波做得最好的是华为，全世界做5G的只有几家公司，全世界做微波的只有几家公司，只有一家公司，把微波和5G做得非常好。当把5G和微波做在一起的时候，我们不需要光纤就可以回传，现在我们已经把4G这个方法做得很成功，普遍为穷困国家、非洲穷困国家提供了服务，但是用5G

把微波结合在一起的时候，提供的是超宽带。西方实际上就是一个高档的大农村，因为是大规模的别墅群，他们每家每户铺光纤进去成本很高，这个时候他想看8k的电视，他拿什么看？我们小基站一装，方圆这一片就看了，这个全世界只有华为能做到。

（三）基于采访对象视角

基于采访对象视角的提问充满人情味，从采访对象视角进行提问能更多地与采访对象产生共鸣，使其打开心扉。在这次访谈里，记者从任正非作为一个父亲的角度去进行提问，问及关于此次女儿孟晚舟事件的看法，表达温情的同时兼顾大众对这一事件的关注。而任正非对此的回答显示出他对子女的爱与尊重，并不是要掌控孩子的命运，而是放手让他们自己成长。例如：

董倩：因为工作的原因，大家有小家庭的原因，长期见不到面这是正常的。但是因为这种情况这种意外，您会不会因为这种意外而特别惦记她，想念她？

任正非：她总比我的小女儿还好一点。我的小女儿放学回国，到我们家住一个晚上，第二天就飞走了，大女儿还好一点，还能看一看我。

董倩：您不会因为这件事特别地想念她吗？

任正非：不会。因为我觉得儿女最重要的是他们翅膀要硬，他们要自由去飞翔，这是父母的期望。父母并不期望儿女来照顾父母，这个不是我们的期望，所以他们飞得越高，他们跟我们的差距就越大，代沟就越多。他们愿意跟我们沟通就沟通，不愿意沟通我们就不沟通。

小 结

上述采访案例都用到各种恰如其分的提问方法，造就了一批经典的采访作品。在记者精彩的采访中，一个个生动、形象、真实的个体走进公众视野。

好的新闻访谈需要充分运用交流的力量，做到有个性、有趣味、有深度、有温度，这样才能吸引人的注意，触动人的心灵。在媒介技术迅速发展的当下，新闻从业者要利用技术并不断生产优质内容，让新闻作品更加贴近人民、贴近生活、贴近时代。用敏锐的洞察力、扎实的采访和深入的思考，为读者呈现更加真实、全面、深入的新闻报道，做出有个性、有趣味、有深度、有温度的权威访谈。

与传统访谈的固定形式（面对面坐下、通过一问一答来推进）相比，张扬的访谈方式彰显出“去记者化”的崭新尝试。在这一过程中，记者角色发生了深刻转变，他们不再仅仅作为手持话筒的旁观者存在，而是主动融入事件，成为其中不可或缺的参与者。按比例精确还原的空间站训练模拟器、在家中品尝特殊意义的“妈妈牌”饺子……通过营造沉浸式体验与模拟朋友间自然交流的情境，有效地挖掘并展现了诸多鲜活、生动的新闻细节。尽管宇宙之浩瀚与航天员身份之高大，可能给观众留下遥不可及之感，但在访谈双方深入讲述与倾听彼此经历的过程中，这些原本存在的距离感得以逐渐消融，从而使得整个访谈过程更加贴近人心，洋溢着亲切与温暖的气息。

四位不善言谈的新疆青年在记者耐心尊重、恰当引导、适时追问下还原了事故发生时的现场状态，英勇救人、慷慨解囊之举令人感动。

面对诸如脱贫攻坚等问题，往往枯燥乏味，如何提问才能更有趣、更具可读性，记者除了需要进行大量前期采访准备，也要注重从细微处入手，从采访对象自身经历入手进行提问。

在评估采访对象的价值时，要考量新闻性、影响力、故事性、复杂性、适宜性、个人魅力、配合度以及电视化表达能力等。在《任正非：时下的华为》这期采访中，任正非作为当时全社会关注的新闻热点“孟晚舟事件”中当事人孟晚舟的父亲、5G领域巨头华为公司的CEO，再加上这些年一直不接受采访的神秘人物形象，他是一个最理想也最难得的采访对象。

课后讨论题

1. 你还知道哪些关于激将提问法的例子？

2. 找出一篇你认为写得好的人物专访报道，尝试分析其中用到了哪些采访提问的方法和技巧。

3. 在2024年巴黎奥运会乒乓球男团决赛时，中国队3-0战胜瑞典队，实现该项目奥运五连冠。如果要你去采访中国队成员之一樊振东，运用本章所学知识，你会提问哪些问题？

第六章　记者的职业素养与职业道德

在2018年全国宣传思想工作会议上，习近平总书记提出殷切期望："不断增强脚力、眼力、脑力、笔力，努力打造一支政治过硬、本领高强、求实创新、能打胜仗的宣传思想工作队伍。"①

这一重要指示为新时代记者明确了提高素养与恪守职业道德的清晰路径与方向。无论媒体传播生态如何变动，职业素养和职业道德始终是新闻工作者搞好新闻工作的根本，在新闻工作中发挥着统率与引领作用。

在本章中，我们将探讨全媒体传播生态下记者应具备的职业素养与职业道德，并希冀通过针对性的案例分析，深化对记者职业素养与职业道德内涵的理解与把握。

第一节　要点概述

一、记者的职业素养

记者职业素养是指记者在工作中所应具备的综合素质和能力。在全

① 人民日报评论员.增强"四力"打造过硬队伍：论学习贯彻习近平总书记在全国宣传思想工作会议重要讲话精神［J］.新闻战线，2018(18)：10.

媒体传播生态下，政治素养是确保记者立场正确的基石，“四力”（脚力、眼力、脑力、笔力）素养是提升报道质量与深度的关键，技术素养是适应新媒体环境、创新传播方式的必备能力，心理素养则是支撑记者在高压环境下保持冷静、坚忍与积极态度的内在力量。这四种职业素养相辅相成，共同构成了新时代记者的综合素质体系。

（一）政治素养

过硬的政治素养是锚定记者政治立场、深学细悟政治理论、坚持党性原则、践行“政治家办报”思想的坚实基石。记者的政治立场决定政治态度，决定政治方向，在新闻舆论工作中发挥着“指南针”的作用。坚持马克思主义的科学世界观，坚持无产阶级的立场，站在代表历史发展方向的人民立场上，当好党和人民的耳目喉舌，做政治坚定的新闻工作者是记者站稳政治立场的应有之义。

政治理论学习是记者提升政治素养的源头活水，政治是一种社会形态和社会制度，理论则是这种社会形态和社会制度的思想基础。记者的政治理论水平，直接关系到其视野的广阔度与思考的深度。拥有较高的政治理论水平，能够帮助记者在纷繁复杂的信息中拨云见日，洞察本质，展现远见卓识。深刻领会马克思主义理论和党中央治国理政新理念新思想新战略，以思想武装头脑，以理论指导实践是记者涵养政治理论的关键所在。

党性原则观念、人民中心观念、新闻规律观念和舆论引导观念是马克思主义新闻观的四大核心观念。习近平总书记在2016年2月19日党的新闻舆论工作座谈会上发表的讲话中将“牢牢坚持党性原则”放在“四个牢牢坚持”的首位，显示了坚持党性原则的统领性地位。[①]新闻工作者

① 习近平在党的新闻舆论工作座谈会上强调 坚持正确方向创新方法手段 提高新闻舆论传播力引导力［J］.新闻战线，2016（5）：2-4.

坚持党性原则，最根本的是坚持党对新闻舆论工作的领导，在新闻报道中始终把握正确的政治方向和舆论导向，积极宣传党的理论和路线方针政策，弘扬主流价值观，坚持党性和人民性相统一，为党和人民的事业鼓与呼。

“政治家办报”是马克思主义新闻观中国化体系中的一个重要概念，由毛泽东提出，是指在坚持党性原则的大命题下，办报人必须具有一定的政治素质要求。新闻工作要讲政治是“政治家办报”思想的基础，新闻工作者应当具有较高的政治素养，用政治家的思维和眼光从事新闻实践活动是“政治家办报”思想的核心要义。[①]在当下的传播生态中，“政治家办报”也进一步拓展为“政治家办媒体”，保有政治敏感，始终是新闻工作者不可或缺的核心素养。

政治立场、政治理论、党性原则、“政治家办报”思想构成了记者政治素养的核心要素，坚持“与时俱进，学用结合，知行合一”则是记者提升政治素养的核心路径。

（二）“四力”素养

在今天，记者的职业素养被凝结、提炼为“四力”素养，[②]即增强脚力、眼力、脑力、笔力，更好地履行职责使命。“脚板子底下出新闻”，“脚力”指的是新闻工作者深入基层、深入民众进行实地调查，赶往新闻现场进行深入采访的能力。新闻工作者不能做“书斋中的想象者”，只有扎根基层调研，贴近民众生活，才能捕捉到最真实的社情民意，发掘出具有新闻价值的选题线索，讲述出知民心、有温度、接地气的故事。

---

① 朱清河，王青.“政治家办报”概念的百年演化与话语创新［J］.厦门大学学报（哲学社会科学版），2022，73（4）：131-141.

② 董浩.“旧识”何以发“新知”：“四力”新闻思想的历史索隐与当代阐释［J］.新闻界，2019（11）：29-39.

新闻现场是离真相最近的地方，新闻工作者只有进入新闻现场进行实地采访，才能获取第一手资料，捕捉到具有感染力的细节，写出有深度、有真相、有情感的准确报道。

“眼力”指的是新闻工作者发现新闻线索、观察事物的能力。新闻工作者要具有高度的新闻敏感，对于一切变动保持高度警觉，善于从浩如烟海的信息中敏锐识别新闻线索，抢占“独家”新闻。“用眼睛采访”，敏锐地捕捉采访对象的每一个微妙神态与肢体动作，这些非言语的线索如同隐形的语言，能够深刻揭示采访对象的内心世界，传递出言外之意。面对纷繁复杂的舆论生态，新闻工作者要看清主流，确保舆论引导方向不偏。

“脑力”是指新闻工作者思考、分析、判断的能力。思考贯穿新闻采访与写作的始终，冷静深入的分析是打造“独家”思想的关键所在，对是非曲直的判断则是新闻工作者把握时代大势、提供建设性解决方案的关键环节。我国学者郑保卫认为“脑力”在“四力”中起到了统领性作用，增强“四力”的核心就是增强“脑力”。[①]知识渊博是提升记者“脑力”的不竭源泉，新闻并非无“学”，新闻工作者“学”的素养既包括新闻与传播理论知识，也包括广泛的社会科学知识、某一领域或行业的专业知识。新闻与传播理论知识为新闻工作者提供了理解新闻现象、分析新闻事件、把握新闻规律的理论基础，有助于培养新闻工作者看问题的多元视角。面对复杂多变的传播生态，首先，记者要成为一个“杂家”，广泛涉猎各类知识，什么样的知识都要懂得一点，避免因知识贫乏错过新闻线索，在采写中犯一些令人贻笑大方的低级错误。其次，记者还应该是一个“专家”，深耕某一领域的记者应该在涉猎广博知识的

① 郑保卫.着力练好“脑力”全面打造“四力”综合提升整体素质能力：对学习践行“四力”的思考［J］.出版发行研究，2019(10)：5-11.

基础上，对该领域内的专业学科知识有深刻透彻的理解和掌握，成为行家里手，能够运用专业知识对新闻事件进行精准剖析，提供独到见解和权威深度报道。

“四力”最终诉诸“笔力”，“笔力”是指新闻工作者的写作力和表现力。首先，新闻工作者需要熟练掌握各种新闻文体和体裁的写作要领，新闻写作的“十八般武艺”都要拿得起，知道运用哪一种“武艺”来恰当表现自己采访到的素材。[①]其次，新闻工作者要锤炼自己的语言表达能力，练就倚马可待、妙笔生花的写作能力，以讲故事的方式，说老百姓听得懂的话，写“有思想、有温度、有品质”的文章。最后，在新媒体时代，“笔力”也体现为运用新兴技术手段创新新闻表达形式的表现能力。

“非凡脚力出眼力，勤想多思著华章”，记者“四力”素养是彼此交融、相辅相成的统一体，是新时代下记者职业素养的综合体现。新闻工作者应在实践中不断历练“四力”，以更坚实的步伐、更敏锐的观察、更深刻的思考和更精湛的笔触，承担起“举旗帜、聚民心、育新人、兴文化、展形象”的使命任务，成为党和人民真正信赖的新闻工作者。

（三）技术素养

在媒介化社会浪潮裹挟下，全媒体传播体系建设已成燎原之势，5G时代的到来，以AIGC（人工智能生成内容）、大数据、虚拟现实、短视频、直播等为代表的新兴技术迅猛发展，革新了传统新闻生产的全流程，为新闻采写分发带来了新的想象力，也对新闻工作者提出了增强技术素养的新要求。

---

① 《新闻采访与写作》编写组.新闻采访与写作［M］.北京：高等教育出版社，2019：39.

就新闻生产流程来看，以AIGC为代表的人工智能技术作为辅助工具已经在发现新闻线索、策划选题、新闻写作、校对与核查、内容分发和与用户交流等方面有不同程度的应用。面对浩如烟海的新闻事件，AIGC可以通过收集、处理、分析大规模数据，并在经由人工训练掌握媒体选题标准的情况下，对热点事件进行筛选，发现有价值的新闻线索，从而为记者缩小选题的范围。在赋能新闻写作方面，一方面，AIGC可以作为记者助手，完成语音识别、语音转化文本等相对烦琐的工作；另一方面，AIGC可以基于自然语言生成和处理的技术基础，直接迅捷地生成规格化的新闻报道。在新闻编辑与分发领域，AIGC可以辅助文本校对与事实核查，算法推荐可以实现“千人千面”的信息分发。在与用户交流层面，AI主播、聊天机器人程序等在与用户展开对话、建立社交联系方面发挥着重要作用。

总而言之，人工智能对新闻生产全流程的渗透是大势所趋，全媒体记者需要具备熟练运用AI辅助新闻采写分发的技术素养，主动探索AI技术在选题策划、信息筛选、内容创作、数据分析等环节的创新应用，以人机耦合的协作方式推动新闻业向更加智能化、个性化、高效化的方向发展。掌握多媒体采编技能也是全媒体记者不可或缺的基础技术素养，他们需要熟练运用摄影、摄像设备捕捉新闻现场的第一手资料，熟练运用图文编辑软件、视频剪辑工具迅速完成素材的加工处理，并在整个过程中深悟并践行“一次采集、多种生成、多元传播”的内容生成与传播理念。

此外，技术的日新月异带来了新闻形态的多元化，随着直播、短视频新闻、VR新闻、H5新闻、数据新闻、新闻游戏等多元新闻形态的不断涌现，全媒体记者应具备与时俱进的技术素养，包括熟练掌握新兴媒体技术的能力，如直播平台的操作与维护、短视频的制作与编辑技巧、VR新闻的拍摄与后期制作、H5页面的设计与开发、数据可视化工具的应用以及新闻游戏的创意策划与实现等。在全媒体传播生态下，技术素养是记者素养的重要组成部分，全媒体记者不仅需要具备扎实的采编基本功，还需要紧跟技术发展的步伐，熟练掌握并创新应用各种新媒体技术，使技术成为推动新闻内容创新、深化信息传播影响力与效果的关键驱动力。

（四）心理素养

心理素养通常以个人的自我意识发展为核心，由积极的与社会发展相统一的价值观所导向，是认知、需要、兴趣、动机、情感、意志、性格等智力和非智力因素有机结合的复杂整体。①心理素养是记者的内在素养，以一种潜在的方式深刻影响着记者的采访效力和报道风格。记者的心理素养主要包括对新闻事业的真诚热爱、坚忍的意志力、机智的应变能力和冷静克制的情绪管理能力。对新闻事业的真诚热爱是记者心理素养的基石，记者只有真正热爱新闻事业，才能在面对复杂多变、充满挑战的工作环境时保持持久的动力和热情；才能“沉下心”“俯下身”千方百计地探究事实的真相，努力确保新闻报道的真实性；才能勇于揭露社会不公，以“铁肩担道义，妙手著文章”为己任。

艰辛的调查取证、意想不到的危险、多方施加的压力都是记者在采访中时常要面对的困难，坚忍的意志力则是记者不轻言放弃的关键所在，它可以帮助记者在面对挫折时迅速调整心态，坚持不懈地追求目标；在逆境中泰然处之；在威胁、恐吓、阻挠前无所畏惧；在名利诱惑前坚守初心。

新闻采写是一项具有不确定性和变动性的工作，记者经常会遇到各种突如其来或猝不及防的新情况和新问题，如采访对象的突然变卦、现

① 《新闻采访与写作》编写组.新闻采访与写作［M］.北京：高等教育出版社，2019：39.

场环境的突然变化等，只有具备灵活应变能力的记者才能处变不惊，从容应对变动以保证新闻采写的顺利进行。

新闻事件包罗万象，正面、中性、负面的话题都会涉及，这就要求记者在新闻采写过程中具备基本的情绪管理能力，避免个人情绪干扰报道的客观公正。尤其是在新闻采访中，记者需要平等尊重每一位采访对象，不能带着情绪进行提问。在面对愤怒、悲伤等情绪强烈冲击时，记者应冷静克制，坚守客观、理性的原则，力求报道内容真实无误。此外，记者还需掌握在高压环境下自我情绪调节的技巧，以维持积极的心态与良好的工作状态。

二、记者的职业道德

记者的职业道德是新闻传媒业对记者从业行为规范的规定。[①]1991年1月19日，《中国新闻工作者职业道德准则》（简称《准则》）在中华全国新闻工作者协会（中国记协）第四届理事会第一次全体会议通过，这是新中国成立后第一个正式颁布的新闻工作者职业道德规范。目前《准则》历经1994年、1997年、2009年、2019年四次修订。

最新版（2019版）《中国新闻工作者职业道德准则》在新时代背景下，对新闻工作者的职业道德提出了以下七条具体要求：一是全心全意为人民服务，二是坚持正确舆论导向，三是坚持新闻真实性原则，四是发扬优良作风，五是坚持改进创新，六是遵守法律纪律，七是对外展示良好形象。

2016年2月19日，习近平总书记在党的新闻舆论工作座谈会上将新闻舆论工作者的角色定位为“四者”，指出“要深入开展马克思主义新

---

① 《新闻采访与写作》编写组.新闻采访与写作［M］.北京：高等教育出版社，2019：40.

闻观教育，引导广大新闻舆论工作者做党的政策主张的传播者、时代风云的记录者、社会进步的推动者、公平正义的守望者”。[①]我们将融合《准则》内容与“四者”的角色定位，系统阐述新时代背景下新闻工作者应遵守的职业道德。

（一）坚持正确政治方向 做党的政策主张的传播者

坚持正确政治方向，坚持以人民为中心的根本立场，把体现党的政策主张与反映人民心声统一起来，是记者恪守新闻职业道德的首要原则。新闻工作者坚持正确政治方向，需要秉承党性原则，深入学习并贯彻党的最新理论和路线方针政策，并擅长运用深入浅出、抽丝剥茧的通俗化解读方式，将党的声音准确、生动地传递给广大人民群众，确保党的宣传思想工作入脑、入耳、入心。“人间烟火气，最抚凡人心”，新闻工作者坚持以人民为中心的根本立场，就要主动将镜头与笔触对准人民群众，讲述他们质朴而动人的故事；就要用心倾听人民的呼声，积极回应人民群众的关切，依法维护人民群众的正当权益。做党的政策主张的传播者是新闻工作者坚持正确政治方向与人民立场的角色体现，新闻工作者作为党和人民的耳目喉舌，承载着上传下达的重要使命，发挥着将党的政策主张诉诸人民行动与将人民群众的意见和呼声向上反馈的桥梁作用。

（二）坚持新闻真实 做时代风云的记录者

坚持新闻真实性原则，坚持与时俱进，顺应全媒体发展要求，做时代风云的记录者，是新闻工作者的基本职业道德与基本职责。真实是新闻的生命，新闻真实是新闻业的基本要求，在信息鱼龙混杂的数字化时

① 湖南日报评论员.“四者”角色，新闻舆论工作者的光荣使命［N］.湖南日报，2016-02-28（1）.

代，新闻工作者在追求新闻时效性的同时，更要坚守对新闻真实与真相的追求，坚持以严谨的态度、深入的调查，真实、准确、全面、客观地记录时代风云。新闻工作者应始终秉承新闻真实性原则，除了追求所有单篇报道的具体真实，还要努力实现针对一件具体新闻事实、一定目标报道领域和一定时段社会整体状态的整体真实。[①]

在媒介化社会浪潮冲击下，全媒体传播体系建设已成燎原之势，传播生态的深刻变化，要求新闻工作者要同时遵循新闻传播规律和新兴媒体发展规律，革新传统新闻传播理念，适应移动化、分众化、互动化、社交化、数字化的传播趋势，善于运用新技术再造新闻生产流程，成为既精通传统新闻技能又掌握新媒体技术的“多面手”全媒体记者。坚持新闻真实性，坚持与时俱进，不断改进、创新报道方式，这也是新闻工作者把握时代发展脉动，当好时代风云记录者的关键所在。

（三）坚持正确舆论导向 做社会进步的推动者

坚持正确舆论导向，坚持加强国际传播能力建设，做社会进步的推动者，既是新闻工作者必须恪守的职业道德，也是他们肩负的光荣使命。坚持正确舆论导向，意味着新闻工作者必须紧密围绕党和国家工作大局，积极担当起传播主流价值观的使命，坚定不移地壮大主流思想舆论，为社会舆论场的健康有序发展保驾护航。

坚持正确舆论导向还要求新闻工作者在报道相关事件动态时，必须做到及时准确、公开透明、全面客观，以维护社会稳定、人心安定。此外，新闻工作者也应时刻关注舆情的走向，及时在舆论失焦或导向错误时进行纠偏引导。

---

① 杨保军.新媒介环境下新闻真实论视野中的几个新问题［J］.新闻记者，2014（10）：33-41.

传播力决定影响力，话语权决定主动权，加强国际传播能力建设对于提高我国国际话语权、增强文化软实力、塑造文明大国形象至关重要。面对国际形势复杂演变、各类思潮激流涌荡、数字平台强势崛起的时代背景，面对长期存在的“西强东弱”的国际舆论格局，新闻工作者需要努力培养世界眼光和国际视野，在习近平总书记关于国际传播工作相关论述的指引下，讲好中国故事，讲好中华文明故事，传播好中国声音。新闻工作者需要秉持交流互鉴的开放态度，积极搭建中国与世界交流沟通的桥梁，向世界展示真实、立体、全面的中国形象。坚持正确舆论导向与加强国际传播能力建设是新闻工作者作为社会进步推动者的关键职责，不仅有助于稳固国内舆论格局，更有助于提升国际舆论格局中的中国声音，实现双重格局的积极构建与发展。

（四）坚持舆论监督 做公平正义的守望者

加强和改进舆论监督，遵守法律纪律，发扬优良作风，做公平正义的守望者，是党和人民对新闻工作者的共同期盼。新闻工作者要把坚持正面宣传与开展舆论监督统一起来，既要报道成绩，也要勇于批评错误，针砭时弊，做到批评性报道有理有据，着眼解决问题，以建设性的态度为党分忧，为民尽责。遵纪守法是新闻工作者职业道德的底线所在，作为公平正义的守望者，舆论监督的执剑者，需要时刻绷紧法治之弦，确保新闻工作在法律的框架内稳健前行。新闻工作者应坚决避免舆论审判对司法的僭越，并自觉抵制有偿新闻、有偿不闻、新闻敲诈等违背职业道德的不良风气，以高度的社会责任感和职业操守，严守新闻工作者的良心，维护人民群众的根本利益。遵纪守法是新闻工作者守望公平正义的准绳，可以确保其行为始终在法治轨道上前行；加强和改进舆论监督，则是新闻工作者守望公平正义的重要方式与手段，两者相辅相成，共同塑造了新闻工作者作为公平正义守望者的角色。

第二节　案例解析

踏入全媒体建设的广阔舞台，记者作为时代的瞭望者，应当以素养为基，以道德为魂，在时代变革中守正创新，积极拥抱技术变革，融合创新传播方式，用镜头捕捉瞬间，以笔触勾勒真相，深入社会肌理，传递人民心声，记录时代风云。

本节共选择了4个案例，从对典型报道的深入剖析，到展现优秀记者感人至深的事迹，再到探讨近年来引人深思的媒介失范事件，旨在多角度阐释记者的职业素养与职业道德。

案例一

一、案例简介[①]

“乡村振兴蹲点记”系列报道为《四川日报》在2022年1月12日至2022年12月23日刊播的作品。2022年初，四川日报社编委会选取四川省雅安市荥经县龙苍沟镇万年村作为长期蹲点调研点，由总编辑带队，组织主创团队，坚持每月蹲点采访。在将近一年时间里，《四川日报》每月推出一期报道，最终形成了12篇、3万多字、涵盖上百张摄影图片的万年村乡村振兴蹲点调研报道，该系列报道荣获第33届中国新闻奖系列报道类一等奖。

① 乡村振兴蹲点记［EB/OL］.（2023-10-25）［2024-08-10］. http://www.zgjx.cn/2023-10/25/c_1310746238_2.htm.

“乡村振兴蹲点记”系列报道每期聚焦一个主题，以一个个生动的案例、人物故事乃至一条路、一个项目的进展为小切口，记录下万年村这一昔日省定贫困村的振兴之路，描摹出四川27000多个村庄奋斗在新时代新征程中的缩影。

2022年1月，系列报道以《万年村：“人退猫进”带来了什么？》开篇，讲述了背靠大熊猫国家公园为万年村发展带来的新机遇，被称为“大熊猫国家公园南入口社区门户第一村”的万年村已初具“大熊猫友好型”产业的雏形。

2月，《四川日报》记者夜宿万年村，以《围炉夜话：万年村的“背水一战”》报道记录下万年村村史上第一次干群围炉夜话，村干部和村民等20余人就“村里特产卖不起价”等问题，共商万年村2022年的发展计划。

3月，以《种下万株钉钉竹　不与大熊猫“抢饭吃”》报道聚焦万年村500亩方竹基地建设，讲述如何才能既减少对大熊猫活动的影响，又能让村民实现增收。

4月，以《“熊猫民宿”：万年村的“振兴名片”》报道聚焦“熊猫养氧民宿”和“熊猫之眼”房车营地项目，讲述万年村民宿产业的蓬勃兴起。

5月，以《从28.6公里的“扶贫路”迈向振兴》报道记录下万年村如何以党建为引领，通过一条28.6公里的“扶贫路”迈向振兴。

6月，以《“三色”绘就熊猫社区版“富春山居图”》报道介绍万年村结合自身区位优势，以夯实“主色”、提升“亮色”、凝铸“底色”，逐步打造出具有特色的“熊猫社区”。

7月，以《在这里，国家公园入口社区正在崛起》报道聚焦万年村的半年总结会，梳理了上半年的工作成就，指出2022年上半年万年村迎来了“历史上最快”的发展时期，发展已逐渐成势，并带动了整个南入口社区的整体发展。

8月，以《万年村有了新朋友：熊猫貊貊》报道讲述了万年村打造专属大熊猫超级IP“貊貊”的故事。

9月，以《我们的“熊猫民宿”开业了》报道呼应4月讲述万年村民宿产业勃兴的报道，指出雅安市首个“强村贷”项目、首个村集体独资民宿酒店在万年村建成。

10月，以《万年村变身“貊貊家园”》报道持续关注8月万年村打造熊猫IP的行动，讲述了万年村以“大熊猫公园+”为思路，持续深挖大熊猫IP内涵，布局新型业态的振兴举措。

11月，以《让党的二十大精神在“貊貊家园”落地生根》报道聚焦万年村举行的党的二十大精神宣讲报告会，记录了宣讲代表们深刻领会党的二十大精神，为万年村未来发展建言献策的热烈讨论。

12月，以《万年村这一年》报道完美收官，从抓机遇、重实干、聚合力三个层面，回顾了万年村为什么能在建设入口社区中脱颖而出和万年村锚定建设大熊猫国家公园创新示范区的生动实践，总结了有发展后劲才能走好乡村振兴路的核心密码。

“乡村振兴蹲点记”系列报道推出后，受到全国主流媒体的高度关注，人民网、新华网等主流媒体每期转载；为万年村及万年村依托大熊猫国家公园探索的“共建共管共享”发展模式做了有效推介，赋能万年村产业发展，村集体经济收入从2021年的23.86万元跃升至2022年的65.8万元，同比增长175.8%，助推万年村获评“2022年乡村文化振兴省级样板村”等荣誉称号。[①]

2022年“乡村振兴蹲点记”系列报道收官后，《四川日报》全媒体

① 乡村振兴蹲点记［EB/OL］.（2023-10-25）［2024-08-10］. http://www.zgjx.cn/2023-10/25/c_1310746238_2.htm.

“乡村振兴蹲点记”调研组将历时一年的观察记录进行深度总结和提炼，联合荥经县委、县政府撰写了近8000字的智库报告——《万年村乡村振兴调研报告》。

2023年，《四川日报》“乡村振兴蹲点记”系列报道经四川人民出版社辑录正式出版，上述的12篇蹲点调研报道和1篇智库报告都被收入其中。

二、案例分析

调查研究是新闻工作者获取真实、准确、全面信息的重要手段，也是提升新闻报道深度与信息含金量的关键动因。蹲点调研是新闻工作者开展调查研究的重要方式，新闻工作者会根据调研目的与要求，选取一批具有代表性的典型单位作为蹲点采访的“点”，以期达到“以点带类，以类带面”的效果。[①]“乡村振兴蹲点记”系列报道，在蹲点调研中践行党报使命，彰显了主创人员过硬的政治素养与“四力”素养。

“乡村振兴蹲点记”系列报道政治站位高，围绕“国之大者”找主题，体现了党性与人民性的统一，展现了主创人员过硬的政治素养。2021年2月25日，在迎来中国共产党成立一百周年的重要时刻，习近平总书记在全国脱贫攻坚总结表彰大会上，庄严宣告我国脱贫攻坚战取得了全面胜利。从脱贫攻坚迈向全面推进乡村振兴，既是“三农”工作重心的历史性转移，也是党在新时代背景下，做出的推动农业、农村、农民全面发展的战略远见。2021年10月，《四川日报》以高度的政治责任感和党报的使命担当，提出要在全省推进乡村振兴的工作中做出党报贡

① 余红举，张海光，王淞庆.以蹲点调研采访提升主题教育宣传效果［J］.新闻战线，2024（13）：63-65.

献，随后选择万年村作为乡村振兴主题报道的蹲点调研村。①

在正式开展蹲点调研前，主创团队系统学习了中央和四川省关于乡村振兴工作的论述、指示及工作方针，旨在进一步强化自身的政治理论素养，确保能够从全局性、战略性的高度审视万年村的发展状况，使万年村成为四川农村乃至全国农村振兴发展的缩影。

“乡村振兴蹲点记”系列报道聚焦乡村振兴战略下四川农村的发展变化，以党报视角记录了一座村庄的振兴之路，是新闻工作者站稳政治立场、深学细悟政治理论、坚持党性原则、践行“政治家办报”思想、彰显过硬政治素养的生动写照。

“乡村振兴蹲点记”系列报道是主创团队深入践行“四力”，展现深厚职业素养的典范之作。扎根基层一线进行蹲点调研是新闻工作者察民情、贴民心、解民忧的务实举措，也是增强记者“脚力”、锤炼“眼力”、激活“脑力”、磨砺“笔力”的重要途径。主创人员为完成“乡村振兴蹲点记”系列报道，坚持每月深入万年村进行蹲点采访，一年的时间里，调研组走遍了万年村的各个村民小组，和村民、干部一起翻山越岭，种竹笋，开坝坝会，用脚力扎根乡村振兴的基层一线，捕捉最真实的社情民意。主创团队还以敏锐的眼力，选择了具有样本意义的万年村作为蹲点村，因为万年村曾是省定贫困村，地处四川省熊猫国家公园体制试点范围内，背靠大熊猫国家公园，绿水青山的环境正在成为村庄振兴的资源优势。

“乡村振兴蹲点记”系列报道共12篇，每期精心策划，聚焦于一个鲜明主题，如一条路的建成、一个关键项目的推进等细微而具体的切入点，细腻记录了万年村在乡村振兴道路上的发展变化与显著成就。主创

① 李鹏.12个月蹲点记录一座村庄的振兴之路：在蹲点调研中更好践行党报使命［J］.传媒评论，2024（2）：15-17.

团队以非凡的“脑力”进行深度挖掘与思考，用精湛的“笔力”将每一个生动的故事娓娓道来，不仅展现了万年村的变迁轨迹，更以小见大，深刻映射出乡村振兴这一时代重大议题的内在逻辑，展现出新农村蓬勃发展的根本动力。

案例二

一、案例简介①

《“小田变大田”引出“农田四变”》是《农民日报》2022年9月13日在“视点”8版整版刊播的一篇通讯作品，作者是李竟涵、孟德才，该报道荣获第33届中国新闻奖通讯类一等奖。

《“小田变大田”引出“农田四变”》以安徽省马鞍山市“小田变大田”的改革实践为样本，系统分析了马鞍山市“小田变大田”改革的动因、难点、经验和效果。马鞍山市虽在地形条件、财政情况等方面都不具备明显优势，但也恰因这种“非典型”特征，使其在治理土地细碎化改革中的实践更具普适性。

文章开篇，从安徽省马鞍山市大公圩圩田数千年形貌变迁写起，引出“湖与田，分与合”的土地变化问题，并基于马鞍山市作为工业重地，水网河道密布致使耕地细碎的现实情况，发出“未来谁来种地？”“怎样种地才有效益？”“如何更好贯彻落实‘多种粮、种好粮’指示精神？”的核心三问；紧接着顺势衔接马鞍山市近年来为解决这些问题，开展的从“小田变大田”的探索实践，到“农田四变”的系统创新。文章以

① “小田变大田”引出“农田四变”[EB/OL].(2023-10-31)[2024-08-10]. http://www.zgjx.cn/2023-10/31/c_1310747393_2.htm.

“从800多块到43块”“一份特殊的转包方案”“1000元和28331元”“一个村和一个人”四个小标题串联全文，讲述了马鞍山市在小田变大田、闲田变忙田、差田变良田、蟹田变稻田的“农田四变”实践中的改革故事。

《“小田变大田”引出“农田四变”》在策划秋粮生产的关键时间点进行刊播，起到了发掘基层改革新创造、总结推广农村土地改革新经验的宣传效果。该篇通讯在《农民日报》全媒体平台同步推出，中国经济网等多家媒体机构进行转载，引发了社会各界对农业改革新模式的广泛关注与思考，并助推“小田变大田”的改革举措从地方实践上升到中央政策。2023年2月13日公布的中央一号文件明确指出，要“总结地方‘小田并大田’等经验，探索在农民自愿前提下，结合农田建设、土地整治逐步解决细碎化问题”。①

二、案例分析

“民族要复兴，乡村必振兴”“强国必先强农，农强方能国强”，“三农”工作事关农业、农村、农民的向好发展，事关实现中华民族伟大复兴的中国梦，是全党工作的重中之重。当下，治理土地细碎化的改革正如火如荼地在全国范围内展开，并成为推动农业现代化、促进农村发展的重要动力。

《农民日报》作为传播党的“三农”创新理论的主阵地，为全国的“三农”工作提供了坚实的舆论支持与思想引领。《农民日报》采写《“小田变大田”引出“农田四变”》这篇通讯的记者，深学细悟党的“三农”政策，紧盯“三农”时事，敏锐捕捉到了农村土地改革中“小田变大田”

① 权威快报丨2023年中央一号文件发布［EB/OL］.（2023-02-13）［2024-08-10］. http://www.xinhuanet.com/politics/2023-02/13/c_1129362279.htm.

的实践创新，他们俯下身到基层进行采访，以笔为犁深入剖析基层改革的来龙去脉，展现了过硬的职业素养。

当下处理好农民和土地的关系是深化农村土地制度改革的主线，解决土地细碎化问题是新时代“三农”工作的一大重点和难点，而优秀的报道总是会精准击中关键问题。记者采写《“小田变大田”引出“农田四变”》时，聚焦基层解决土地细碎化问题的改革创新，以小切口的典型故事展现了农村土地改革的大主题，反映了农民的诉求与期盼，很好地把握了“三农”工作的时代脉搏。

该篇报道采写扎实，是记者践行“四力”，彰显深厚职业素养的典范佳作。在深入基层采访的过程中，两位记者凭借敏锐的“眼力”发现了新闻线索，成功捕捉到了农村土地改革工作中“小田变大田”这一新动向，进而确定了聚焦“小田变大田”改革的主题，并基于普适性视角，精心选取了安徽省马鞍山市作为研究农村土地改革新动向的典型样本。他们凭借扎实的“脚力”获得了翔实的第一手新闻素材——两位记者循着“还原改革现场”的主线，深入安徽省马鞍山市不同地形地貌的10多个村庄，走访了20多位“小田变大田”改革的亲历者和推动者，获得了近10万字的独家素材。

采写这篇通讯的记者长期深耕“三农”领域的报道，有持续十多年关注农村土地改革、深入基层调研的工作背景，堪称“三农”报道领域的农业专家。他们凭借丰富的阅历和充足的知识储备，立足“三农”话题专业解读与分析，从近10万字的素材中抽丝剥茧，梳理总结了马鞍山市“小田变大田”改革的动因、难点、经验和效果，彰显了记者非凡的“脑力”。

此篇通讯历经多番打磨，是记者们锤炼“笔力”的佳作。整篇通讯节奏张弛有度，波澜起伏，巧妙地将故事线、人物线、改革线交织并行，从马鞍山“小田变大田”的实践探索入笔，循序渐进地将“农田四变”

这一系统创新铺陈开来，叙述不浮于表面，问题意识始终贯穿全文。报道中笔触细腻，以白描擘画改革现场，少用晦涩术语，多用老百姓的话，将“三农”工作大主题与小人物视角巧妙融合，文章兼具思想深度与可读性。

案例三

一、案例简介①

谌贻照是广西日报社《南国今报》常务副总编辑、广西日报社传媒集团高级记者，从事新闻工作近30年，长年坚持扎根基层一线，写有思想、有温度、有品质的好新闻。作为新闻战线的“老兵”，谌贻照说：“新闻是一份让人年轻的事业，作为党的新闻工作者，只要跟新闻在路上，我永远不会老。”

在全媒体建设浪潮中，年近六旬的谌贻照积极学习融媒体技术，坚持在一线采访中将自己淬炼成“写得了大稿、编得了两微、出得了镜头、剪得了视频”的全媒体记者。

2019年3月以来，谌贻照先后7次应中国记协新闻培训中心和人民日报中央厨房融媒体学院邀请，与全国同行交流他扎根基层一线的全媒体报道实战经历。谌贻照先后荣获中国新闻奖一等奖1次、二等奖1次，广西新闻奖一等奖5次、二等奖10次，并在2022年获得第17届长江韬奋奖。

2005年，谌贻照深入广西壮族自治区柳州市融安县，围绕“农业

① 谌贻照［EB/OL］.（2022-11-01）［2024-08-10］. http://www.zgjx.cn/jiang/2022cjhjmd/index.htm.

税取消后乡镇干部角色转变”的主题撰写了题为《由“催农民交税”到“帮农民赚钱”——融安乡镇干部角色转变受欢迎》的消息报道，并荣获第16届中国新闻奖二等奖。

2017年8月，广西壮族自治区柳州市融水苗族自治县杆洞乡因强降雨突发2次山洪，全乡群众被困多日，成为通信、水、电中断的“孤岛”。他得到消息后，立刻从柳州驾车8个多小时赶赴灾区一线。这期间因灾区电力、通信、交通全部中断，他与外界“失联”长达数十小时，在无法立刻向外界传递灾情的情况下，谌贻照灵活应变，用随身携带的手机摄下了干部群众抢险救灾的视频和图片。随后，为了尽快向外界传递灾情实况，谌贻照徒步20多公里，冒险越过40个塌方区，在到达有信号的乡间客栈后，迅速整理素材发给《广西日报》新媒体部。随后《广西日报》及时推出了谌贻照参与主创的《柳州融水突围记丨广西日报记者“失联”数十小时，在穿越40处塌方后发回灾区最新画面！》的融媒短视频报道，该报道荣获第28届中国新闻奖融媒短视频类一等奖。

谌贻照自2011年以来连续多年参与中宣部组织的全国性基层采访报道“新春走基层”活动，用双脚丈量柳州市苗山侗寨，用融媒报道讲述苗山人民春天的故事。2011年1月，谌贻照亲赴融水苗族自治县，亲身体验并见证了当地民生改革的生动实践，写成了通讯《苗山民生办大事——融水苗族自治县统筹城乡发展》。在2018年和2019年的“新春走基层”报道中，谌贻照开始在融媒体报道方面发力，他通过《广西日报》官方微博“柳州观察”分别在2018年春节和2019年春节发布主持了微博话题“#新春苗山行#”和“#玩转大苗山#”专栏。

2021年，谌贻照深入广西壮族自治区柳州市柳城县，目睹了该县秸秆综合利用带来的各种利好，撰写了刊登在《广西日报》头版头条的文章《变废为宝 田园美好——柳城县秸秆综合利用率达到91%》。

2022年春节过后，谌贻照带领广西日报社《南国今报》团队，深入融水苗族自治县、三江侗族自治县的山乡和冰雪一线，将镜头与笔触对准巩固脱贫攻坚成果和推进乡村振兴成果，采写制作了一系列鲜活生动、图文并茂的全媒体报道，生动展现了乡村振兴的勃勃生机。

此外，他还在微信开办了个人公众号“山水柳州”，通过图文并茂的推文，细腻勾勒出柳州这座工业重镇的柔美轮廓、秀丽风光与多情故事，让读者在享受视觉盛宴的同时，深刻感受到柳州深厚的文化底蕴与蓬勃发展的脉动，该公众号也被《广西日报》新媒体矩阵列为典范。

二、案例分析

2024年58岁的谌贻照，从事新闻工作近30载，始终扎根基层，笔耕不辍。面对全媒体时代的汹涌浪潮，年近六旬的他并未止步不前，而是积极拥抱新技术，刻苦研习采制融媒体作品的技能，成功转型为全媒体记者。

这位新闻战线的“老兵”在扎根基层中践行“四力”，在全媒体发展大势中争做勇立全媒体潮头的“泥腿子”记者，展现了过硬的职业素养、技术素养、心理素养。谌贻照从业以来，始终保持着“脚沾泥土、衣带露珠”的质朴作风，坚持奔波在基层一线，采写“冒热气、接地气”的报道。一年365天中，他大半时间都在基层奔波，穿梭于田间地头了解最真实的民生百态。

在采写《由“催农民交税”到“帮农民赚钱”——融安乡镇干部角色转变受欢迎》消息报道时，谌贻照走过了广西壮族自治区柳州市融安县5个乡镇10多个村庄，在田间地头采访了20多位乡镇干部和农户。

他自2011年至今连续多年参与“新春走基层”报道，踏遍了驻地柳州市苗山侗寨的每一个角落，用镜头和笔触记录下苗山侗寨的民俗风情与人民故事。长期扎根苗山侗寨进行采访的谌贻照，不仅掌握了当地的语言，更在每一次采访中坚持绝不给老乡添麻烦的原则，这份真诚让他深受当地民众的喜爱与尊敬。[①]

《中国新闻工作者职业道德准则》（2019版）明确强调了新闻工作者应该“坚持改进创新。遵循新闻传播规律和新兴媒体发展规律，创新理念、内容、体裁、形式、方法、手段、业态等”。在媒体融合的时代浪潮中，谌贻照紧跟时代步伐，勇于创新，矢志成为勇立全媒体潮头的“泥腿子”记者，用多元化的媒体手段传递基层声音，讲述基层故事。年近六旬的他，坚持在基层历练自己的新媒体基本功，“微单+手机+轻型航拍机+微型运动相机”已经成为他走基层“玩转”新媒体的轻装标配，他所做的新媒体报道，皆采用手机现场制作，显著提升了报道的时效性。[②]

作为媒体管理者，他学习掌握了各新媒体平台的运营策略，无论是精心策划微博话题，撰写引人入胜的微信推文，还是创新制作融媒视频都能游刃有余，从而将新闻内容以多元化、互动性的方式呈现给广大受众。

谌贻照怀揣对新闻事业的深切热爱，以坚忍的意志力、吃苦耐劳的精神品质和机智灵活的应变能力扎根基层践行“四力”，不断提升着自己的专业素养与职业操守。

从谌贻照身上，我们可以看出记者践行“四力”时能如何记录时代风云、守望温暖、向上而行。

---

① 覃伟立.“泥腿记者”谌贻照［J］.青年记者，2019（13）：22-24.

② 谌贻照.满怀深情讲述春天的故事：连续九年坚持“新春走基层”的收获［J］.中国记者，2020（2）：31-33.

案例四

一、案例简介[①]

王文志是新华社《经济参考报》编委,《经济参考报》调查报道室主任，深耕调查报道领域20载，多次凭借调查性深度报道文章获得中国新闻奖。2020年12月，因“用调查性报道维护社会公平正义”，被全国普法办、司法部和中央广播电视总台评为“2020年度法治人物”；2022年获得第17届长江韬奋奖。

2013年11月29日，王文志以《北京北海地坛公园暗藏高端会所 公园方称“曝光也没用”》一文，揭露了一家名为“乙十六商务会所”的餐饮企业，以私密、高端作为卖点，将会所开到了全国重点文物保护单位——北海公园和地坛公园内，违反了住建部《关于进一步加强公园建设管理的意见》和《国有文物保护单位经营性活动管理规定（试行）》等相关规定。文章讲述了会所占据公园绝佳位置，侵蚀稀缺公共资源，侵扰了附近居民的安静，侵犯了来公园休闲市民的权益；破坏式的设施改造，伤及公园的生态环境；价格昂贵助长奢靡之风等问题。王文志在文中也提到了，在记者调查此事时，地坛公园的一名工作人员却告诫记者：“这点事没新闻价值，别报道了，曝光也没用。”该篇报道刊发后，迅速引起了社会各界的广泛关注与热烈反响，人民网、央广网、中国青年网等媒体纷纷就此事发表评论，该篇调查性报道也荣获第24届中国新闻奖文字通讯类二等奖。

---

① 王文志［EB/OL］.（2022-11-01）［2024-08-10］. http://www.zgjx.cn/jiang/2022cjhjmd/index.htm.

2014年6月30日，王文志和同事采写的《太兴铁路被指偷工减料 院士吁请深查》一文，披露了山西省重点工程太兴铁路部分涵洞的关键部位台背存在用黄土替代优良材料填筑，铁路建设存在严重质量隐患和安全隐患的问题。他们在就此事进行调查求证时，曾遭遇利益方相关人员猛击背部、手掐脖子的殴打。该报道刊发后，施工单位中铁十二局立刻表示，已组成调查组到施工现场展开调查（王文志等人在官方回复后，依然坚持追踪该事件的进展情况）。该报道刊出后人民政协网、中国经济网、人民网纷纷转载，随后荣获了第25届中国新闻奖深度报道类三等奖。

2015年5月15日，王文志以《福彩曝黑幕 中彩在线高管涉数十亿利益输送》一文，独家披露名义上是国有控股企业的中彩在线公司却悄然转变为高管曲线控股的企业，并在经营中涉嫌向其高管参股的第三方公司输送利益数十亿元的惊天黑幕。该报道刊发后，中央有关部委随即就此事件展开了深入调查，该报道荣获第26届中国新闻奖文字通讯类二等奖。

2019年7月8日，王文志以《每年赌注额为全国彩票收入近两倍 特大国际网络赌博平台深度渗透国内》一文，披露了由"亚洲新赌王"周焯华控制的"太阳城网络赌博平台"，以视频远程下注方式深度渗入中国内地，在中国内地吸纳巨额赌注资金并通过地下钱庄流向境外的违法行径，揭露了一个触目惊心的"资金吞噬黑洞"。该报道迅速引起监管部门的高度关注，公安部门马上部署防范打击整治跨境网络赌博活动工作，成功捣毁了太阳城网络赌博平台，2020年11月，温州市检察机关依法对犯罪嫌疑人周焯华批准逮捕。

2020年8月4日，王文志凭借《青海"隐形首富"：祁连山非法采煤获利百亿至今未停》一文荣获第31届中国新闻奖文字通讯与深度报道类一等奖。该报道是王文志历时两年多的跟踪调查完成的舆论监督力作，以翔实和无可辩驳的证据，揭露了青海祁连山南麓“隐形富豪”青海省兴青工贸工程集团有限公司（简称“兴青公司”）马少伟持续掠夺式盗采煤炭资源长达14年获利百亿的恶行。

2021年1月22日，王文志采写了题为《万亩沙漠防护林被毁 敦煌防沙最后屏障几近失守》的文章，披露了曾经拥有约2万亩“三北”防护林带的国营敦煌阳关林场，近十余年来持续遭遇大面积“剃光头”式砍伐，导致敦煌阻沙生态屏障岌岌可危。2022年1月13日，王文志采写了题为《多年拆违岿然不动 数千栋“坚挺别墅”野蛮侵蚀济南泉域保护区》的报道，披露了作为济南市重要水源涵养区的南部山区在2017年中央环保督察组督办，掀起“拆违风暴”的4年后，依然存在只有部分违建别墅拆除，甚至个别新的别墅项目仍在建设中的违规问题。这些报道都引起了政府职能部门的关注与后续治理行动。

二、案例分析

王文志多年来在调查报道领域深耕不辍，以一篇篇掷地有声、振聋发聩的报道，勇于揭露社会阴暗面，激浊扬清传播正能量。他将对新闻事业的热爱，对党和人民群众的强烈责任感，具体化作践行“四力”，勇做“四者”的实际行动，被称为“拼命三郎”与“硬汉记者”，展现了新闻人的凛然正气与坚忍意志力。

深耕调查报道，发扬优良作风，做公平正义的守望者。儿时就爱好“打抱不平”的王文志在机缘巧合下成为一名调查记者，20年来持续深耕调查报道领域，撰写了数篇揭露社会不公、守护公平正义与真相的深度调查报道。他的笔触锋利而深刻，不仅触及了环境破坏、生态危机等自然领域的痛点，还勇敢揭露了经济犯罪、权力滥用、民生疾苦等社会各个层面的阴暗面，以实际行动守护了社会的公平正义。

在多年的调查报道生涯中，王文志始终秉持“练好脚板子”的信念，不断增强脚力，深入一线，实地采访和取证，以获取最真实、最生动的第一手资料。王文志始终认为调查报道是在一线跑出来的，使命和兴奋点始终在路上、在基层、在现场。在采写《青海“隐形首富”：祁连山非法采煤获利百亿至今未停》报道时，王文志在两年多的调查中，三次只身进入海拔4200米的祁连山南麓腹地青海木里矿区内部进行实地采访与取证，在面对生理极限的严峻挑战与潜在的人身危险的情况下，采写完成了这篇具有强大舆论监督威力的揭露式重磅报道。

王文志的调查报道广泛涵盖了时政、财经、环境保护等多个重要领域，其报道领域的多样性促使他持续不断地深入学习各类专业知识，不断丰富并更新自己的知识储备，以确保报道的深度、准确性和影响力。在调查报道的过程中，王文志始终坚守证据扎实、报道真实、全面且客观的黄金准则。他注重从多方信源搜集信息，进行交叉印证，以增强报道的可信度。在构建证据体系时，他倾向于采用公开的司法文书、政府文件、权威数据报告等翔实可靠的资料作为支撑，同时确保给予各方充分表达的机会，力求构建完整的证据链，使调查内容坐实无误，经得起实践检验。

追求公平正义，不畏风险揭黑除恶是始终坚持深耕调查报道领域的记者所共同具备的关键素养。被称为“中国揭黑记者第一人”的王克勤，就认为记者的工作状态就应该是“我来了！我看见！我说出！”[①]。对王文志来说，做调查报道已然成为他的一个理想，一种情怀，在接受中国小康网记者采访时，王文志说：“我对这份职业有种发自内心的喜欢。”[②]他认为调查记者这份工作兼具激情与意义，能实现自己的生命

① 黎秋玲.新闻真相的探寻者：速写王克勤［J］.新闻记者，2007(6)：66-68.

② 于靖园.王文志：为理想而坚守［J］.小康，2021(4)：22-23.

价值。

坚忍的意志力是王文志从不轻言放弃的基石，他认为当意志受到极大考验时，往往最能催生精品佳作。在采写《太兴铁路被指偷工减料 院士吁请深查》一文时，王文志和同事进行采访取证时遭遇殴打。在采写《每年赌注额为全国彩票收入近两倍 特大国际网络赌博平台深度渗透国内》一文时，遭遇具有黑帮背景的周焯华通过多个渠道发出的威胁。在采写《青海“隐形首富”：祁连山非法采煤获利百亿至今未停》一文时，被高原反应折腾得头疼欲裂，站都站不稳，同时还要面对相关利益方的“明枪暗箭”。如果没有坚忍的意志力，就无法支撑王文志在漫长而艰难的调查道路上持续前行，更无法在面对重重困难与挑战时坚守初心，揭露真相，守护正义。

在调查报道的征途上，王文志不仅以坚忍的意志力为后盾，更将抵制不良风气、保持一身正气视为不可动摇的底线原则。在接受前资深调查记者、第12届长江韬奋奖获奖者刘万永的专访时，王文志在回答“如何在调查报道发表后，有效应对来自监督对象的威胁与反扑，并保护自己”的问题时，讲到首先是要证据扎实，其次是牢记底线，不要被人抓着小毛病，“采访中，也有人许诺给什么好处，但我从来不理会，可能是我对物质的追求没那么强烈吧”[①]。

王文志作为一位深耕调查报道的记者，用自己的笔触书写了正义与真相的篇章，以记者的责任感和使命感为驱动，凭借过硬的专业素养和高尚的职业道德，成为“忠诚于新闻事业、忠勇于正义、忠实于新闻真实”的新闻战士，是业界公认的“正义之声”。

① 刘万永.我的初心就是做一名好记者：访新华社《经济参考报》记者王文志［J］.青年记者，2021(7)：25-28.

小 结

记者职业素养和职业道德可以说是记者职业形象的一体两面，两者相辅相成，共同塑造新闻工作者“铁肩担道义，妙手著文章”的崇高形象，是新闻工作者增强脚力、眼力、脑力、笔力，更好地履行职责使命的坚实基石。本章在第一节中，立足全媒体传播生态，在理论层面探讨了记者应具备的政治素养、“四力”素养、技术素养和心理素养；将《中国新闻工作者职业道德准则》和习近平总书记对新闻舆论工作者的“四者”定位相结合，探讨了新时代背景下新闻工作者应遵守的职业道德。本章第二节，案例具体以阐述记者职业素养和职业道德为主，在秉持与第一节理论概述相对应的前提下，选择了4个案例。

在媒介化社会生态下，技术日新月异，信息泥沙俱下，全面提升职业素养，恪守职业道德是新闻工作者的必然选择与时代担当。记者职业素养的全面提升，是对“走基层、转作风、改文风”精神的深入实践，对“贴近实际、贴近生活、贴近群众”原则的深刻贯彻，同时也是增强“脚力、眼力、脑力、笔力”的必然要求。这一全面提升不仅要求记者紧跟技术变革的步伐，熟练掌握并运用多媒体技能，革新报道样态；更强调要深入基层，俯下身子倾听民众声音，细致了解民情民意，不断提升自身的信息甄别与批判思维能力，从而确保新闻报道的真实性、准确性及公正性，为身处信息汪洋中的公众提供有价值的新闻信息。在流量至上的眼球时代，恪守职业道德是新闻工作者不可动摇的底线。新闻工作者要坚持新闻的真实性原则，在追求新闻时效性的同时，更需注重新闻的深度和温度，以高度的社会责任感和使命感，勇于揭露真相，用正义、理性、克制的笔触推动社会进步与发展。

在新传播生态下，记者职业素养和职业道德的提升需要多方合力，久久为功。新闻工作者应自觉增强自律意识和学习意识，媒体部门需要深化职业道德教育并强化督导机制，同时，全社会应共同努力建立健全更为完备的新闻法规体系。

课后讨论题

1.请结合当前媒体生态，探讨记者应如何不断提升自身职业素养。

2.在多元化信息时代，记者应该如何培养和保持自己的信息筛选与判断能力，以确保报道内容的真实性和价值性?

3.从职业道德的角度谈谈如何对记者的信息筛选与判断能力提出具体要求。

下　篇

新闻写作

第七章　消息写作

第一节　要点概述

一、消息及其特点

据考证，“消息”一词在我国最早见于《易经》。近代，消息指事物变化的信息。消息作为一种新闻文体，最早成熟于西方。[①]在众多新闻体裁中，消息是最常用且处于新闻最前端的，可以说是新闻报道的“常规武器”，在新闻传播中起着举足轻重的作用。

《新闻体裁写作》一书对于消息的定义为：新闻（消息）就是对新近发生的有社会价值的事实的简短报道。[②]可见，消息作为一种新闻体裁，主要以简短的语言报道迅速传播新近发生的且具有社会价值的事实。它往往只告诉人们事件的概貌而不细究过程和内因，是最常用、最广泛的新闻基本体裁。

消息作为一种文体，主要有以下几个鲜明的特点：

---

① 单波.西方消息写作的特点［J］.新闻大学，1996(1)：43-46.

② 尹均生.新闻体裁写作［M］.武汉：湖北教育出版社，1985：5.

（一）简明扼要

从整体看，消息总是尽可能用最少的文字，简明扼要地反映事实，尽可能多地涵盖信息，一般篇幅短小，很多新闻史上著名的消息，往往只有寥寥两三百字。在网络媒体时代，消息更为简短，百字左右就将事件的最新情况和变化报道清楚，真正做到了“多一字冗赘、少一字不行”。因此，消息属于概括报道，简明扼要是其重要特点。

（二）讲求时效

消息在新闻题材中更讲求时效，要求迅速及时地传播事物的最新变化。时效性是衡量和判断消息所报道的新闻价值大小的硬性标准。报道得越及时，消息的时效性越强，报道的新闻价值越能被体现。可以说，时效性是消息的生命。

尤其是动态消息，其时效性往往以日、时计，重大突发事件、重大新闻和灾难性新闻的报道甚至以分、秒计。时效性更是各媒体间抢占受众“第一印象”的必争之地，早一分钟，就有可能发出“第一次信息”，成为其他媒体信息源的同时，给受众留下深刻的印象，增强媒体自身的公信力、引导力、传播力和影响力。

（三）重心前置

重心前置是消息的固定结构，也是消息体裁在外在形式上的显著特征。它通过导语将新闻事实的精要首先呈现给受众，一般是将最重要、最新、最吸引人的事实放在最前面进行报道，这一结构在动态消息报道中尤为典型。

“重心前置”的新闻报道结构开始于19世纪中叶的美国南北战争期间，彼时，电信技术尚不成熟，电动机常遭故障侵扰且使用成本高昂。

为了在最短时间内将前线激烈的战况准确无误地传达给广大读者，前线记者创造性地采取了将最新、最关键的信息置于报道起始部分的策略，这一实践逐渐演变并确立了消息撰写中“重心前置”的独特风格。

重心前置的结构方式与倒金字塔结构较为相似，但值得注意的是，两者间不能画上等号，非倒金字塔结构的消息仍需要将最重要、最关键、最新的内容和信息放在导语或报道的开头。

（四）更为客观、用事实说话

一般而言，特写、特稿、评论等新闻体裁，都显露出记者个人的情感抒发或分析。但消息不同，它要求记者尽可能减少主观色彩对报道的影响，坚持用事实说话，强调的是对事实的准确描述。消息的行文相较于新闻的其他体裁，更为客观，可以说是“满满干货、没有水分”。

（五）有“消息头”

消息的开头往往是电头或“本报讯”，作为外在标志被称为“消息头”。其中，“××社××地×月×日电”被称为电头，表明电讯稿发出的单位、地点、具体时间。“本报讯”则是报社的记者或通讯员采写的消息，一般写成“本报×地×月×日专讯（或专电）”。

消息头的作用主要是表明新闻的来源，以供读者判断，用于承担本单位发表新闻作品的责任并接受社会监督。同时，以此传达一些基本信息，使得新闻导语更加简洁凝练。消息头是消息的文本特征，更是区别于其他新闻文体的特征之一。

（六）一事一报

一条消息通常只集中报道一个事件，尽管需要简明扼要地概括全貌，但通篇只有一个核心事实，报道的其他信息是为了呈现这一核心事实而存在。

在写作消息时，不可面面俱到，即使一事一报也要分清主次，选择案例更要少而精。

二、消息的基本构成

（一）标题

标题通常位于报道的顶端，有“消息的眼睛”之称，旨在告诉读者报道的核心内容。它往往由编辑来写，但在一些小型媒体中，采编合一的全媒体记者也可以拟定标题。

当前，很多媒体喜欢在主标题下面使用副标题，也可称为“肩题”“提要”“概要题”，双行题可以使读者快速地获取报道的主要核心内容，信息量更丰富。很多媒体在遇到重大事件时都使用了双行题。

消息的标题如果拟得好，可以对消息起到画龙点睛的效果，甚至能提升消息的吸引力和点击率。因此，标题在拟定时应注意以下问题。第一，标题的拟定要符合报道的核心事实，标题在某种程度上就是对所报道消息主要内容的概括。在形式上应该简洁；在内容上，要让广大读者一目了然，了解最真实全面的新闻事实。第二，要敢于创新。只符合事实的标题在媒体竞争如此激烈的今天是远远不够的。要想吸引读者，标题的形式必须创新，不能只拘泥于传统的标题形式。第三，要贴近群众、雅俗共赏。广大人民群众是消息的主要受众，“为人民服务”更是所有新闻工作者时刻牢记的宗旨。同样，新闻标题的拟定也要站在群众的立场和角度，回应他们所关切的问题，避免“假、大、空”，用老百姓喜闻乐见的方式，成为政府和群众之间的桥梁。

（二）导语

消息导语就是以最简洁、最凝练、最形象的文字和语言，高度概括地揭示新闻的主题和要旨，以达到吸引受众关注新闻的目的。[①]它可以被看作报道的引子，向读者预告接下来的内容。因为有了导语，消息才成为一种特殊的文体，它形成于长期的思想传播方式，能给消息定弦定调，从而与阅读中的读者产生隔空对话的感觉。

导语可分为直接式导语与延缓式导语，最常用的当数直接式导语，它通常概括报道内容，回答何人、何时、何事、何故、如何等事件要素。如若回答要素过多导致导语过长，记者会有所取舍地进行选择，将最为重要的核心要素加以体现。

（三）主体

主体又称消息的“身体”，是一篇消息阐释主题和内容的关键部分。如果把导语比作消息的“头”，那么主体便是“躯干”，只有丰满的、匀称的主体，才能满足受众对信息的需求。

主体作为消息的核心延展，紧随导语之后，对导语所提及的要点进行全面展开。在此一环节，记者扮演着至关重要的角色，他们需深入挖掘新闻背后的故事，详尽交代新闻的背景信息、发生过程、引发原因、最终结果及其广泛的社会影响。同时，通过揭示新闻事件的深层意义，提供更多的新闻细节，并巧妙地重现新闻发生时的现场，使读者仿佛身临其境。

为了确保主体内容的吸引力与深度，记者需确保内容丰富多彩，逻辑严密清晰且层次分明。在编排新闻素材时，常依据事实的内在逻辑关

---

① 程建萍．消息导语的类型与特征研究［J］．新闻传播，2013（7）：215-216，218.

联或时间空间的自然顺序进行组织，使信息呈现有条不紊。

主体的构建模式多样，包括倒金字塔结构、时间顺序结构、沙漏式结构、列举式结构，以及兼具故事性与深度的《华尔街日报》体等。为了让读者能够全面且深刻地把握新闻事件的全貌与精髓，主体部分的撰写需经过精心策划与细致打磨。记者需持续激发读者的阅读兴趣，同时合理运用各种过渡技巧，确保信息的流畅过渡与无缝衔接，使整篇消息成为一个紧凑而连贯的整体。

（四）背景

任何新闻都有其发展的场域、历史条件和前因后果的联系，这就是它的背景。由于消息比较简短，其背景的使用更应与核心事实紧密相关。背景一般指新闻事实之外，或对事实的某一部分进行解释、补充、烘托的材料，帮助消息主体展开内容。需要注意的是，背景只是消息的从属部分，不能喧宾夺主。

（五）结尾

结尾，通常是消息的最后一段，是整篇消息的收笔之处，旨在深化主题，强化新闻价值或充实消息的信息量。一般而言，消息的结尾应该包括以下内容：预告事件的发展或未来的行动；以陈述句或引语对全文的内容进行总结；补充更多相关细节。值得注意的是，消息的结尾要避免重复已说过的内容，如果没有新的信息，就要及时结束这篇报道。

（六）信息图表

新媒体时代，消息的报道形式不再拘泥于文字，图片、视频、音频、图表都是报道的一部分。虽说曾经标题是编辑的事，设计图表是美编的事，拍摄照片是摄影的事，但随着媒体融合的发展，记者早已脱胎换骨成为全媒体记者。信息图表是信息可视化的结果，具备高效的直观性。

三、消息的写作

（一）导语的写作

导语是消息的开头，告诉受众报道的主要内容，是报道引子或者预告。[①]导语是否有足够的吸引力能使读者持续阅读，在很大程度上取决于新闻写作。

1. 直接式导语

直接式导语作为新闻报道的开头，需直接且精准地传达出事件的核心要素，在第一句话就要概括报道的主要内容。它直接陈述事实，不绕弯子，明确告知读者“何人”在“何时”“何地”发生了“何事”，“为何”以及“如何”，只用一两句话就能直接表明核心事实，确保信息一目了然，迅速吸引读者注意。

2. 描述式导语

描述式导语属于延缓式导语的范畴，不直接陈述主要新闻内容，而是通过白描或特写的手法，具体、形象、生动地描写出新闻事实的现场情景，再引出新闻事实。做到描述与叙述相结合，使导语更富有感染力和吸引力。可观可感的效果能引起读者的好奇心，从而强化新闻的报道效果。

在写描述式导语时，记者要通过文字描述出有形、有趣味、精彩的画面。根据采访对象的描述或观察现场，捕捉能吸引读者的场景和细节。同时，导语所描述的画面必须与报道的事实有内在联系，不能游离于主题之外。

3. 橱窗式导语

橱窗式导语是新闻写作中一种常见的手法，它犹如橱窗展示样品，

---

① 李希光. 新闻导语如何构思和写作［J］. 新闻与写作，2012（7）：74-77.

通过典型事例来构成导语，多用于综合性新闻。读者可自由发挥想象，通过“样品”而联想到其他，从感性转向理性。其特点在于不依赖于描写或议论，而是通过讲述一个具有代表性的故事来吸引读者。

4. 悬念式导语

用使人惊讶的元素把读者吸引到报道中，通常，导语的第一句话作为引入不寻常事情的悬念。

5. 提问式导语

提问式导语就是把最主要的事实用提问的方式写出，作为消息的导语。这样可以把报道中的核心事实推向更突出的地位，帮助记者梳理写作思路、抓住要点。让读者带着疑问阅读报道，有助于调动读者的兴趣。

6. 对比式导语

对比式导语通过对比两个或多个不同的事物、观点或情境，来突出新闻的核心内容或揭示某种变化、差异。对比式导语的特点是把好与坏、是与非、曲与直、美与丑进行一番对比，通过对比让读者对事件和观点更为清楚、明朗。

7. 评论式导语

评论式导语是对所报道的事实进行精辟的评论，发表一定的观点，以揭示事物的性质、特征或作用，从而引起读者对消息的重视和关注。其特点是运用夹叙夹议的方法，表明记者或媒体的观点。

（二）主体的建构

1. 倒金字塔结构

倒金字塔结构又称“倒三角结构”（图 7-1），其显著特征是“头重脚轻”[①]。所谓的“头重脚轻”就是把新闻中最重要的事实放在前面，按照事实或材料的重要性递减的顺序排列，从重到轻，以突出最重要、最新鲜、

① 刘冰. 倒金字塔结构与金字塔结构的界定标准［J］. 采写编，2009（3）：25-26.

最重要的事实。

消息作为新闻体裁的一种，最经常采用的写作方式就是倒金字塔式写法，且多用于事件性报道。倒金字塔结构还有利于编辑编排版面，当版面空间有限时，即使裁掉最后一段也对整篇报道没有影响。其优点是能迅速地呈现关键信息，但越往后信息的吸引力越低也是倒金字塔结构无法避免的缺点。

因此，记者要判断信息的重要性，考虑按照重要性递减顺序应该如何排列事实信息。

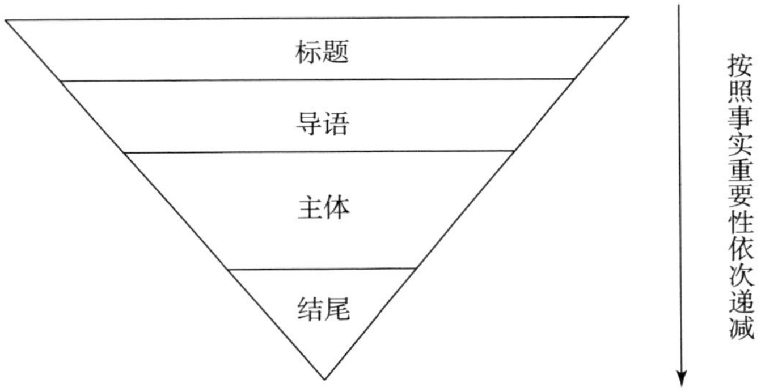

图7-1　倒金字塔结构

2.时间顺序结构

时间顺序结构的特点为报道的开头是事件的开头，接着按照时间顺序和事件发展进行叙事，中间穿插伏笔。这种结构帮助读者跟随事件的自然发展过程，从起始、经过到结果，逐步深入了解整个事件的全貌。但报道的篇幅不免过长，整篇叙事节奏不够快。

时间顺序结构不太适合没有故事性和戏剧情节的新闻事实，譬如会议报道、讲座报道等；但如果事情的发展有情节、有起伏，可以考虑时间顺序。

3.沙漏式结构

沙漏式结构的开头部分与倒金字塔结构相似，强调将新闻中最重要、最吸引人的事实或结论置于报道开头，以迅速吸引读者的注意力。这部分内容通常被称为“导语”或“概要”，它简要概括了新闻的核心内容。但与倒金字塔结构不同的是，沙漏式结构的中间部分不再继续堆砌重要性递减的事实，而是按照新闻事件的时间顺序来叙述。这一部分详细描述了新闻事件的起因、经过和关键细节，使读者能够深入了解新闻事件的全貌和来龙去脉。

沙漏式结构与时间顺序结构的不同地方在于，时间顺序结构从主体开始就按照时间逻辑行文，而沙漏式结构则是在主体的中间部分才开始按时序写。在某些情况下，沙漏式结构可能会包含一个简短的结尾，用于总结新闻事件的意义、影响或未来展望。这个结尾部分虽然不是必需的，但它可以帮助读者更好地理解新闻事件的深层含义和长远影响。

4. 列举式结构

列举式结构是一种通过列举具体事例、观点、事实或数据来组织报道段落的结构方式。在这种结构中，报道行文不受事物发展和时间顺序的限制，记者将同一个主题下的若干点有序地组织起来，共同构成一个完整、清晰的报道体系。

列举式结构的特点在于其清晰性和条理性，时常用于会议报道。同时，列举式结构也便于读者根据自己的兴趣和需求，有选择地关注或跳过某些部分。

5.《华尔街日报》体

《华尔街日报》体，又称为钻石体、菱形体，指的是美国《华尔街日报》惯用的一种新闻写作手法。其行文特点是，往往以一个与报道主题相关的人物或者事件开头，一般使用延缓式导语，在主体的核心段落叙述报道主题，叙写完毕以后又回到开头的事例。[①]有时也用总结、悬念等

---

① 郭水香，蒋志高.浅析“华尔街日报体”的采写技巧［J］.新闻界，2003（4）：19-20.

方式结尾。

《华尔街日报》体在结构上一般由四部分组成：一是人性化的开头，延缓式导语；二是过渡，即从人物与新闻主题的交叉点切入，将真正的新闻内容推到读者眼前；三是支持性的材料，如引语、事实、背景等；四是回归人物，照应开头，进行展望。

（三）结尾的写作

消息的结尾作为整篇报道的收束部分，虽然遵循着“事实为王”的原则，即事件的自然终结点即为消息的结尾，但这并不减损其重要性。下面介绍几种常见的结尾方式。

1. 循环式结尾

《华尔街日报》体的结尾正是循环式结尾，目的是对导语中提到的人物或场景做进一步补充，达到首尾相连的效果。

2. 引语式结尾

引语式结尾是运用新闻中的当事人对某一事件的评价或做出的感叹做结尾，既总结全篇，又使新闻真实可信。[①]引语式结尾是消息最普遍的结尾方式，寻找一条能与报道主题和基调相符的引语当作结尾，能使读者进一步理解报道主旨。值得注意的是，用引语作为报道结尾时，一般把消息来源放在引语之前，避免让引语的“说”成为读者阅读的最后一句话。

3. 用未来行动结尾

许多消息使用未来行动作为结尾，是一种有效的方式，既能展现事件发展的连续性，又能激发读者对事件后续进展的兴趣。它可以采用陈述或引语的形式。这种结尾方式通常会在描述完当前事件或情况后，提

---

① 刘保全. 消息结尾的写法［J］. 新闻知识，2002（4）：31-33.

及即将发生的行动、计划或预期目标，为读者留下期待和想象的空间，常用于政策、科技进步、社会活动、经济动态类消息。

4.点睛式结尾

在结尾处来一个“画龙点睛”，使读者有“顿悟、猛醒”之感。点睛式结尾常常用抒情的笔调，或者借助人物的语言巧妙含蓄地点明主题，深化主题，帮助读者加深对新闻实质的认识和理解。这种结尾更适合故事性、情节曲折的报道，往往采用时间顺序结构，让读者把悬念带到结尾，将精彩部分延续到最后，成为深化整篇报道主题的点睛之笔。

5.用背景事实结尾

有些背景材料，在消息的前几个自然段中不便过多使用，便可安排在消息的结尾处，用来增加新闻的信息量，或让背景事实与主体事实形成对比，使报道内容更加完整、丰满。通过将背景事实置于结尾，使读者在了解了新闻事件的主要内容后，能够进一步思考其背后的深层次含义，增强对新闻事件的理解力和判断力。背景事实往往包含新闻事件的历史渊源、社会背景、政策环境等重要信息，这些信息对于评估新闻事件的重要性和影响力具有重要意义。

背景事实通常以叙述性的方式呈现，与新闻事件的主要事实相结合，能够形成完整的故事线索。

（四）背景的写作

1.前导式

前导式的背景是在新闻的开头，即重大新闻事实之前，开门见山地介绍背景材料，作为引导读者进入新闻主题的前奏。通过背景材料的铺垫，增强新闻事件的吸引力和重要性，使读者对新闻事件产生更浓厚的兴趣。由于位于开头，背景材料需要言简意赅，快速吸引读者注意力。

2. 辐散式

辐散式是指背景写作犹如“辐射”一般散落在报道的各处，有背景定语、背景句、背景段落，位置灵活，随处可见。作为定语的背景，是用来修饰和限定新闻事实或人物，起到一定的补充作用，为人物或新闻事实的出现打下基础。作为陈述句的背景，能够引起读者的注意。作为段落的背景，可以提供更多的内容，帮助受众理解新闻的内涵。

3. 时间式

时间式背景写作是一种遵循时间自然流逝的顺序来构建叙述框架的方法。它如同编织一条历史的长河，将事件的起始、发展、高潮及结局等各个阶段紧密相连，清晰地勾勒出事件的来龙去脉与前后关联。通过时间线索的牵引，背景信息不再是孤立的数据或片段，而是成为推动故事发展、增强叙述连贯性和感染力的有力支撑。

第二节　案例解析

案例一[①]

本报北京12月28日电（记者马姗姗、谢文、邢宇皓）记者从水利部获悉，最新数据表明：调水调沙实施21年来，黄河下游主河槽平均下切已达3.1米。也就是说，随着调水调沙持续实施，黄河“地上悬河”的历史正在被改写！

① 马姗姗，谢文，邢宇皓. 黄河“地上悬河”历史正在被改写［N］. 光明日报，2022-12-29（1）.

分析：

此篇消息的时效性较强。记者从水利部获悉黄河下游主河槽平均下切已达3.1米的信息，敏锐地意识到这一变化的重大价值，第一时间开展实地采访、深度访谈。消息的前半部分将黄河下游主河槽下切的“重心”放在开头，将最新、最关键、有变化的信息传达给受众，“重心前置”的特点格外突出。

案例二[①]

中国石化新闻网讯 记者徐徐 戴安妮 王福全报道：8月10日，中国石化宣布：在油气勘探开发领域实施的“深地工程”获得重大突破，塔里木盆地顺北803斜井测试获高产工业油气流，折算油气当量1017吨，成为顺北油气田超深层第15口千吨井。同日，中国石化命名顺北油气田为“深地工程”顺北油气田基地，成为我国第一个以“深地工程”命名的油气项目。顺北油气田基地被誉为“深地一号”，标志着这一全球埋藏最深的油气田成功勘探开发，对我国深地矿产资源的勘探具有较强的指导意义，将为保障国家能源安全贡献重要力量。

分析：

此篇消息以其显著的重要性和深刻的主题脱颖而出。消息全文紧扣事实，以冷静客观的笔触，深刻阐述了“深地工程”作为践行习近平总书记重要战略部署、捍卫国家能源安全的核心力量，凸显其重要性与历史意义。消息通篇运用平实的陈述句式，不事雕琢，却字字千钧，细

① 徐徐，戴安妮，王福全.“向地球深部进军”：我国油气领域“深地一号”项目横空出世［EB/OL］.（2022-08-11）［2024-08-11］. http://www.sinopecnews.com.cn/xnews/content/2022-08/11/content_7044805.html.

腻勾勒了我国“深地工程”领域取得里程碑式突破的全过程及其背后的技术细节，展现了科研人员攻坚克难、勇攀高峰的精神风貌。

此消息的独特之处在于，它摒弃了华丽辞藻与主观臆断，纯粹以事实为依据，构建了一座关于国家科技进步与能源安全战略的坚实桥梁。它不仅记录了“深地工程”的具体成就，更深刻地揭示了这一成就对于提升我国在全球能源领域战略科技实力的重大意义，标志着我国在探索地球深部资源、保障国家长远发展的道路上迈出了坚实的一步。

相较于特稿的深入剖析与深度报道的广阔视野，此消息以其精准高效、直击核心的特点，更加凸显了消息在传递重要信息、反映社会脉动时的直接性和有效性。

案例三

日本福岛核污染水排放引全球关注

环保组织呼吁加强监督，确保海洋生态安全不受威胁

分析：

记者虽不直接负责编辑消息的最终标题，但在撰写报道过程中为内容预先构想标题，实为一项重要策略。这一举动不仅助力记者精准捕捉报道的精髓与核心议题，还为整个写作过程提供了清晰的方向与框架。尤为值得一提的是，采用双行标题的形式，即主标题与副标题的巧妙结合，能够以一种更为鲜明且富有层次感的方式，凸显新闻事件的中心主题。

在本例中，双行标题被精心设计，旨在直接向读者传达全球对日本排放核污水这一重大事件的核心关切。主标题凝练而有力，直击要害；副标题则进一步拓展深度，提供背景或强调细节，两者相辅相成。

鉴于消息报道往往需要在有限的篇幅内传达丰富多元的信息，双行标题的优势更显突出。它能够在确保信息完整性的同时，更加精准地提炼并传达新闻的核心信息点，使读者即便是在快速浏览的情况下，也能迅速捕捉到报道的重点与精髓，从而提升信息的传达效率与读者的阅读体验。

案例四

苏正民：从凉山走出的“法界新星”，他的毕业论文致谢为何刷爆朋友圈？

分析：

这个标题巧妙地融合了多个元素，成功地吸引了读者的注意力并激发其好奇心。其一，“苏正民”作为标题的主语，直接点出了故事的主人公，让读者有了一个明确的关注焦点。其二，“法界新星”，这是一个高度概括且带有正面评价的身份标签，表明苏正民在法律领域取得了显著的成就或展现出了巨大的潜力。这样的标签能够迅速抓住读者的眼球，新颖的形式更能引发阅读的兴趣，且人们总是对成功的故事充满好奇。其三，“他的毕业论文致谢为何刷爆朋友圈？”，这是标题的核心部分，也是最能激发读者好奇心的点。这种悬念设置让读者想要立即了解背后的原因，从而促使他们进一步阅读文章或查看相关内容。

因此，此标题通过巧妙的人物介绍、身份标签、悬念设置以及潜在的情感共鸣和社会价值，成功地吸引了读者的注意力并激发了他们的好奇心，为后续消息的正文打下了良好的基础。

案例五

凉山彝族小伙：从大山到名校，他用代码编织希望之光

分析：

标题的开头明确指出了主人公的民族和地域背景——凉山彝族，一个具有独特文化和地理特征的群体。通过“从大山到名校”这一强烈对比，展现出主人公人生轨迹的巨大转变，充满了励志色彩，更能激发读者的阅读欲望。通过创新的写作形式，采用多种拟人化手法，“用代码编织希望之光”喻指主人公通过自己的努力，不仅改变了自己的命运，也为他人带来了希望和光明。这样的表述既富有画面感，又深刻传达了主人公积极向上的精神风貌。

案例六①

专家指出，下半年中国通货膨胀水平有望在合理区间内温和上升，稳健的货币政策将持续精准有力。

分析：

此导语强调的就是核心事件的何时、何事、何地等元素，语言客观且无其他赘述，属于直接式导语。报道的主体部分则补充了更多细节与内容。

---

① OUYANG S J. China to keep monetary policy stable [EB/OL]. (2022-08-11) [2024-08-12]. https://global.chinadaily.com.cn/a/202208/11/WS62f44058a310fd2b29e71815.html.

案例七[①]

本报讯（中青报·中青网记者 李超 杨宝光）有关史料显示，中国社会主义青年团第二次全国代表大会是毛泽东唯一一次全程参与的团的全国代表大会。当时，他参会的身份是中共中央代表。

前不久，中央级学术理论期刊《党的文献》（2022年第5期）刊发研究论文《俄藏毛泽东参加青年团二大相关史料考》。该文首次详细披露了俄罗斯国家社会政治历史档案馆藏《中国社会主义青年团第二次全国代表大会记录》中毛泽东参加青年团二大的一些情况。

论文指出，相关档案记录富有珍贵的文献价值，可以为深化早期毛泽东思想、青年团的历史等相关问题的研究提供新的史料支撑，值得进一步挖掘和分析。

论文从党的三大切入，介绍了青年团二大的召开背景。1923年8月，中国社会主义青年团（1925年改名为中国共产主义青年团——记者注）第二次全国代表大会在东南大学四牌楼校区召开，毛泽东以中共中央代表身份参与大会。

论文显示，青年团二大是毛泽东唯一一次全程参与的团的全国代表大会。毛泽东参与的主要活动有三项：一是8月21日在大会第一次会议上致祝辞；二是8月23日上午在大会第四次会议上作报告；三是8月25日晚在大会闭会式上发表演说。会上，毛泽东对青年团过去一年的工作进行了评价，还提出了希望和要求。此外，他对共产党和青年团的关系作了说明，即在政策上青年团必须“完全服从”党的指导，与党的主张

① 李超，杨宝光.《党的文献》刊发俄藏史料研究论文 首次详细披露毛泽东全程参加青年团二大［EB/OL］.（2022-12-29）［2024-08-12］. https://baijiahao.baidu.com/s?id=1753496820175510619&wfr=spider&for=pc.

一致。

论文指出，今年是中国共产主义青年团成立100周年，做好相关史料收集、整理、考证工作，很有意义。另外，这次大会对于当时统一全团思想、贯彻党的三大的方针，具有重要价值，其实践成果在团史、青运史上留下了浓墨重彩的一笔。

据了解，这篇发表在《党的文献》的论文由中共南京市委党史办、东南大学团委联合课题组完成。2021年3月，东南大学多方协调从俄罗斯国家社会政治历史档案馆获取了67页的大会记录扫描复制件。《党的文献》由中共中央党史和文献研究院与中央档案馆主管主办，是经中共中央批准的公布中国共产党、中华人民共和国及其领导人重要文献的期刊。

分析：

可以看到，此篇报道的主体部分联系到青年团的召开背景及相关资料的获取，首次披露了毛泽东全程参加青年团二大的情节与细节，用史料反映共青团组织的初心使命，填补相关历史研究的空白，报道产生了良好的社会影响。由此可见，消息主体的展开在很大程度上需要借助背景资料，尤其是回顾历史、完善史料等事件，背景资料可以增强真实性、传递更多信息、揭示事实逻辑等，使读者打开眼界、丰富知识。

消息中背景的选择应与消息本身密切相关。第一，选择能够解释专有名词、术语的背景。消息中难免会涉及很多专有名词，若不加以背景解释就会影响读者的阅读体验。第二，选择能说明问题的背景。在消息写作中，如果仅有的事实无法将问题说清楚，同时又受到篇幅的限制，就应该选择能说明问题的背景。第三，选择具有新闻价值的背景。消息的篇幅不宜过长，因此，选择具有新闻价值的背景不仅能充实信息，更能使报道更为简洁。第四，选择多样性的背景。

案例八[①]

8月1日，在巴黎奥运会女子20公里竞走决赛中，世界纪录保持者、中国选手杨家玉一骑绝尘，以1小时25分54秒的成绩夺得金牌，这也是中国田径历史上第12枚奥运金牌。

分析：

此导语简明扼要地表述了在巴黎奥运会中，我国选手杨家玉获得金牌的事实。导语部分的语言客观简练，除陈述句表明核心事实外无其他修辞手法。导语开门见山，直截了当，把事实内容全盘托出，通常适合事件类新闻的报道。但需要注意的是，此类导语容易写成程式化的语言，风格平淡、缺乏新意，不易引起读者的阅读兴趣。

案例九[②]

本报北京7月9日电（记者王召杰）7月以来，我国主雨带逐渐从长江中下游地区转移到四川东部、黄淮一带，山东、河南、江苏、陕西、四川、安徽、湖北等多地出现强降雨。中国国家铁路集团有限公司坚决贯彻习近平总书记对防汛抗旱工作和对湖南岳阳市华容县团洲垸洞庭湖一线堤防发生决口作出的重要指示精神，强化风险意识、底线思维，压实责任、加强统筹，积极开展防汛救灾抢险工作，确保防汛安全，切实

① 杨登峰.一骑绝尘！杨家玉拿下女子20公里竞走金牌［N］.工人日报，2024-08-02（1）.

② 王召杰.全力抓好铁路防洪防汛 切实保护好人民群众生命财产安全［N］.人民铁道报，2024-07-10（1）.

保护好人民群众生命财产安全。

分析：

此导语直接交代时间、地点、事件及相关影响和政策，行文简短，客观性极强，是直接式导语的典型范例。

案例十[①]

本报讯　记者魏兵、李建文报道：初夏的阳光洒进模拟训练中心，中部战区空军航空兵某旅飞行大队长方国语再次遭遇被“击落”的尴尬。

分析：

此导语通过描述模拟训练中心大队长被“击落”的事实，再现新闻发生的场景，优美的语言和有趣的现场极大地调动起读者的好奇心。由此可见，此导语是典型的延缓式导语。它并非直接陈述主要事实，而是通过事实中的细节与有趣的情节，作为消息的导入。

案例十一

夜幕低垂，华灯初上，城市的夜空被五彩斑斓的灯光所点缀，仿佛置身于一个梦幻的童话世界。高楼大厦的窗户透出柔和的光芒，与街道两旁精心布置的霓虹灯交相辉映，构成了一幅幅动人心魄的画面。然而，在这绚烂的灯光背后，却隐藏着居民们不为人知的烦恼与不满。

① 魏兵，李建文．“AI蓝军”成为空战“磨刀石”［N］.解放军报，2021-06-12（1）.

分析：

这则描述式导语失败的案例主要问题在于缺乏新闻核心要素、与新闻主题脱节、缺乏引导性以及语言过于华丽。首先，导语并未直接点明新闻的核心事件或问题，即“灯光秀引发居民不满”。读者在初读导语时，可能会被美丽的夜景所吸引，但难以迅速捕捉到新闻的关键信息。其次，导语中的描述过于侧重于城市夜景的美丽，而忽略了居民对灯光秀的不满情绪，这导致导语与新闻主题之间产生了脱节。读者在期待了解灯光秀为何引发居民不满时，未能从导语中获得任何线索。

案例十二[①]

光明日报苏州12月25日电（记者苏雁）当阳光照在湿漉漉的青石板路上，葑门横街大大小小的店铺开始热闹起来。“老板娘，来一碗泡泡小馄饨！”5块钱、3分钟，热气腾腾的馄饨上了桌。汤水清亮，肉馅透过薄薄的皮子若隐若现，煞是诱人。馅料和骨汤，是店家一大早准备的，原料就来自隔壁的猪肉摊。鲜！一碗馄饨下肚，热汤逼出了微微的汗，也赶跑了冬日的寒气。在疫情紧绷神经的日子里，无数像“千里香馄饨店”这样的小铺，维系着城市的烟火气、充溢着邻里的人情味。

分析：

这个导语成功地运用了橱窗式导语的写作手法，通过生动描绘苏州葑门横街一家馄饨店的日常场景，巧妙地展现了新冠疫情背景下城市生活的温情与活力。导语选取的“泡泡小馄饨”这一典型场景，不仅具有

① 苏雁.精心呵护每一个“城市微细胞”苏州姑苏区全力帮扶民生小店［EB/OL］.（2021-12-26）［2024-08-14］. https://m.gmw.cn/baijia/2021-12/26/35406545.html.

地方特色，也反映了新冠疫情期间人们日常生活中不可或缺的小情趣。这种小而美的场景，能够迅速拉近读者与新闻内容的距离。

写作此类导语，选取的“样品”既要有典型性，更要有人情味，可以通过描写细节用事实说话，更具真实性。

案例十三[①]

本报讯（记者 梁现瑞 王眉灵 王代强）“车来了！”6月30日上午10时许，冒着雨，驾驶员杨保安开着乡村客运小巴，沿着崭新的通村公路，驶入布拖县乌依乡阿布洛哈村，喇叭声引来招呼站内的村民阵阵欢呼。

分析：

此导语简洁明了，富有画面感和情感色彩，有效地吸引了读者的注意力。“6月30日上午10时许”这一明确的时间点，让读者感受到新闻的时效性和现场的紧张与期待。同时，“冒着雨”这一环境描述，增加了场景的细节描写，让读者仿佛置身于那个雨中的瞬间。

案例十四[②]

本报海口10月27日讯（记者尤梦瑜 况昌勋 金昌波）干部被诬告怎么办？海南的做法是：为实干者上门撑腰、向诬告者坚决亮剑！10月17

① 梁现瑞，王眉灵，王代强.我国最后一个不通公路的建制村车路双通 滴滴！阿布洛哈村来车了［EB/OL］.（2021-09-23）［2024-08-15］. https://www.sohu.com/a/491568690_438885.

② 尤梦瑜，况昌勋，金昌波.海南公开为一名正厅长级干部澄清正名［EB/OL］.（2023-10-27）［2024-08-16］. http://www.zgjx.cn/2023-10/27/c_1212294407_2.htm.

日至27日，海南省纪委监委先后通过召开澄清正名会、媒体公开通报等形式，为某市委书记盖某某澄清了不实举报。如此大张旗鼓为正厅长级干部澄清正名在海南尚属首次。

分析：

此导语以“干部被诬告怎么办？”这一具有普遍性和敏感性的问题作为开头，直接触及了社会热点和公众关切，成功吸引了读者的注意力。

撰写引人入胜的提问式导语的核心，在于巧妙构思问题，这些问题不仅要精准对接事实的主题，还需揭示事实的核心思想。同时，必须深入洞察读者的兴趣与偏好，提出那些能够触动他们好奇心、引发共鸣的疑问，以此作为引导，让读者自然而然地跟随导语步入报道深处。

案例十五[①]

本报上海4月11日电 （记者刘士安、谢卫群）“疫情期间，还可以增加更多的不见面服务吗？”市民在网上提出意见没几天，上海“一网通办”就作出了回应：3月9日上线13个“零跑动”“零材料”提交事项，包括新版社保卡申请及开通、个人住房公积金查询等与群众生活紧密相关的服务事宜，为市民居家抗疫和办公提供了更多的便利。

分析：

此导语设计巧妙，结构紧凑，内容丰富，既关注了社会热点，又展现了政府部门的积极作为和科技在民生服务中的应用，“‘疫情期间，还

① 刘士安，谢卫群.推出“好差评”，所有实名差评均已回访整改 上海“一网通办”迈向“一网好办”[EB/OL].(2021-10-29)[2024-08-16]. http://www.zgjx.cn/2021-10/29/c_1310277685_2.htm.

可以增加更多的不见面服务吗？’市民在网上提出意见没几天……”这样的开头以市民的实际需求和疑问为切入点，有效激发了读者的兴趣和关注，让人想要了解后续的发展情况。

案例十六

古老的庙会上，商贩们叫卖着手工制作的糖画、泥人，传统民俗活动吸引着众多游客驻足；而一旁的科技展览区，虚拟现实、人工智能等前沿科技产品让人目不暇接。这不仅仅是传统与现代的简单并置，更是文化传承与科技创新的深度融合。

分析：

此导语从对比入手，逐步深入，先展现现象：传统与现代并存，再揭示文化传承与科技创新融合的本质，最后点明两者的深度融合。逻辑清晰，结构紧凑，让读者能够迅速抓住新闻的核心内容。

案例十七①

本报北京5月20日电（记者刘志强）国家统计局近日发布数据：一季度，全国规模以上工业企业实现利润总额15055.3亿元，同比增长4.3%。分季度看，规上工业企业利润连续3个季度增长，延续恢复态势。

分析：

导语中提到的“全国规模以上工业企业实现利润总额15055.3亿元”

① 刘志强．一季度规上工业企业实现利润1.5万多亿元［N］．人民日报，2024-05-21（1）．

是一个庞大的数字，显示了我国工业企业的整体规模和赢利能力。这个数字的公布，为市场提供了关于工业经济健康状况的直接证据。“分季度看，规上工业企业利润连续3个季度增长”这一描述，进一步指出连续三个季度的增长，说明了工业经济的恢复并非偶然或短暂现象，而是具有持续性和稳定性。导语在评论中总结“延续恢复态势”，是对当前经济形势的概括，更暗示了未来政策和市场环境的变化趋势，为相关利益方提供了重要的参考信息。

案例十八[①]

光明日报长沙10月12日电（记者禹爱华、龙军）12日，由我国企业自主研制的直径8.61米盾构机主轴承在湖南长沙下线，这是迄今为止全球直径最大、单体最重、承载最高的整体式盾构机主轴承。它的成功研制，标志着国产超大直径主轴承研制取得重大突破，实现了国产盾构机主轴承从中小直径到超大直径型谱的全覆盖。

这套主轴承由中国铁建重工集团自主研制，可用于驱动18米超大直径盾构机，产品重达62吨，能够承受超万吨级载荷；在直径8米多的滚道平面内，平面度小于20微米，制造难度不亚于在米粒上雕花。

中国铁建重工集团首席科学家刘飞香介绍，为攻破盾构机全产业链全面自主化的薄弱环节，铁建重工联合上下游企业、高等院校展开协同攻关，在铁建重工长沙第二产业园建成了国内最大、国际领先的盾构机主轴承生产线，已成功研制出3米至7.6米全系列主轴承；打造了全球最大的主轴承工况模拟试验台，解决了大型低速重载主轴承难以试验验证

① 禹爱华，龙军.国产超大直径盾构机主轴承研制获突破［EB/OL］.（2023-10-13）［2024-08-17］. https://baijiahao.baidu.com/s?id=1779587294855937042&wfr=spider&for=pc.

的世界性难题。

据了解，盾构机主轴承被列入制约我国工业发展的35项“卡脖子”关键技术，是盾构机全产业链自主化的最后一环。随着8.61米国产超大直径盾构机主轴承顺利下线，我国企业彻底攻克并自主掌握了盾构机主轴承全系列产品从设计、材料到制造、试验全过程关键核心技术，使国产盾构机有了“中国心”。

分析：

报道开头“12日，由我国企业自主研制的直径8.61米盾构机主轴承在湖南长沙下线，这是迄今为止全球直径最大、单体最重、承载最高的整体式盾构机主轴承”，直接点明了时间、地点、事件及其重要性，迅速吸引了读者的注意力，符合倒金字塔结构的第一层次要求，将核心事实的关键元素放在开头。

随后，报道详细描述了主轴承的技术参数以及研制难度，这些具体信息丰富了报道内容，但仍紧密围绕核心事件展开，并作为核心事实的补充部分充实了消息的内容。消息的后半部分围绕中国铁建重工集团首席科学家刘飞香的介绍展开，在增加消息的权威性的同时，降低了消息的理解难度。消息的结尾部分通过强调盾构机主轴承技术突破的重要性、意义以及对我国工业发展的深远影响，展现了我国在高端装备制造领域取得的重大成就和坚定信心。通过精炼而有力的语言，成功地概括了新闻的核心内容，同时，也展示了我国在高端装备制造领域的实力和信心，为读者留下了深刻的印象。

由此可见，这篇报道严格按照倒金字塔结构进行组织，从最重要的信息开始，逐步展开细节和事实背景，逻辑清晰，层次分明，有效地传递了新闻的核心价值。

案例十九①

本报雄安12月27日电（记者李蓉）12月27日10时38分，时速350公里复兴号高速动车组从北京西站开出，奔向“未来之城”雄安新区。几乎同时，雄安站也向北京开出首发列车。这标志着京雄城际铁路全线开通，京津冀协同发展再添新动能。

……

11时09分，列车抵达大兴机场站。在这里，列车穿过一条长11公里的地下隧道。为最大限度减少震动，建设者们在航站楼下方安装了1232个减震垫。

……

“雄安站到了！”11时28分，列车抵达终点。尽管已为雄安站拍摄了10万多张照片，摄影师任双欢此时仍难掩兴奋，边抓拍边说：“从高空俯瞰，毗邻白洋淀的雄安站形似荷叶上的一滴露珠，美极了！”据了解，雄安站巨大的椭圆形屋顶，本身就是光伏电站，每年能为这座亚洲最大的高铁站提供30%的绿色能源。

分析：

此篇消息的整体结构正是按照事件的发展顺序进行排布，首先是高铁的出发时刻：12月27日10时38分。接着途中经过时刻：11时09分，列车抵达大兴机场站，并穿过了一条长11公里的地下隧道。列车在11时28分到达终点站——雄安站。通过这一时间线的梳理，我们可以看到京雄城际铁路的开通大幅度缩短了两地间的路程时间，通过重要时间段的

---

① 李蓉.复兴号奔向“未来之城”[EB/OL].(2020-12-29)[2024-08-17]. http://m.tielu.cn/47/233353.html.

表述表明，这不仅是一项重大的交通基础设施建设项目，更是京津冀协同发展战略中的重要一环。它不仅改善了区域交通条件，还通过绿色环保和创新技术的应用，为区域可持续发展贡献了力量。

案例二十[①]

解放军报南京8月4日电 记者刘建伟、钱晓虎报道：地面战炮轰鸣，空中硝烟弥漫，海上水柱冲天。中国人民解放军东部战区今天组织兵力在台岛周边海空域开展规模空前的实战化联合演训，对预定海域实施远程火箭炮和新型导弹精确火力打击，展示了我军高昂的战斗意志和过硬的作战能力，表明我军完全有决心有办法有能力维护祖国统一、捍卫国家主权和领土完整。

记者在演训现场目睹了信息化条件下多军种联合作战、体系作战的壮阔场景：下午1时许，东部战区陆军多台新型远程箱式火箭炮在台湾海峡实施远程火力实弹射击训练，对台湾海峡东部特定区域进行精确打击。只见多枚火箭弹喷射着尾焰呼啸出膛，在空中形成密集火力网，直扑远海目标。无人机实时回传的打击画面显示：精确命中海上目标区域，打击取得预期效果。

随后，东部战区火箭军部队，对台岛东部外海预定海域，实施多区域、多型号常导火力突击。接到发射命令后，指挥员沉着冷静下达口令，号手迅速展开操作，装定诸元参数，起竖导弹。随着一声令下，导弹依次腾空而起，直刺苍穹，全部精准命中目标区域，检验了精确打击和区域拒止能力。

---

① 刘建伟，钱晓虎.我军在台岛周边海空域成功举行实战化联合演训［EB/OL］.（2020-08-05）［2024-08-17］. https://baijiahao.baidu.com/s?id=1740287627646927084&wfr=spider&for=pc.

今天的实战化联合演训，东部战区空军、海军航空兵闻令而动，连续出动歼击机、轰炸机、预警机、加油机等多类多型战机100余架次，在预定海空域开展跨昼夜联合侦察、空中加油、制空作战、对地突击、支援掩护等实战化演训，锤炼部队大机群连续出动、多兵力控制协调、长时间持续制空、高强度精确打击等作战能力；东部战区海军10余艘驱护舰艇连续在台岛周边海域实施联合封控行动，对火力试射区域进行扫海警戒，配合友邻兵力进行侦察引导，全程保持高度戒备，多次进行对海打击、防空反导、联合反潜等实战化训练，随时准备应对可能的突发情况。演训中，多军种、多区域联合行动，检验了体系支撑下战区部队联合感知、联合指控、联合杀伤、联合保障等实战化能力，展现了国防和军队改革的最新成果。

此次演训中，陆军“渡江英雄炮”所在旅、空军“王海大队”“杜凤瑞大队”、海军“海上先锋艇”所在支队等英雄部队精锐尽出，展示了敢打必胜、压倒一切敌人的英雄气概和革命精神。广大官兵纷纷表示，我们有坚强的决心、坚定的意志、强大的能力，粉碎一切分裂图谋。

分析：

此篇消息按照沙漏式结构详细地展现了中国人民解放军东部战区在台岛周边海空域开展实战化联合演训的全过程。报道一开始即明确指出核心事实部分，并概括性地强调了演训的目的和意义。

在报道主体的中间部分则具体描述了记者在下午1时许观察到的现场情景，东部战区陆军新型远程箱式火箭炮在台湾海峡实施远程火力实弹射击训练。随后按照时间顺序，报道介绍了东部战区空军、海军航空兵以及海军舰艇联合行动的过程。可以看出整篇报道的开头部分涵盖了核心事实的主要内容，主体的后半部分按照事件发展和时间顺序的前后逻辑，有条不紊地展现了演训的全过程，具有鲜明的沙漏式结构特点。

需注意的是，沙漏式结构要求文章在整体上保持协调一致。在撰写时，要注意各部分内容之间的时间联系和逻辑关系，确保整篇文章紧凑有力、条理清晰。只有掌握了写作的注意事项，才能创作出优秀的沙漏式结构消息。

案例二十一[①]

本报北京3月9日电（记者陈晓燕 王维砚 郝赫）“超时加班与体面劳动、舒心工作、全面发展不相符，与国家提倡的提升人民生活品质也脱节。希望‘两高’像重视治理欠薪一样，重视解决超时加班问题。”今天上午，在全国政协总工会界别讨论“两高”工作报告的小组会议上，全国政协委员、全国总工会研究室主任吕国泉的这番呼吁引发现场热议。

吕国泉委员指出，目前，加班现象在某些行业甚至普遍制度化和严重超时化，涉及人群广泛，对劳动者身心健康不利，应当引起足够关注。

多位委员也纷纷“声讨”超时加班现象。

“不同意长期加班加点。”全国政协常委、香港工会联合会荣誉会长林淑仪说。她认为，长期加班加点，严重挤占劳动者休息时间，使职工身体处于疲惫状态，工作效率下降，也容易发生意外安全事故。

……

“我们并不是反对加班，工作中难免会出现一些紧急的、突发性任

① 陈晓燕，王维砚，郝赫.「今日关注」遏制“超时加班”，保护劳动者身心健康［EB/OL］.（2021-03-10）［2024-08-18］. https://baijiahao.baidu.com/s?id=1693805956752363267&wfr=spider&for=pc.

务，比如去年疫情防控期间，大家为了防疫物资的生产加班加点，毫无怨言。但是这只是偶发现象，决不能形成常态。”王美华委员说。

林淑仪委员也持类似观点。她同时指出，即使加班，也需要明确时限，加班总时长不能超过一定时间，另外，加班必须得到劳动者本人同意且给足加班费。

……

“8小时工作制来之不易。如今社会进步了，应该对劳动者施以更加人性化的关爱，但现在社会上对工作和休息时间没有合理分配的现象反而越来越多。作为工会界委员，我们要积极呼吁，倡导社会形成合理分配工作和休息时间的氛围。”林淑仪委员感慨道。

“高质量发展是一场耐力赛。劳动者的身心健康不仅是这场比赛的推动力，也应是衡量高质量发展的重要指标之一。秉持以人为本的原则，关注和维护劳动者的身心健康，才是创造价值和利润的正确路径。”吕国泉委员的话得到多位委员赞同。

分析：

这篇报道以匠心独运的列举式结构，不仅深度挖掘了全国政协总工会界别对于超时加班这一社会热点问题的深切关注与热烈讨论，还通过细致入微的笔触，生动展现了多位关键委员，如吕国泉、王美华、林淑仪等在这一议题上的独到见解与坚定立场。这种结构安排，使得报道内容既条理清晰，又层次丰富，为读者提供了一幅全面而深刻的加班问题讨论图景。通过独特的列举式结构、丰富的案例素材和深刻的见解分析，成功地将全国政协总工会界别对超时加班问题的关注与讨论呈现在公众面前，不仅引发了广泛的社会共鸣与讨论，也为推动相关政策的制定与实施提供了有力的舆论支持。

案例二十二[1]

作为巡线员，青岛西海岸新区51岁的郭胜燕经常在齐长城遗址金猪坑段来回查勘。12月29日，她花2个多小时走了一个来回。刚查勘归来的她说："守好护好老祖宗留下的宝贝，干这个，光荣！"

分析：

此篇消息是关于青岛西海岸新区51岁的巡线员郭胜燕的工作与感受的描述，结尾是通过"她说"传递信息和深化情感的。通过直接引语，更能使读者清晰地感受到郭胜燕作为巡线员的责任感和敬业精神。它不仅总结了消息的主要内容，还通过生动的人物语言和情感表达，增强了消息的可读性和吸引力。

案例二十三[2]

后续，航天员乘组将按计划开展相关工作，完成为期3个月的在轨驻留，开展机械臂操作、出舱活动等工作，验证航天员长期在轨驻留、再生生保等一系列关键技术。

分析：

通过描述未来的行动计划或预期目标，消息的结尾与前文内容形成

① 刘英，李艳.为护齐长城，国道拓宽多花4个亿［N］.大众日报，2022-12-31（2）.

② 余建斌，吴月辉，刘诗瑶.中国人首次进入自己的空间站［N］.人民日报，2021-06-18（1）.

了逻辑上的连贯，使读者能够更全面地理解事件的来龙去脉及其后续发展。这种连贯性和完整性有助于提升消息的整体质量。当消息以未来行动作为结尾时，读者会自然而然地想要了解这些行动将如何展开、会取得怎样的成果等，从而增加了对后续报道的关注和期待。

案例二十四①

2019年起，四川省文物考古研究院旧石器研究室主任郑喆轩组织相关团队在川西高原开展旧石器时代考古专项调查工作，发现了稻城县皮洛遗址，并联合北京大学考古文博学院于2021年4月对遗址进行正式发掘。

发掘调查工作表明，皮洛遗址是一处时空位置特殊、规模宏大、地层保存完好、文化序列清楚、遗物遗迹丰富、技术特色鲜明、多种文化因素叠加的罕见的大型旧石器时代旷野遗址。

遗址连续的地层堆积、完好的埋藏条件和清楚的石器技术演变序列，展现了早期人类征服高海拔极端环境的能力、方式和历史进程，为研究人类扩散、适应高海拔环境提供了重要信息。

分析：

此篇消息的背景式结尾通过详尽的考古发现及其学术价值分析，为整个报道提供了丰富的背景信息和深远的意义探讨。结尾部分详细阐述了皮洛遗址的多个关键特征，如时空位置的特殊性、遗址的宏大规模、

① 张药滟.四川稻城县出重大考古新发现！竟是这些石制手斧？［EB/OL］.（2021-09-27）［2024-08-19］. https://baijiahao.baidu.com/s?id=1712058793925871598&wfr=spider&for=pc.

地层的完好保存、文化序列的清晰性、遗物遗迹的丰富性、技术特色的鲜明性，以及多种文化因素的叠加等。结尾通过强调皮洛遗址“连续的地层堆积、完好的埋藏条件和清楚的石器技术演变序列”，突出了该遗址在学术研究上的重要意义。背景式结尾不仅提供了大量的考古信息，还通过这些信息激发了读者对古代文明、人类历史以及自然环境与人类互动关系的兴趣和思考。

案例二十五①

本报青岛12月30日讯 到今天，在G204拓宽改造工程黄山齐长城隧道的工地上，项目负责人岳超驻扎了整两年。这个被他称作“史上最慢工程”的上方，沉睡着有约2600年历史的“长城之父”——齐长城。为了不“扰”它，不到1.5公里长的隧道，投资多花了4个亿，工期拉长一倍至两年半，“隧道全线贯通还要5个月，慢归慢，但值得”。

分析：

前导式背景导语以其独特的视角、丰富的内涵和深刻的哲理，成功地吸引了读者的注意力，并为后续报道奠定了坚实的基础。文中提到的“沉睡着有约2600年历史的‘长城之父’——齐长城”，巧妙地将历史遗迹与现代工程联系在一起，展现了人类活动与自然文化遗产之间的微妙关系。这种历史与现实的交融，不仅丰富了故事的内容，也提升了其文化价值和社会意义。

① 刘英，李艳.为护齐长城，国道拓宽多花4个亿［N］.大众日报，2022-12-31(2).

案例二十六[①]

布尔纳比奇表示，塞尔维亚航空开通同中国的直航充分体现了塞尔维亚坚定开展对华合作的决心。过去十年，塞尔维亚对华出口额增长了152倍，塞航直航的开通将进一步便利双方人员往来，促进两国经贸合作，吸引更多对塞投资，带动旅游产业复苏，密切两国人文交流。

分析：

背景信息散落在段落各处，对于阐述塞尔维亚总理布尔纳比奇在首航仪式上的表态及其后续影响起到了至关重要的作用。通过提及“塞尔维亚坚定开展对华合作的决心”，为总理的表态提供了坚实的支撑。“过去十年，塞尔维亚对华出口额增长了152倍”这一数据，直观地展示了塞尔维亚与中国合作所取得的显著成果。这一背景不仅说明了双方合作的基础深厚且成果丰硕，还为直航开通后可能带来的更广泛合作提供了有力的历史证据和预期。

背景信息进一步阐述了直航开通后可能带来的多方面积极影响，包括“便利双方人员往来，促进两国经贸合作，吸引更多对塞投资，带动旅游产业复苏，密切两国人文交流”。通过提供具体的合作成果数据和预测未来合作前景，背景信息使得总理的表态更加具有说服力和可信度。

以下是《陕西日报》在2022年11月20日的报道中，作为段落式出现的背景：

① 石中玉.塞尔维亚总理：贝尔格莱德至天津直航加强塞中经济联系［EB/OL］.（2022-12-10）［2024-08-16］. https://cj.sina.com.cn/articles/view/2810373291/a782e4ab02002gcka.

太阳能电池转换效率与度电成本紧密相关。自2021年6月至今，隆基绿能科技股份有限公司高效晶硅异质结电池研发团队不断创造硅异质结电池转换效率纪录，从25.26%提升到26.81%，实现了1年四个多月的时间里绝对值增加1.55%的快速跃升。

案例二十七[①]

新华社北京11月23日电（记者侯雪静）23日，贵州省宣布剩余的9个贫困县退出贫困县序列。至此，我国832个贫困县全部脱贫。

……

2017年2月26日，江西省井冈山市宣布在全国率先脱贫摘帽。截至2016年年底，井冈山市贫困发生率降至1.6%，是我国贫困退出机制建立后首个脱贫摘帽的贫困县。

分析：

“江西省井冈山市宣布在全国率先脱贫摘帽”呼应开头贵州省宣布剩余贫困县脱贫，这一时间背景充分展示了我国脱贫攻坚战的伟大历程和辉煌成就。它不仅是我国经济社会发展史上的重要里程碑，也是全人类反贫困斗争史上的光辉篇章。

通过将背景信息置于时间轴上，可以清晰地展示事物发展的历史轨迹。这种历史感的营造有助于读者更好地理解当前状况的形成原因和背景，增强对事件或现象的认知深度。

---

① 侯雪静.我国所有贫困县全部脱贫［EB/OL］.（2020-11-24）［2024-08-20］. https://baijiahao.baidu.com/s?id=1684159646855684826&wfr=spider&for=pc.

小　结

本章将消息的标题、导语、主体、结尾、背景各部分都配以案例以及案例分析，以期能为消息写作贡献当前的案例材料，供初学者参考。

课后讨论题

1. 请分析一篇优秀消息报道的结构（包括标题、导语、主体、背景和结尾等部分，并说明各部分在传递信息中的作用）。

2. 消息写作有哪些特点？消息语言强调简明扼要、讲求时效、重心前置等，请结合具体案例，分析这些特点是如何在消息写作中体现的。

3. 选取一篇新闻报道的导语，分析其如何迅速吸引读者注意力，并概括新闻的核心内容。请指出导语中使用的写作特点、修辞手法或句式结构，并说明它们的作用。

第八章　通讯写作

第一节　要点概述

通讯是一种详细而深入报道新闻事实的新闻体裁。任《泰晤士报》主编长达36年之久的约翰·德莱恩（John T. Delane）认为："新闻记者的职责与史家相同，就是不顾一切地寻找事实真相，所以他所贡献给读者的……只是……事实真相。"①

关于新闻，最大的特点即事实与真实，事实第一性、新闻第二性、真实是新闻的生命，这是每一个新闻写作者必须奉行的不二法则。通讯属于新闻体裁的一种，它要用事实说话，保证报道的真实，也要运用叙述、描写、抒情、议论等多种手段去详细、生动地呈现新闻事实。

一、通讯写作的语言特点

不同文体都有各自的语言特色，在进行通讯写作之前，必须先知道通讯写作的语言特点，即确切、通俗、鲜活。

---

① 王润泽.技术进步与新闻真实的理论延续［J］.新闻论坛，2024，38（3）：1.

（一）确切

确切的含义包括确凿无误、恰如其分，即叙事时不虚假、不夸张，写人时不滥用褒贬之词，状物时对物的“质”（属性、特征）判断没有偏差，读者读来一目了然。因为通讯是新闻体裁，新闻的真实性要求通讯在写作时不能言过其实，作为再现事实的新闻报道，需要坚持语言风格上的实事求是。因此，在写作时，通讯的遣词造句都要秉持着客观、冷静，讲究分寸，明辨词语的感情色彩；抛弃不切实际的大话、华而不实的形容词等修饰词，避免表达不准确、含糊其词；要使用精确的数字材料来说明成绩或者问题。

（二）通俗

通讯是用浅显易懂的文字向社会大众传播事实，用通俗的语言和群众喜闻乐见的报道形式去呈现新闻事实。

（三）鲜活

通讯要呈现的新闻事实应该反映鲜明的时代特点。一方面，通讯作者需要紧跟时代步伐，深入了解当前社会的实际情况，确保新闻通讯的语言体现时代特色，保持其生动性和鲜活性；另一方面，通讯报道的典型人物形象要鲜明生动。

二、通讯写作的结构

正如消息写作具有一定的形式结构，通讯写作也具有一定的形式结构。形式结构即特定类型的新闻作品，其外在形态均遵循着一定的结构规范，展现出一种标准化的结构模式。[①]通讯的形式结构包含标题、署名、正文开头、中心、结尾五大部分，有些通讯可以没有结尾。

通讯通常只有一个标题，可以用破折号引出一个副标题，而这个副标题主要用来交代报道对象和新闻的来源。拟写通讯标题常见的方法有六种：直述新闻事实、提出问题引人思考、设置悬念、比喻双关、引用口语以及相反相成法。

通讯写作的正文开头有开端进入情节、起笔刻画人物、场景描写在先、先作抒情议论、落笔先用比兴和引经据典开篇等六种方法。[②]

通讯的中心就是材料的安排布局。安排布局的类型有纵式和横式。纵式分为按时间推进、由浅入深两种；横式分为空间并列、人物并列以及事物侧面并列三种。[③]

通讯的结尾有六种，分别是自然收尾、卒章显志、补上一笔、呼应前文、引述人言以及揭开悬念。[④]

在叙事结构上，有典型的《华尔街日报》体与板块组合（也就是并列结构）。

三、通讯写作的分类

本节将通讯总结为以下三种分类。

一是按通讯对象，可分为人物通讯、事件通讯、工作通讯、风貌

---

① 赵兴容.浅论新闻结构［J］.黑河学刊，2022（1）：26-30.

② 张浩.新编通讯写作技巧与获奖通讯赏析［M］.北京：北京工业大学出版社，2013：32-33.

③ 张浩.新编一本书学会新闻采访与写作［M］.北京：中国文史出版社，2019：167-172.

④ 张浩.新编通讯写作技巧与获奖通讯赏析［M］.北京：北京工业大学出版社，2013：32-33.

通讯。[①]

二是按记者采写方式的不同，可分为叙事记述型、调查分析型、谈话实录型三类。[②]

三是按形式（文体、体裁），可分为记事通讯、纪实通讯、侧记、特写、速写、素描、新闻专访、散记、漫记、杂记、随记、游记、纪行、掠影、剪影、巡礼、见闻、集纳、花絮、一瞥、拾零、拾趣、拾萃、小故事（小通讯）、采访札记（记者手记）、记者来信（读者来信）、幽默通讯等。[③]

本书侧重于上述第一种分类法，将详细介绍人物通讯、事件通讯、工作通讯、风貌通讯。

（一）人物通讯

人物通讯即写典型新闻人物的通讯，所写人物必须是对社会公众有教育意义的，即使是负面人物，通讯也要通过深入剖析其经历与言行，启迪受众对社会问题有更深入的理解。

（二）事件通讯

事件通讯是记述新近发生的受到人们普遍关注的新闻事件，以叙事为主，写人为辅。其篇幅可长可短，长篇通讯可以达到上万字，短篇通讯只有两三百字。基本要求是叙事要有明确的目的性，一般要有一个中心事件，其他人物或事件都围绕这一中心事件展开。写作时要写出某

---

① 王卫明，倪洪江.通讯员新闻采写一本通［M］. 2版.北京：人民日报出版社，2018：151-176.

② 丁柏铨.新闻采访与写作［M］.修订版.北京：高等教育出版社，2009：297-302.

③ 崔艺缤.新闻通讯的分类及其写作技巧［J］.采写编，2015（6）：19-21.

事件发生的缘由、开端、发展、高潮和结果，介绍清楚整个事件的来龙去脉。

（三）工作通讯

工作通讯具有鲜明的政治性、政策导向性和指导价值，也称为政策性通讯，但是它又和政策类文件不同，因为不具备指令性，只是给予读者思想上的启发。①它是一种展示工作亮点、彰显工作成就、归纳工作经验与教训、深入探讨工作相关问题的通讯报道形式。其核心价值在于通过具体而典型的事例反映党政机关方针政策的执行情况，以及实际工作中已解决与待解决的各种问题，同时对新出现的问题进行深入的探讨与研究。

写作工作通讯时一是要注意不能只说好话，因为看待事物需要用批判的、发展的眼光辩证地去看。二是工作通讯不等于工作总结，写作时要避免主观上的议论与总结，应该精选具体、典型、有说服力的事例进行分析，借助事例说清楚问题和经验。

（四）风貌通讯

风貌通讯又叫旅游通讯、考察通讯、综合通讯，以报道某地的自然风光、风土人情、历史变化为主，这类通讯取材广泛、形式灵活。②相比于其他三种通讯，风貌通讯有更典型的文学性，更多地用到写景状物、借景抒情的写作手法。风貌通讯写作要注重抓住特点、突出“新”和“变”；要注意气势大、笔墨重，能丰富知识增添趣味，给人以完整深刻的印象。

---

① 王卫明，倪洪江.通讯员新闻采写一本通［M］.2版.北京：人民日报出版社，2018：168-172.

② 张浩.新编一本书学会新闻采访与写作［M］.北京：中国文史出版社，2019：181-185.

第二节　案例解析

案例一

一、案例简介[①]

记者深入贵州山区，详尽报道了被誉为“十大最美乡村医生”的罗海香在偏远山区坚守30余载，引领乡村女性摆脱生育困境的事迹。记者深入采访了当事人罗海香以及与罗海香相关的人，历经一周时间采访数十个人才得到几万字的素材，反复修改后才完成了这篇共6000余字的作品。

罗海香是贵州省黔南布依族苗族自治州贵定县云雾镇摆谷村的村医，从17岁到53岁，她背着药箱，上万次地用脚“丈量”过这个包含13个寨子的村子，她是这座深山中女人的守护者。

1984年，国家为了发展农村医疗卫生事业，有指标性地让每个乡推荐一名中学生去县卫校读书，不到16岁的罗海香获得了学医的机会，在家里人的支持鼓励下东拼西凑出了路费和生活费。她在贵定县卫校农医班经过了一年半的理论学习和谷撒公社卫生院半年的实习，拿到了结业证书后进了公社卫生院成为一名村医。

① 案例一中所涉原文节选自《中国妇女报》“视点”4版2022年3月29日刊发文章《深山女人的守护者》，作者为王蓓、肖睿，http://www.zgjx.cn/2023-10/31/c_1310745793_2.htm。

而在这个大山深处的偏僻的村里，深山女人的命运总是与嫁人和生育牢牢绑定，按当地的传统习俗，从即将临盆的那一刻起，孕妇和新生儿都会被叫作“红人”，所有人都要躲得远远的，由她们独自面对生产的疼痛、刚刚出生的孩子和一大堆需要自己清洗的床单、衣物。生孩子时产妇不去医院，自己用剪刀剪断脐带，没有剪刀的只能摔碎手边的碗，使用沾满灰尘的碎瓷片。幸运的孩子才能活下来，不幸的就可能感染破伤风去世。当产妇难产时他们会请来驱鬼师（在这里妇人难产被看作鬼怪作祟），幸运的妇人在漫长的疼痛后跨过“鬼门关”顺利生产。产妇生完孩子后为避“晦气”，被“扔”在吊脚楼楼梯脚的草垫上，风吹雨淋直到孩子满月……这里一代又一代人固守着这种陈旧残忍的习俗不肯改变。

罗海香在这样的环境里开展医学知识普及的难度可想而知，她在无数次碰壁后继续坚持下去，想着哪怕改变一点点都会对这里的妇女们有很大的帮助。

终于她迎来了一次契机——遇到了“敢”请罗海香接生的女人高廷花。高廷花被嫂子难产去世所触动，毅然找到罗海香给她接生孩子。

从此，“医生接生更安全更放心”这句话开始在年轻的女性之间悄然流传，从20世纪90年代初起，有越来越多的孕产妇愿意让罗海香检查、接生，她几乎没有休息日，只要村民有需要，不管白天还是半夜都是有求必应。

通讯《深山女人的守护者》获得了第33届中国新闻奖通讯类三等奖。该报道于2022年3月刊登于《中国妇女报》，刊发后在社会上引起广泛关注，超过300家媒体和各类社会组织关注与转载这篇通讯，包括多地共青团官方微博、《公益时报》官方微博以及强国论坛官方微博等优质账号。

与此同时，与通讯报道同期推出的视频作品《她改变的》也取得了显著的传播效果，该视频登上微博热搜2次，全网播放量迅速攀升至超过2000万次，相关话题的讨论量突破了2.1亿次。[①]这一系列的报道，共同构成了一次全面且影响深远的传播活动，既让大众认识了一位为推动乡村医疗事业的进步、促进性别平等观念的普及奠定了坚实基础的坚韧不拔的女性，又展现了脱贫攻坚、乡村振兴的成果和进展。

二、案例分析

（一）语言特点

这篇通讯是其报道者在实地采访后所写，文章多使用数据，体现了通讯确切的语言特点。

从17岁到53岁，从青丝到白发，从视线清晰到双目浑浊，背着药箱、访视包的双肩，上万次地丈量过全村13个寨子的双脚，从强劲有力到时常酸痛，她拼尽全力对抗传统落后的分娩方式，从苦口婆心推行“新法接生”到孕产妇能够科学备孕、生产、得到家人的贴心护理……36年的光阴，在“女村医”罗海香的脑海中闪过，湿润的双眸里盛满了喜悦和欣慰。

罗海香，贵州黔南州贵定县云雾镇摆谷村唯一的村医，不到16岁的年纪开始学医，36年行走在大山深处，在治病救人的同时，不遗余力推行新法接生和新生儿计划免疫，亲手接生过的婴孩达100多个。

如今，摆谷村孕产妇到院分娩率已达100%。年过半百的罗海香，依然日复一日穿行在大山深处，守护着这一方百姓。

---

① 肖睿.讲好她的故事，这个工作室准备这么做……［EB/OL］.（2022-05-30）［2024-08-16］. https://mp.weixin.qq.com/s/XAWQLQm57Dr5MuHsWJHP2g.

作者在这里使用了大量的数字，“17岁到53岁”“36年”“不到16岁”写出罗海香做“守护者”的时间久、年龄小，读来让人敬佩之心油然而生；“上万次”“全村13个”写出罗海香的守护范围；而“100多个”“100%”则是守护的成果。这些十分具体的数字，让罗海香的守护被更具象化地展现出来，让读者更确切地感受到她的伟大与奉献精神，减少了怀疑，使得这个事实更加真实、有说服力。

文章用笔鲜活，运用了大量的细节描写，在写人时加入了大量关于外貌、神态的语言，提及人物话语时加入了惟妙惟肖的说话动作，画面感十足。例如下面这段文字描写中，短短两句话里动词频出，“连叹几口气”“拿起”“捅了捅”“握着”“舒展开”“紧皱”“抿了抿”。老人的手是“粗糙、干瘦，皴裂的口子沟壑纵横”着的，脸是“满脸皱纹”的，眉头是逐渐“舒展开”的。这些细节使一个深山里贫穷老妇纠结、无奈的形象跃然纸上。例如：

“这就是那时候女人的命”，黯然地连叹几口气，66岁的罗福群拿起火钳使劲捅了捅取暖炉里的炭火。握着火钳的手粗糙、干瘦，皴裂的口子沟壑纵横。

片刻之后，满脸皱纹的老人舒展开紧皱的眉头，用力抿了抿嘴唇：“所以，我坚决不能让两个儿媳妇再重复我的命运。”

鲜活还体现在记者写罗海香时没有通篇只写她一个人，而是运用侧面描写，借感人的故事、借他人之口来进行叙述。下面这个片段里借病人高廷花来刻画罗海香的形象。

高廷花记得，罗医生当时也只有18岁，忙前忙后，教她怎么用劲、帮她剪脐带、给孩子清洗。“她让我觉得很安全。那也是第一次我生孩子时什么都不需要做，生完就可以躺着休息。”

片刻歇息之后，她请罗海香给刚出生的女儿起了个小名：松青。

“有一句诗‘大雪压青松，青松挺且直’，我当时特别希望这个女孩能够像青松一样坚强，把命运牢牢掌握在自己手里。”多年后，罗海香向记者讲述起名时的心境。彼时，没有读过书的高廷花无法理解“松青”的含义，但她也坚定地觉得：“这个名字很好！”

靠着没日没夜地种烟草、烤烟叶，高廷花坚定地供养两个女儿跟儿子一样读书学习，直到高中毕业。在这个“无法掌控命运”的女人心目中：“女孩和男孩一样，只有像罗海香这样，有知识有文化，才能真正掌握命运。”

首先是高廷花的语言描写，直接引语借他人直言写出罗海香的工作状态以及给村里女人带来的安全感。然后是给新生儿取名字，这件事一般都是交给家人或者很敬重的人，而高廷花把这个机会给了她的医生，即使没听懂这个名字的含义她也觉得很好，更能说明罗海香在她心里特殊的地位，从侧面写出罗海香这个守护者的守护意义。最后落笔在起名“松青”这点上，“大雪压青松，青松挺且直”又何尝只是对这个刚出生的女孩的期许呢，更是罗海香自己一生的追求，也是她的真实写照。

这篇通讯的鲜活还体现在它的时代意义。一系列生动具体的细节、感人肺腑的故事以及真挚坦诚的话语，让罗海香作为乡村医疗事业先锋的形象跃然纸上，同时也展现了一个村庄从落后无知逐步迈向科学文明的光辉历程。罗海香的努力，不仅极大地促进了当地村民对医疗健康的重视，也坚定地捍卫了男女平等的国家基本原则。

此外，阅览全文后会发现作者没有用晦涩难懂的语言描写，没有用听不懂的医学专业术语，全文朴实、简洁、生动，采用白描的手法呈现事实的真相，这正体现了通讯通俗的语言特点。

（二）结构分析

1. 标题

这篇通讯标题，在六种通讯标题类型里可以归为比喻双关类。将文章主角罗海香比作“守护者”，语言含蓄幽默，加深了语意且给人以深刻印象。读罢给人一种好奇，守护者是谁？为什么是守护者？守护什么？继而使读者有继续往下读的兴趣。

2. 正文开头

这篇通讯使用的开头方式为开端进入情节法，这种方法主要适用于人物通讯和事件通讯，即开门见山地直接进入故事情节的叙述中。正如本篇通讯开头：

金芳一骨碌从床上爬起，兴奋地跟家人和罗海香“表演”“跳起来”的动作。

三天前，这个22岁的姑娘刚刚在县医院顺产分娩一个5斤4两重的女婴。此刻，名唤“罗书馨”的小女孩正躺在奶奶温暖的臂弯里安静地睡着。包着一圈厚实的产后头巾、穿着棉睡衣的年轻母亲金芳，眉飞色舞，身姿灵活：“生女儿那天，打完‘无痛’睡了一觉，医生来检查后说可以生了，我激动地一下子都从床上跳起来了！”

3. 中心

中心是一篇通讯的主体部分，关键在于把调查、采访搜集来的资料分类整理再合理安排布局。《深山女人的守护者》使用的是纵式结构里的按时间推进的叙事逻辑，这种方式时间脉络清晰，让读者随着时间推进了解事件发生的始末，逻辑简单，叙事效果好。

这篇通讯整个中心部分通过4个小标题划分为4个部分：“女人的

命”、“做守护者”、悄然改变、“掌握自己的命运”。按照时间线由远及近展开，第一部分“女人的命”讲述的是罗海香成为村医前这个深山村落里女人的苦命，生孩子时被视为不吉利的落后思想、孕妇生产环境的恶劣以及养胎常识的落后等；第二部分故事推进到详细介绍罗海香如何成为“守护者”以及碰到的困境；第三部分讲述了在罗海香的坚持努力下村里医学常识逐渐普及，村里人对她的态度慢慢转变；第四部分讲述了受到罗海香“守护者”影响后的村里的新面貌，女人学会了要把命运掌握在自己手里。

4.结尾

这篇通讯的结尾方式属于典型的呼应前文法。在叙述完所有故事以及展开新的升华环节后，作者笔锋陡转又回到罗海香身上，写她的现状，读者的思绪也被拉回来，一切归为平静，一切又在继续，给人意味深长之感。例如：

暮色苍茫。53岁的罗海香刚刚结束一天的下村看诊，又戴上老花镜，通过手机小程序整理着村里一人一档的健康档案。

她面色沉静，灯光下的皱纹与白发，如同一枚枚勋章。

《深山女人的守护者》在叙事结构上采用了典型的《华尔街日报》体。

开头先讲了一个与新闻主题有关的人物故事，是罗海香的守护对象之一金芳，通过在医院顺利产女的金芳引出所要报道的主角罗海香，通过“如今，摆谷村孕产妇到院分娩率已达100%。年过半百的罗海香，依然日复一日穿行在大山深处，守护着这一方百姓”一句过渡到正文。正文分为四个部分详述罗海香的守护过程以及给村里带来的新面貌。最后结尾又回到罗海香本人，交代她与新闻主题的深层次关系。

在中国，像罗海香这样的村医还有74万余名，他们除了守护一方健康，也帮助村民提升观念上的认知、推动落后的地方再向前一步。此次，《中国妇女报》联合内容媒体新世相和中国品牌全棉时代推出人物纪实短片《她改变的》，也希望借助罗海香的故事，引起全社会对村医群体、乡村医疗及女性命运的关注和重视。

案例二

一、案例简介①

2020年4月以来，在喀喇昆仑山的加勒万河谷地区，有关外军严重违反两国协定协议，抵边越线修建道路、桥梁等设施，蓄意挑起事端，试图单方面改变边境管控现状。对此，我国边防官兵克制忍让，尽最大诚意维护两国关系和边境地区和平安宁。面对越发嚣张的非法侵权挑衅，边防官兵誓死捍卫祖国领土，进行坚决回击。

千里热血边关，遍地英雄屹立。他们战胜了无法摆脱的高寒缺氧、满目的荒漠冰川、漫长的冬季封山以及遥远而荒凉的时空。过去在1950年，先遣连130多名官兵在党支部书记李狄三带领下，以牺牲63人的悲壮，将五星红旗插上藏北高原。如今，陈红军、陈祥榕、肖思远毫不畏

① 案例二所涉报道原文节选自《解放军报》2021年2月19日头版刊发文章《英雄屹立喀喇昆仑》，作者为王天益，http://www.zgjx.cn/2022-11/01/c_1310668214_2.htm。

惧，英勇战斗至壮烈牺牲，王焯冉在渡河前增援途中，为救助战友牺牲。

2009年，陈红军从地方大学毕业，当兵不是他唯一的出路，已通过公安特警招录考试的他一听说征兵就临时“变卦”走进火热军营。2016年，这是肖思远、王焯冉、陈祥榕进入边关的时间。

“清澈的爱，只为中国。”这是18岁的陈祥榕写下的战斗口号。

肖思远在一篇战地日记中写道：“走在喀喇昆仑，我们就是祖国的界碑，脚下的每一寸土地，都是祖国的领土，无比自豪！”

2020年6月，外军违背与我方达成的共识，在喀喇昆仑山的加勒万河谷地区越线搭设帐篷，团长祁发宝带着几名官兵前去谈判却被敌方潜藏的大量兵力攻击，危急时刻陈红军带人突入重围营救团长，陈祥榕作为盾牌手战斗在最前面，摄像取证的肖思远也冲到前沿投入战斗。

这场守候战里他们牺牲了，但是他们长存于世，英雄的精神永留人间，精神薪火相传。

陈红军妻子坚强地说：“我要把孩子好好养大，让他成为像爸爸那样的人。”肖思远牺牲后，16岁的弟弟下定决心：到了18岁，接替哥哥入伍，把哥哥的精神传下去!

文章发布后，“清澈的爱，只为中国”这一深厚情感的表达，深深触动并鼓舞了亿万国人的心弦。习近平总书记对此给予高度评价，在2022年5月10日庆祝中国共产主义青年团成立100周年的重要讲话中，他指出“清澈的爱，只为中国”成为当代青年发自内心的最强音。

《英雄屹立喀喇昆仑》入选第32届中国新闻奖通讯类一等奖。该报道于2021年2月19日刊发在《解放军报》头版，在解放军新闻传播中心新媒体账号有着超过6000万次的阅读量。《北京日报》《天津日报》等20余家省市级报纸也积极跟进，自发转载此稿，扩大了社会影响力；微信公众号、各主流媒体网站如中国军网等争相转载，在网络空间形成热议；网友们也自发转发分享，使得相关话题在微博平台上热度飙升，12个相关话题同步跻身热搜榜单。

同时，广大网友以该稿件为蓝本，创作出一系列音频、短视频、海报、歌曲等新媒体作品，形成了一股强大的自传播力量，使该稿件成为一款具有广泛影响力的现象级作品。

二、案例分析

（一）语言特点

文学性是这篇通讯作品最大的特点，全文不提一个情却字字皆是情。首先是不同于一般的开头，以题记方式开头，增加了文章的文化底蕴和艺术感染力。其次是大量的引经据典应用得当，体现了作者的写作才华，使文章语言精美更富韵味。例如：

诚既勇兮又以武，终刚强兮不可凌。面对严峻斗争考验，一线官兵越是艰险越向前，生死关头更凛然。

“诚既勇兮又以武，终刚强兮不可凌”出自屈原的《九歌·国殇》，赞美的是那些血染沙场为国牺牲的勇士，赞美他们生是不可战胜的战士，死是鬼魂中精神坚毅的英雄，与报道对象完美贴合。这样写更显得语言凝练、文学底蕴浓厚。

文章中还有一大特色是简洁，整篇文章运用了大量短句，短小精悍、节奏分明、条理清晰，读来通畅无比。例如：

喀喇昆仑高原，横亘西部边境。

雪山回荡英雄气，风雪边关写忠诚。

巍巍喀喇昆仑，座座雪峰耸峙。

千里热血边关，遍地英雄屹立。

恰当的引语使新闻更真实具体且有说服力。引语分为直接引语和间接引语，在本文中两种引语都有所体现，而且直接引语占据更大篇幅。“官兵说，风与雪的洗礼、生与死的考验就像一个超级过滤器，足以滤去你心中所有的浮华，最后只剩下对这片土地清澈的爱。”此为间接引语，刻画出官兵对家国的爱的清澈纯洁。“清澈的爱，只为中国。”18岁陈祥榕的口号，18，多么年轻的一个数字啊，在大部分同龄人还在象牙塔的时候，他已拥有关于家国情怀的大义。陈祥榕与班长对话的直接引用，也生动形象地显示了陈祥榕的家国情怀、格局之大。以及后文的肖思远、陈红军生前话语的直接引用，无不让我们体会到他们对祖国的爱，马革裹尸、至死无悔。例如：

官兵说，风与雪的洗礼、生与死的考验就像一个超级过滤器，足以滤去你心中所有的浮华，最后只剩下对这片土地清澈的爱。

“清澈的爱，只为中国。”这是18岁的陈祥榕写下的战斗口号。班长孙涛问他：“你一个‘00后’的新兵，口号这么‘大’？”

“班长，这跟年龄没关系，我就是这么想的，也会这么做的。”他坚定地说。

这种爱，无关年龄，都是一份“边关有我在，祖国请放心”的勇敢担当——

“头顶烈日乐为祖国守边防、手扶蓝天甘为人民作贡献。”祁发宝勘察天文点前哨，默念着老营房上的这句标语感慨不已：“老前辈在那么艰苦的条件下，都能坚守边防一线，现在我们更应该担起责任，把边防守好。”

肖思远牺牲后，战友们整理遗物时，看见他在一篇战地日记中写道："走在喀喇昆仑，我们就是祖国的界碑，脚下的每一寸土地，都是祖国的领土，无比自豪！"

这种爱，无关年龄，都是一腔"党叫干啥就干啥"的赤胆忠诚——

陈红军所在营官兵聊起营长时说："他最喜欢的，似乎除了工作还是工作。"在一本书中，他特意标注了一段话："党把自己放在什么岗位上，就要在什么岗位上建功立业。"

此外，排比、大量句式相似的句子的运用便于抒发强烈的思想感情，有着渲染气氛、加重感情的效果。而且这些句子在排列时独立成段，也是通讯语言简洁明了的体现。例如：

那场战斗后，"宁将鲜血流尽，不失国土一寸"被很多官兵自发写在了头盔里、衣服上，刻印在青春的胸膛里。

那场战斗后，陈祥榕所在连队斗志更加旺盛，服役期满的士官100%主动留队，所在团义务兵踊跃申请选取士官继续战斗。

那场战斗后，王焯冉所在团18名女兵3次请战，她们在请战书中写道："愿同男兵一样英勇战斗，甚至流血牺牲！"

……

今天，坚守着无数边防军人用生命筑起的精神高地，祁发宝所在团有5任团长仍然并肩奋战边防斗争一线。

今天，读着身边团长、营长、班长的英雄故事，新一代喀喇昆仑卫士茁壮成长。

……

在一线，官兵叫响"缺氧不缺精神、山高斗志更高"的口号，纷纷递交请战书要求上战场。

在一线，很多官兵主动推迟婚期、放弃休假，把执行边防斗争任务当成一辈子最为自豪的经历。

（二）结构分析

1. 标题

这篇通讯的全标题为《英雄屹立喀喇昆仑——走近新时代卫国戍边的英雄官兵》，形式上由两个部分组成，主标题“英雄屹立喀喇昆仑”和副标题“走近新时代卫国戍边的英雄官兵”，副标题对主标题进行解释补充，点明了此篇通讯的报道对象是新时代卫国戍边的官兵。内容上这个标题用的是直述新闻事实的方法，无须雕琢，直接呈现给读者一个事实，即我们的英雄官兵守候着喀喇昆仑。

2. 正文开头

这篇群像人物通讯的开头使用了起笔刻画人物的方法，这种方法会加深读者对人物的印象。通过引用短短四句歌词让读者感受到一群战士对祖国誓死捍卫的决心与信仰，感受到他们誓用生命与血肉筑起防线的信念。赤胆忠诚、戍守边疆的爱国官兵形象印入读者脑海。例如：

我站立的地方是中国
我用生命捍卫守候
哪怕风似刀来山如铁
祖国山河一寸不能丢
——高原边防官兵喜爱的一首歌

3. 中心

作者王天益深入一线，与报道对象同吃同住、执行任务，持续采访三个多月含泪写成了此稿。他反复思考后，将所得的资料按照事物侧面并列结构分为四个部分：忠诚、英勇、团结、奉献。四个层面生动地描摹出英雄群体的宝贵特质，结构清晰，语言凝练。

4. 结尾

报道结尾用的是补上一笔的方法。补上一笔就是在前文说完事实以后再将一部分新闻事实补充在最后，在事实似乎说尽的时候补上一笔显得文章“清音有余”，回味无穷。华夏大地祥和安宁离不开高原官兵枕戈待旦，山河如故离不开英雄官兵赤胆忠诚，“大好河山，寸土不让”八个字荡气回肠，给人的心灵以震撼一击，使人难以忘怀。例如：

春节期间，华夏大地万家团圆、一片祥和；高原官兵枕戈待旦、高度戒备。见证着英雄官兵赤胆忠诚的加勒万河谷，山河如故、平静安宁。一块崖壁上，八个大字遒劲有力。

那是刚任团长不久的祁发宝带领战士们刻下的铮铮誓言，也是新时代英雄官兵捍卫祖国领土、不负先辈荣光的庄严宣示——

大好河山，寸土不让！

在叙事结构上，该报道内容结构可以归为板块组合，也就是并列结构。记者历经3个多月的实地采访，获得大量素材，报道的是2020年6月的高原边防斗争中涌现出的以祁发宝、陈红军、陈祥榕、肖思远、王焯冉为典型的新时代卫国戍边英雄群体的故事。因为是群像通讯，必然会涉及大量的故事，复杂又烦琐。记者将这些采访而来的材料分为了四类，从忠诚、英勇、团结、奉献四个层面高度概括出这群英雄的故事特点，四个板块各自呈现了不同的故事、画面，但都是为了新闻主题“英雄屹立喀喇昆仑，用生命筑起边防，英雄精神永相传”而服务。

案例三

一、案例简介[①]

2021年7月20日的傍晚，一场一小时降雨量高达201.9毫米的暴雨导致郑州最长的地铁线——地铁5号线停运，此时列车正处于海滩寺站与沙口路站之间（地势低洼），车上500名乘客被困，到21时列车窗外的水已经有一米多高，下沉的后半截车厢内部水已升到头顶，人们聚集在前三节车厢，车厢内乘客互相帮助，乘客轮流举起陌生人的孩子，冷静的人安抚害怕的人，一个姑娘在维持秩序。有人想直接砸开车厢的玻璃门，被制止了，因为根据当时车内外的水位差，车窗一旦贸然砸开，水必然会涌进来，车内外的水会压得人无法逃生。当车厢外水位达到最高值时，救援人员来了。现场的救援并不容易，因为隧道内部分检修道路已无法通行，消防人员用救援绳索搭建绳桥引导被困乘客转移。到7月21日现场救援结束时已经有12人死亡，5人受伤。

通讯《生死五号线》获得第32届中国新闻奖通讯类二等奖，主要报道的是2021年郑州“7·20”特大暴雨灾害事故里的地铁5号线灌水一事。此篇通讯真实地再现了事故发生时车厢内的景象，及时且全面地为公众提供了事故的相关资讯。同时，它也生动地展现了在紧急情况下，车厢内乘客们展现出的团结互助、无私奉献的闪光点，特别是“乘客们接力将陌生孩童高举过顶”的感人细节，深深打动了广大读者的心，激

① 案例三中所涉报道原文节选自《中国青年报》2021年7月22日第1版刊发文章《生死五号线》，作者为杨杰、焦晶娴、卢思薇、林子璐，http://www.zgjx.cn/2022-11/01/c_1310667776_2.htm。

发了社会的正面情感共鸣。

此外，在地铁5号线事故发生12小时后，《中国青年报》立即刊发报道《郑州地铁5号线被困人员口述：车厢外水有一人多高，车厢内缺氧》；之后持续关注，深入采访，刊发《0501号地铁没有终点》等深度报道，引发大量关注。其中，被困人员口述是全网第一篇反映地铁5号线事故现场的报道。关于郑州地铁5号线的系列报道在全网阅读数破千万。

学者张志安等人在《现代传播体系建设中的重大事件主题报道——2021年中国新闻业年度观察报告》中评价《生死五号线》“以细腻的笔触还原多位受灾者的心境和处境，详细地呈现了灾难之下的人性和情感，表达出对生命的敬畏与慨叹”。

《生死五号线》以其详尽的叙述、细腻的刻画、严谨的逻辑和强烈的情感共鸣，深深打动了读者。不少读者在留言中反馈，其感人肺腑的程度，甚至可与电影《泰坦尼克号》相媲美，令人动容。该报道在冰点周刊微信公众号发布后阅读量迅速攀升至10万+，随后在企鹅号平台阅读量90万+，微博上的传播力更是惊人，阅读量达200万。[①]

二、案例分析

这篇报道细节刻画深刻，触人心弦。面对重大突发事件，及时回应了社会的普遍关切，并展现了灾难中民众间的相互援助与自救，以及救援行动中的温情瞬间。遵循了“时效性、适度性、有效性”的准则，传播成效显著，社会反响热烈，彰显了主流媒体在舆论导向上的积极作用。

① 生死五号线［EB/OL］.（2022-11-01）［2024-08-16］. http://www.zgjx.cn/2022-11/01/c_1310667776.htm.

（一）语言特点

事件通讯《生死五号线》记录了一场灾难事故，受众对灾难报道最关心的是伤亡多少、幸存多少、事故进展及发生的原因。作者写作时用到的时间点精确、数字精准，充分体现出通讯报道确切的特点。例如：

……7月20日下班时分，这种日常流动在长方形的西北角停滞了。因为一场暴雨，500名乘客被困5号线。

7月21日凌晨4时，悲伤的消息传来，12名乘客死于这座现代城市的地下交通工具中，另有5人受伤。郑州地铁网站首页呈黑白色。

大量的细节描写真实还原事故发生的场景，在读报道的时候，我们好像也一起回到了事故发生的现场，跟着被困人员一起紧张，看到陌生人之间的相互救赎时跟着感动，读到救援人员到达时跟着松了一口气，看到了生的希望。例如：

起初是脚脖、小腿、膝盖，然后水位到了半人高。人们站上座椅，有人把包挂在脖子上，包也湿了。

21时，窗外的水足足有一人高，下沉的后半截车厢内部，水已到顶，人们聚集在前三节车厢，水追上了脖子。氧气越来越少，李静看到周围人开始发抖、大喘气、干呕。车厢里还有孕妇、老人和孩子。

……

李静的手机还剩不到30%的电量，她关闭了所有程序，只用微信给家人朋友发信息。她不敢告诉父母，只联系了表哥表姐。21时之前，她还拜托他们联系救援，但随着水位越涨越高，她开始交代身后事，还把社交账号密码发给了同学。

（二）结构分析

这篇通讯的标题很短，只有5个字，却是这篇文章的高度浓缩，精准概括了这次事故。作者在拟定标题时，采用了设置悬念的写作方法，省略关键信息让读者产生好奇心，从而想要阅读下去获取完整的信息。

《生死五号线》用了场景描写在先的开头方式，这种方法交代了新闻事实发生的时间、地点或人物活动的典型场景，有时也揭示作品的时代背景。开头就进行场景描写为文章营造了一个具体的背景环境，为后续的情节和情感做铺垫的同时也让读者更好理解。这篇通讯在第一段先介绍“五号线”是郑州地铁5号线，以及5号线所处的地理位置，让读者有了一个清晰的认知，知道这场暴雨灾难发生的具体场所。例如：

郑州地铁5号线是这个城市最长的地铁线。它在郑州地图的中间圈出一块近似长方形的区域，东侧多是工作单位密集的地方，西侧是住宅区，中间有辽阔的CBD。人流潮汐般日复一日地在这里轮转。7月20日下班时分，这种日常流动在长方形的西北角停滞了。因为一场暴雨，500名乘客被困5号线。

《生死五号线》报道了一场大雨带来的灾难事故，事故发生的当晚，《中国青年报》就组织采访，联系事件亲历者，在细致采访下得到这篇通讯的素材。《生死五号线》的主体部分是按照时间脉络展开的，一共分为三大部分，在文中用3个小标题展示：“乘客轮流举起陌生人的小孩”“这种激动‘像身处贫困的人突然中了彩票’”“乘客大多就近下车，也有人没能走出5号线”。三句话，三个分水岭，将这篇通讯分为三个部分。第一部分是暴雨事故的发生，以及现场被困人员的现状；第二部分是事故转机，救援人员开展救援的过程；第三部分是事故的结果，以及这场暴雨事故发生在5号线的原因。报道开头先介绍了此次事故的场所以及伤亡人数，这是该新闻的核心。随后又对事故发生的时间、救援过程、事故后的原因分析进行详细报道。时间线清晰，使读者能够全面系统地了解这场暴雨灾难事故的整体发展。

这篇通讯结尾用了补上一笔的写作方法。介绍完5号线灌水的原因后，又补充了新的事实，一个不幸遇难的高个子女士家属发布了寻人启事。重新回忆这个事实，营造出一种悲伤的氛围，读来令人难以平静。

案例四

一、案例简介[①]

李鸿升、李国方、李治刚，祖孙三代司机收藏的7本火车驾驶证见证了中国铁路从时速40公里到350公里的飞跃。

1952年7月1日，新中国成立后建成的第一条铁路——成渝铁路通车，李国方的父亲李鸿升拉响了首班列车的第一声汽笛，他是新中国第一代蒸汽机车司机；1980年，31岁的李国方也成为成渝铁路上一名蒸汽机车司机，此后成渝铁路迎来内燃机车，李国方拿到内燃机车驾驶证；2020年12月24日，已经开了20多年火车、拥有2本火车驾驶证的李治刚拉响最先进的“复兴号”[②]上的嘹亮风笛。

---

① 案例四中所涉报道原文节选自新重庆客户端2022年7月1日头条文章《从“第一”到“第一” 7本火车驾驶证见证“中国速度”》，作者连肖、佘振芳、李文科，http://www.zgjx.cn/2023-10/26/c_1310747397.htm，https://m.thepaper.cn/baijiahao_18830193。

② 2017年，具有完全自主知识产权的中国标准动车组“复兴号”投入运营后，标志着我国高铁技术装备开始领跑世界。先进的GSM-R无线通信传输列车控制信息替代了探头出去瞭望信号灯，这是新的更准确判断前方路况的方法。

中国高铁飞速发展，截至目前，中国高铁运营里程突破4万公里，稳居世界第一；铁路电气化率、客运周转量、运输密度指标也位居世界第一；商业运营速度世界最快；运营网络通达水平世界最高。

祖孙三代7本驾驶证，见证了中国大地上跨越时空的“沧桑巨变”。

这次采访的对象为祖孙三代火车司机，他们亲身经历了“新中国第一条铁路的通车，直至中国高铁在多项指标上跃居世界首位”的历史进程。记者深入探究了这一过程背后的故事，并通过查阅档案资料、采访川渝铁路的建设者等多角度手段，进行了深入而全面的报道。报道内容格局宏大，立意深远，具有重要的历史意义。

该作品于2022年7月1日首发在华龙网与新重庆客户端，并借助“1+41”重庆客户端集群联盟实现了广泛传播，浏览量迅速上涨超过300万人次。[①]随后，该作品在人民网、光明网、学习强国等权威平台被转载，同时也在西南铁路公众号等平台上引发了热烈讨论。

众多网友纷纷留言表达对中国铁路发展的赞叹与感慨。他们表示：“一条铁路改变了无数个城市。”还有网友深情写道：“这样的故事，是时代的见证，是国家的骄傲，值得我们每一个人铭记。”这些声音，不仅体现了广大网友对中国铁路发展的高度认可，也彰显了该作品在传播正能量、弘扬主旋律方面的积极作用。

二、案例分析

该报道标题采用设置悬念的写作方法，“从‘第一’到‘第一’”这一表述，深刻地传达了跨越与进阶的核心理念，隐喻着中国在铁路领域实现了历史性飞跃。这种表述手法巧妙留白，极大地激发了读者的遐想

① 从“第一”到“第一” 7本火车驾驶证见证“中国速度”[EB/OL].(2023-10-26)[2024-08-16]. http://www.zgjx.cn/2023-10/26/c_1310747397.htm.

空间与探索欲。而“7本火车驾驶证见证‘中国速度’”则采用了更为具体、量化的方式，精准列举火车驾驶证的数量。该标题不仅彰显了中国在铁路领域的杰出成就与全球领先地位，还以直观的方式增强了内容的说服力、可信度以及激发了读者的阅读兴趣。

正文开头直接进入事实情节描写，属于开端进入情节。“70年前的今天”作为一个明确的时间坐标，引导读者步入对往昔的深刻回顾。然后借由李国方的记忆片段，巧妙地引出了成渝铁路正式通车的历史性时刻。这一叙述手法不仅将个人的生命轨迹与国家的宏伟篇章紧密相连，更在无形中加深了故事的情感深度与历史厚重感。例如：

70年前的今天，在李国方的记忆里是模糊的，但在中国铁路史上，却无比清晰。

那是1952年7月1日，新中国成立后建成的第一条铁路——成渝铁路通车，他的父亲李鸿升拉响了首班列车的第一声汽笛。3岁的他，被大哥抱去现场观看。

至于中心部分则是使用纵式结构，按照时间脉络组织整理素材，分别写了李鸿升、李国方、李治刚三个人职业生涯内中国铁路的发展状况。

结尾部分卒章显志，强调了中国铁路的发展是中国共产党领导下中国人民书写的历史奇迹，以及中国人民在党的领导下所取得的伟大成就。例如：

70年，从新中国第一条铁路通车，到中国高铁多项指标世界第一。祖孙三代成渝铁路司机，见证着中国大地上跨越时空的“沧桑巨变”，也见证着勤劳勇敢的中国人民，在共产党领导下书写的历史奇迹。

该报道在开头简单引入后，采用时间顺序的方式详述新闻事实。从新中国第一条铁路的建设开始，一直讲述到现代高铁的发展，让读者直观清晰地了解中国铁路事业的发展历程。第一部分通过采访，简要介绍成渝铁路的历史背景和修建过程。第二部分借由李国方的人物经历，侧面报道成渝地区铁路发展历程和影响。第三部分通过李治刚的故事展示中国高铁的发展历程，从蒸汽机车到现在的“复兴号”。最后指出中国高铁技术的自主创新和先进性，引用了中国国家铁路集团的数据说明中国高铁的全球领先地位。

案例五

一、案例简介①

贵州省遵义市地处武陵山、乌蒙山集中连片贫困地区，是革命老区之一，红军长征期间在这里转战三个多月，召开了载入史册的遵义会议，是党的历史上一个生死攸关的转折点。

遵义境内山地丘陵多、坝区平地少，地是“鸡窝地”，田是“巴掌田”，农业产业基础薄弱，农民增收后劲乏力，因此这是一个贫瘠和贫穷的地方。但是在2020年3月3日，随着最后一个贫困县正安县退出贫困县序列，贵州省遵义市实现了整体脱贫。

当年中央红军二渡和四渡赤水的主要渡口所在地习水县隆兴镇淋滩村，这里的手工红糖非常出名。但是这里是深山，大山封闭了道路的同

① 案例五选自《人民日报》2020年3月19日第1版《遵义，整体脱贫》，https://mp.weixin.qq.com/s/zmj1I2h66GWTnt4LqdFlWg?scene=25#wechat_redirect.

时也阻挡了红糖的销路，甘蔗地变为玉米地。

2015年，遵义市投入45亿元沿赤水河谷修建154公里旅游公路，大山不再是阻碍，玉米地又种回了甘蔗。红糖和红糖加工产业起来了，带动村里走上致富路。

2018年初，贵州省委号召全省“来一场振兴农村经济的深刻的产业革命”，把调整农业产业结构与打赢脱贫攻坚战紧密结合起来，根据遵义境内地形地势等走一条现代山地特色农业的道路，大力种植优势产品如茶叶、精品水果等。目前，产业推动贫困人口人均收入同比增长20%以上。

正安县人多地少，经济基础薄弱，吸纳贫困劳动力就地就近转移就业容量有限。但是正安外出务工人员多，有20多万人，其中有5万人在制作吉他。据此县里出台优惠政策吸引农民工返乡创业，创立正安吉他文化产业园。目前，正安吉他文化产业园解决就业1.4万人，带动近7000人稳定脱贫。

《遵义，整体脱贫》选自《人民日报》2020年3月19日第1版，《人民日报》高级编辑刘国昌这样评价：“开头吸引人，简短三段话，把遵义的历史和现实巧妙地连在了一起；写三个脱贫的关键环节，具体生动，每一个环节都是在‘写工作’，但里面都有故事穿插、有细节铺垫，让人看得不烦不厌，反倒有兴趣；有现场描写，再现情景，把贫困户的实际情况写得清清楚楚，给人印象深刻。”

二、案例分析

相比人物通讯、事件通讯，工作通讯稍显枯燥乏味，写作难度更大。如何把枯燥的通讯写得令读者感兴趣且可读性强，首要任务是确保内容的真实性、准确性，同时融入新闻价值及实用性。在写作过程中，应将自己的情感融入其中，通过生动的叙述，使故事跃然纸上，更加鲜活有力。要注重捕捉并突出文章的特点，灵活运用情节与故事元素，以增强文章的表现力和感染力。在文章结构上勇于创新，尝试不同的写作形式，如政论式、访谈式、随笔式、见闻式等，以丰富文章的表现形式，提升读者的阅读体验。

（一）语言特点

这篇文章里没有大量堆叠数字，而是在适当的时候用精准的数字来体现通讯语言确切的特点。这几个数字的使用，简洁明了地体现了正安吉他文化产业园为脱贫攻坚带来的成效。例如：

随着一批吉他工匠返乡，正安吉他制造基地加快发展。目前，入驻正安县吉他产业园的57家企业年产销吉他600万把，产值60亿元，解决就业1.4万人，带动近7000人稳定脱贫。

文章在介绍遵义这个地名时，为了方便读者理解这个地方，提到了历史上著名的会议——遵义会议，把遵义的历史和现实巧妙地连在了一起，更通俗，便于读者了解。另外，首句读来朗朗上口，增添文章的节奏感和韵律。例如：

阳春三月，草木萌动。黔北大地，一派生机。

贵州遵义老城子尹路96号，一幢两层青砖小楼临街而立，大门正中大木匾上，毛泽东同志题写的“遵义会议会址”六个大字熠熠生辉。

历史的回响犹在耳畔，一个振奋人心的消息又刷屏网络：3月3日，贵州省政府发布公告，正安县退出贫困县序列，这标志着遵义市实现整体脱贫。

此外，文章语言通俗，使用群众的语言，在介绍当地农产品时提到"苞谷"。苞谷是方言，特别是在四川、重庆、湖北、湖南、安徽等地的方言中，苞谷用来指代玉米。作者为了表达产品销路不好、交通不便这样写："汽车进不来，全靠背篼往外送，赶趟集要走30里山路。"背篼，这个词在方言中有着特定的含义，它是指用竹、藤、柳条等材料制作而成，专为背在背上运输物品的一种器具。

（二）结构分析

《遵义，整体脱贫》这个标题采用了直述新闻事实的方法，点明这篇通讯报道的事实是围绕遵义整体脱贫展开。正文开头使用场景描写在先的方法，交代遵义的情况，将历史与现实进行融合。文章中心也就是主体部分，用空间并列的结构法，分别写习水县、务川仡佬族苗族自治县、正安县3个地方的脱贫方法。在文章结尾则是自然收尾，提到遵义脱贫后的状态。自然收尾在这篇文章中是这样的：

近年来，遵义农业富余劳动力外出就业累计达165.83万人，劳务经济收益750多亿元，近10万贫困劳动力通过外出就业脱贫致富。

《遵义，整体脱贫》是由许多部分组成的整体。这篇文章选取三个最难脱贫的地方作为代表，分别是习水县、务川仡佬族苗族自治县、正安县。针对资源禀赋，一县一方法，写出三个脱贫的关键环节是："路畅通，复活老产业""换种法，盘活'鸡窝地'""送与引，激活劳动力"。三个部分各自聚焦于一种方法，最后共同的特点是实现脱贫，共同支撑起整篇通讯主题——"遵义，整体脱贫"。

小 结

通讯、消息、评论共同构成了新闻传播的“三驾马车”。[①]新闻通讯以其“比消息更详尽”的特性，在内容上展现出更翔实、更丰富的面貌，为受众提供了更为全面、深入的新闻信息。在写作手法上，通讯灵活多变，精彩纷呈，能够更好地满足受众多样化的阅读需求。

根据通讯对象的不同，通讯通常可细分为人物通讯、事件通讯、工作通讯以及风貌通讯四大类别。这些不同类型的通讯各有侧重，共同构成了新闻通讯的丰富体系，为新闻传播事业注入了源源不断的活力。

与过去传统媒体时代不同，全媒体时代的通讯有新的特点。在“人人皆记者”的当下，如何从海量信息中筛选出具有重大社会价值与严肃政治意义的内容，对传统媒体从业者而言十分重要。为了适应全媒体时代的生产方式，通讯写作必须实现以下三个方面的转变：全面性、亲近性以及互动性。[②]

全面性指在全媒体环境下，新闻传播广泛的社会影响力、重要性和全局性不容忽视，因此，通讯作者需具备全局视野。亲近性指提升新闻的可读性，包括针对性、新鲜性、显著性和生动性，这些可以更有效地吸引受众。互动性指在全媒体背景下，传统平面化的文本难以满足受众互动交流的需求，通讯写作应更加注重创意和创造性，以形成更强的新闻引领性。

人物通讯报道的核心要求在于其内容的真实性与生动性并重，具体

① 李青青.全媒体时代工作通讯写作方式探析：以怀化日报“走向胜利——决战决胜脱贫攻坚系列报道”为例［J］.新闻传播，2023（4）：69-71.

② 李青青.全媒体时代工作通讯写作方式探析：以怀化日报“走向胜利——决战决胜脱贫攻坚系列报道”为例［J］.新闻传播，2023（4）：69-71.

体现在构建鲜明、具体的“新闻形象”上，这构成了通讯报道的一个重要特征。在采写高质量的人物通讯时，为了赋予人物形象以鲜活的生命力，往往需要巧妙地运用文学表现手法进行描绘与刻画。在案例《英雄屹立喀喇昆仑》中，文学性是其最大的特点。以题记方式开头，增加了文章的文化底蕴和艺术感染力；大量的引经据典应用得当，如“诚既勇兮又以武，终刚强兮不可凌”，体现了作者的写作才华，使文章语言精美更富韵味。

事件通讯致力于详尽阐述事实真相，通过缜密调查与深入研究，以生动且全面的方式展现事件的演进历程、内在逻辑及其来龙去脉，促进读者对生活中矛盾与斗争的深刻洞察。撰写事件通讯的首要前提是亲临事件现场，深入社会实际，唯有如此，方能精准捕捉事件的重大社会意义与新闻价值。[①]《生死五号线》以其详尽的叙述、细腻的刻画、严谨的逻辑和强烈的情感共鸣，深深打动了读者。此篇通讯真实地再现了事故发生时车厢内的景象，及时且全面地为公众提供了事故的相关资讯。

风貌通讯作为一种独特的通讯报道形式，其意义远不止于对场景的简单记录。它还融合了历史回顾与未来展望，构成了一种综合性的新闻报道。通过风貌通讯，我们不仅可以洞悉某一地域的经济文化发展态势，还能够深入了解当地的风土人情、民间传说等丰富的文化内涵。《从“第一”到“第一” 7本火车驾驶证见证“中国速度”》从新中国第一条铁路的建设开始，一直讲述到现代高铁的发展，让读者直观清晰地了解中国铁路事业的发展历程，将个人的生命轨迹与国家的宏伟篇章紧密相连，在无形中加深了故事的情感深度与历史厚重感。

工作通讯，是展示工作亮点、彰显工作成就、归纳工作经验与教训，

① 乔云霞.纪希晨的新闻通讯写作方法论［J］.城市党报研究，2021（11）：88-89.

深入探讨工作相关问题的通讯报道形式。作为工作通讯的撰写者，同时也是社会问题的敏锐洞察者，在写作时要聚焦并针对具体问题进行深入撰写。《遵义，整体脱贫》具体示范了调整农业产业结构与打赢脱贫攻坚战是怎么紧密结合的，展示了脱贫攻坚的成果。

通讯写作同样遵循着“文无定式”的真理，这一过程本质上是一个不断追求自我超越与持续创新的过程。[①]通过不断的实践与探索，要突破传统框架的束缚，以独特的视角和创新的表达方式，赋予作品以新的生命力和价值。

课后讨论题

1. 原《人民日报》副总编辑梁衡先生采写过一篇关于“全国绿化劳动模范”王效英的通讯——《看见绿色就想起了你》，尝试分析这篇通讯的语言特点。

2. 你认为全媒体时代的通讯写作与传统媒体时代有何不同？发生了哪些变化？

3. 试着用《华尔街日报》体的结构写一篇通讯。

① 吕生杰.通讯写作创新初探［J］.新闻知识，2018（6）：83-84.

第九章　深度报道

“我们总是离事实很近，却离真相很远”，“报道真实的新闻不易，揭示事情的真相更难”。呈现事实，追逐真相一直是新闻业奉为圭臬的职业追求。以超越表面事实、接近或抵达真相为旨趣的深度报道，被称为新闻业的“璀璨明珠”、新技术冲击下新闻的“最后一道护城河”或者“最后一块界碑”。

深度报道超越了传统新闻报道的浅层次信息传递，深入事件内核，通过详尽的调查、深入的剖析、多维度的呈现，让读者得以窥见新闻背后的复杂性与多样性，在揭示真相、引导舆论、促进社会进步方面发挥着不可替代的作用。在本章中，我们将完成对深度报道理论与实践两个层面的探讨，希冀在阐述相关理论要点的基础上，通过对深度报道佳作的分析，实现理论与实践的有机耦合。

第一节　要点概述

深度报道是时代变迁与社会发展的必然产物，它随着社会的演进不断进化，以独特的视角和深入的剖析，映照出时代的脉搏与社会的肌理。

从深度报道的历史溯源来看，它在中国和西方形成了两条各具特色的发展脉络；从深度报道的界定来看，它存在文体说、形式说和旨趣（理念）说三种界定之争；从深度报道的实际操作层面来看，选题策划、深入采访与精心写作构成了其实践过程中的三个核心环节。本节将聚焦深度报道的历史溯源、界定、选题、采访和写作，进行要点概述。

一、历史溯源：深度报道的“两条发展脉络”

“变动产生新闻，关系决定需要”既是对新闻活动发展逻辑的深刻洞察，也是探寻各类新闻体裁何以出现的“密钥”。无论是在西方还是在中国，深度报道的兴起均与社会结构的深刻变动以及日益复杂的利益诉求紧密相连，但由于我国在政治、社会、经济、文化等方面与西方国家迥然有别，深度报道亦形成了两条各具特色的发展脉络。

在西方新闻界，深度报道被认为肇始于20世纪初美国的“掏粪运动”，是继政党新闻、客观报道之后的第三种主流报道形式。[①]深度报道的出现可以视为对客观报道思想、新新闻主义以及精确新闻报道这三种新闻思潮的一种适度矫正。

19世纪上半叶，美国独立报纸的出现孕育了客观报道思想，但这一思想在发展过程中出现了记者在客观教条下完全丧失主观能动性、完全摒弃判断和分析的致命弱点。其后，强调科学精神、引入社会科学研究方法的精确新闻报道和强调主观性新闻写作旨趣的新新闻主义是对客观报道思想进行修正的两大代表性思潮，但这两种思潮也招致了“过犹不及”的批判。最终，以主客观统一为旨趣的新闻深度思想扮演了西方新闻业界钟摆变化中的“平衡者”角色，为新闻报道选择了“第三条

① 张志安.深度报道：理论、实践与案例［M］.北京：高等教育出版社，2015：14.

道路”。[①]

20世纪初，新闻“掏粪运动”中以揭露劳资关系冲突和官商勾结等社会问题为主的调查性报道掀起了美国深度报道的第一个高峰；20世纪30年代，美国以及西方世界爆发经济危机后，美国记者开始意识到探讨“为什么”与“是什么”同等重要，于是解释性报道开始受到重视，成为深度报道的重要文体形式之一。20世纪六七十年代，涉及越南战争和“水门事件”等深度报道的集中出现是美国调查报道的第二个高峰，促使美国进入了深度报道的兴盛时期。1985年，普利策奖正式设立解释性报道奖和调查性报道奖两个奖项，标志着西方新闻界深度报道迎来了一个新纪元。

我国学者欧阳明在著作《深度报道采写概论》一书中将我国的深度报道以20世纪80年代为界划分为自发期和自觉期。[②]

在深度报道的自发期，虽然新闻业尚未形成深度报道的自觉意识，但一些新闻报道已经有了兼具深度与厚度的特征。这一时期最早可追溯至“文人论政”的政论文时期，从王韬在《循环日报》撰写的政论文章到《申报》花费三年时间进行连续报道的“杨乃武与小白菜”案，再到20世纪初黄远生在《时报》“北京通信”栏目中所写的《张振武案之研究》和范长江深入西北地区考察采访后所著的长篇通讯作品集《中国的西北角》，这些作品虽未有深度报道之名，却已有深度报道之实。

深度报道的自觉期始于20世纪80年代，由于改革开放的热潮带动了新闻业的改革，西方日趋成熟的深度报道思想逐渐受到了我国新闻工作者的关注，我国的深度报道于80年代中期快速崛起，1986年全国好新闻奖（中国新闻奖前身）设立了系列报道、组合报道和连续报道（作为深

① 杜骏飞，胡翼青.深度报道原理［M］.北京：新华出版社，2001：69.
② 欧阳明.深度报道采写概论［M］.北京：清华大学出版社，2011：4.

度报道的三种形式）奖项进行评选，这标志着深度报道在新闻界合法地位的确立。1987年也因深度报道作品“井喷式”出现而被业内人士誉为“深度报道年”。这一阶段的深度报道作品以1987年《中国青年报》对大兴安岭火灾的“三色系列报道”——《红色的警告》《黑色的咏叹》《绿色的悲哀》为代表。

20世纪90年代更是涌现出了以《东方时空》《焦点访谈》等为代表的电视调查栏目和以《南方都市报》为代表的重视深度报道的都市报。我国学者张志安在著作《深度报道：理论、实践与案例》中将中国深度报道的发展历程概括为“三化”演变逻辑——“重在启蒙—强调舆论监督—媒体类型多元化、舆论监督的空间变化、记者职业意识的差异化”，将中国深度报道的演变脉络总括为从20世纪80年代的“启蒙之热”到90年代的“监督之惑”再到21世纪的“多元之变”。[①]

二、界定：深度报道的“三种定义之争”

同新闻的定义有“报道说”“事实说”“信息说”类似，对于“何为深度报道”，学界目前大体形成了“文体说”、“形式说”和“旨趣（理念）说”三种界定方式。

“文体说”是指把深度报道界定为一种新闻文体，主要包括调查性报道、解释性报道和预测性报道三种文体类型。学者张惠仁在《新闻写作学》一书中将深度报道定义为“一种以‘深’见长的新闻体裁”。[②]

《新闻学大辞典》将“深度报道”定义为运用解释、分析、预测等方法，从历史渊源、因果关系、矛盾演变、影响作用、发展趋势等方面报

① 张志安.深度报道：理论、实践与案例［M］.北京：高等教育出版社，2015：35-51.

② 张惠仁.新闻写作学［M］.成都：四川人民出版社，1986：238.

道新闻的形式，其中组合报道、连续报道和系列报道被认为是“深度报道”的三种报道形式。

学者杜骏飞和胡翼青在《深度报道原理》[1]一书中，将深度报道界定为“以深刻和全面为传播旨趣的新闻报道”[2]。

“深度报道”的“旨趣说”立足于深度挖掘新闻事实的新闻理念，能够概述深度报道的核心内涵，但同时也面临将“深度报道”和“深度思维方式”“有深度的报道”相混淆的争议。

学者刘海贵在《深度报道探胜　党报—主流媒体发展之路》一书中认为“深度报道”的“理念说”是不完善的，因为深度思维方式和深度报道是两个不同的概念，两者是理论与实践的关系，而“理念说”则将客观世界的深度报道等同于主观世界的思维方式或报道理念。[3]

尽管“深度报道”的三种定义因各自侧重的不同而引发了视角层面的若干争议，但它们共同揭示了学界对于“深度报道”中“深”这一核心要素的深刻洞察与理解。

深刻性是深度报道的首要特性，其中选题的深刻体现为致力于维护公共价值和人民利益；文本层面的深刻性体现为深挖新闻六要素中的“Why（何故）和How（如何，怎么样）”，通过对新闻六要素“Who（何人）、What（何事）、When（何时）、Where（何地）、Why（何故）、How（如何，怎么样）”的多维延伸，而达到“以今日之事，核对昨日之背景，说出明日之意义”的深刻性；思想层面的深刻性体现为通过思辨性的逻辑、宏阔的视野和厚重的背景揭示发人深省的深刻意义以启迪民众。

---

① 杜骏飞，胡翼青.深度报道原理［M］.北京：新华出版社，2001：5.

② 杜骏飞，胡翼青.深度报道原理［M］.北京：新华出版社，2001：5.

③ 刘海贵.深度报道探胜　党报—主流媒体发展之路［M］.上海：复旦大学出版社，2007：47.

除了深刻性这一显著特性，深度报道还具有融合新闻观念、新闻文体和媒介表达形式的整合性，以及立足时空维度呈现事件来龙去脉、预测未来趋势和重视用户互动一反馈机制的递延性。

三、深度报道的选题

“兵马未动，思想先行”，选题作为深度报道全流程的首要环节，一个好的选题是深度报道成功的一半，直接关系到深度报道的新闻价值大小和社会影响力。深度报道选题是指从事深度报道的采编人员对拟反映的客观世界的领域、范围和重点的具体择取①，聚焦社会性和公共性是深度报道选题的共性所在。

选题要“大”是深度报道选题兼顾社会性和公共性的首要体现，具体表现为三个“重大”，即公众普遍关注的重大社会新闻事件、重大社会症结和重大时代成就。

选题要“近”是深度报道维护公共利益的突出体现，深度报道的选题不能只“高居庙堂、曲高和寡”，而是要贴近百姓，贴近民生。深度报道的采编人员应时常站在民众的角度进行换位思考，从而对民众关注的、与民众生活息息相关的、民众愿意读的题材进行深度挖掘。

选题要“独”是一篇深度报道在数字时代的“信息汪洋”中脱颖而出的关键所在，这里的“独”既指独家选题，也指独家视点、独家思想。②在信息传播速度从即时、实时迈向共时的智媒时代背景下，新闻从业人员想获得独有的新闻线索变得异常困难，这也愈加凸显深度报道具备思想深度的优势。对于深度报道来说，思想内涵才是独家的核心价值

---

① 欧阳明.深度报道采写概论［M］.北京：清华大学出版社，2011：33.

② 张然，李杨.全媒体时代传统媒体深度报道的选题要义［J］.青年记者，2015（25）：48-49.

所在，因此对于新闻业同行已经报道的选题，也可尝试从不同角度进行深挖。

除了从新闻的根本属性——社会性和公共性角度考量深度报道的选题原则，还可以从新闻的时效性角度出发，强调深度报道的选题既要紧跟时事热点，迅速回应社会关切，又要具备前瞻视野，挖掘那些虽未即时爆发但蕴含深刻社会意义的“冷点”话题，以全面展现深度报道的时效性与深度并重的特点。

“冷点”并不是指受人冷落的无价值新闻，而是指在现实生活中久已存在的、却不易为人们所察觉的重要新闻题材，多为非事件性新闻。[①]“冷点”新闻往往触及社会深层次的问题与矛盾，对于促进社会良性发展，维护公共利益具有重要意义。《中国青年报》旗下的深度报道品牌《冰点周刊》就非常重视挖掘“冷点”新闻，并秉持“我们相信，新闻不止一天的生命力”的核心理念，致力于挖掘那些未被聚光灯照亮，却具有重要社会价值的现象与问题，通过深入的调查与细腻的笔触，展现新闻的深度与温度。

在明晰深度报道选题原则后，还需对选题线索的获取渠道有所了解。线人爆料、民众自主提供信息、社交媒体平台上热议的话题，以及媒体同行可能未尽全貌的报道都可以是获取深度报道选题线索的渠道。此外，在数智时代背景下，利用人工智能和大数据技术抓取海量信息进行分析也是获得深度报道选题线索的重要方法。

四、深度报道的采访

“七分采，三分写”，采访是确定深度报道选题后的关键接续环节，

① 杜骏飞，胡翼青.深度报道原理［M］.北京：新华出版社，2001：110-111.

通过采访获取第一手信息是写成深度报道的基本前提。深度报道的采访过程主要包括采访前的准备和采访进行时两个主要环节。

深度报道采访前的准备主要包括了解背景资料，确定采访对象及其顺序，选定采访地点以及拟定采访提纲。首先，记者在确定选题后应尽可能掌握与选题相关的背景资料，如人物的主要经历、事件的来龙去脉等。其次，记者应梳理事件中的关联人物及相关组织单位的关系脉络，确定一个自己要深挖的核心悬念，进而围绕悬念确定核心信源和外围信源（除当事人和目击者外的人），并基于利益链条和由外围向核心逼近的策略确定采访顺序。[①]一般利益受损的一方以及外围信源更有可能接受记者的采访。最后，采访地点的选择以事件现场或能使采访对象进入当时真实情景的场景为最优选，如果复现场景困难则以能让采访对象感到舒适放松的地点为首选。

另一个至关重要的准备工作是记者需要在了解事件并初步确定主题的基础上拟定采访提纲，并事先圈定敏感问题和核心问题。采访提纲的作用并非让记者逐一提问，而是帮助其更好地把握采访节奏，防止焦点偏移，并在一定程度上为记者带来心理安慰。同时，记者应预估采访时可能出现的情况，并做好相关预案。

正式采访对于深度报道的记者来说，是离真相最为接近的时刻，也是一场必须要面对的心理战。灵活运用提问技巧对于在采访中深入挖掘更多信息至关重要，尤其是在进行侧重揭露社会阴暗面的调查性报道时，这一点更是不可或缺。提问技巧的运用贯穿采访进行时的全过程，在深度采访的开端，往往不直接切入主题，而是通过闲聊的方式，缓和紧张气氛，以降低采访对象的敌意，为后面敏感问题的提问做好层层铺垫。

---

① 曾繁旭，林珊珊，庄永志.深度报道：题材、理念与方法［M］.北京：清华大学出版社，2021：132-143.

在寒暄和一系列普通问题之后，应迅速转入核心问题的提问，这些核心问题在构建时需保持前后逻辑关联，以便更有效地激发采访对象的情绪，并促进相关线索形成闭环。在提问核心敏感问题时，极有可能会遇到采访对象故意避而谈其他或不正面回答的情况，这时就需要记者视时机及时进行追问，以获得最有价值的信息。

深度采访往往不是毕其功于一役的，所以在采访的后期需要通过类似“今天时间有些紧张，我对您说的 ××× 内容也非常感兴趣，希望下次能够再深入聊聊”等表达，让采访对象做好还需要再接受采访的心理准备。

学者唐铮曾指出深度采访的内容不仅包括提问，还包括全面调动五感（视觉、听觉、嗅觉、味觉、触觉）。①其中调动视觉，“用眼睛采访”有助于通过观察采访对象的表情、肢体语言、采访场景环境等发现最生动的素材，辅助判断采访对象所言真假，以及把握采访节奏。此外，在深度报道的采访中，记者的态度同样占据着举足轻重的地位，记者应保持冷静和克制的情绪，平等尊重每一位采访对象。

五、深度报道的写作

系统思维和讲故事的叙述方式是写好深度报道的两大核心要素。所谓系统思维，就是把研究对象放在系统的体系中加以考察，从而揭示系统的运动规律和功能特征。②

在深度报道的写作中，系统思维以整体性、联系性和动态性的思考方式，帮助记者将事件置于更广阔的社会、经济、文化背景中考察，通过多侧面、多角度的立体分析，挖掘深层原因、呈现事件全貌、预测未来趋势，以及揭示不同事件、人物、组织之间的内在联系，帮助读者理

① 唐铮.深度报道［M］.北京：中国人民大学出版社，2021：82.

② 冉隆安.对企业报深度报道的思考［J］.新疆新闻界，1992（2）：40-42.

解事件的整体性。

深度报道的写作相比消息、评论等新闻文体，其叙事结构是自由的，加之深度报道所关注的大多新闻事实本身就具有很强的故事性，因此故事化的叙事方式也就成为深度报道的一个写作传统。“起承转合”的文学逻辑则是对“深度报道写作如何讲故事”的凝练回答。“起”为开端部分，记者可以用一句最精彩的话、一个最具张力的情景为整篇报道奠定基调并吸引读者的阅读兴趣；“承”即承上启下，主要是讲述事件的经过和来龙去脉。“转”是深度报道生动叙事的关键所在，是文章突出矛盾冲突，形成逻辑高潮点的位置。由于深度报道一般篇幅较长，为了提高其可读性，“承”和“转”要交错出现，学界也将这一写作逻辑称为“心电图式写作”。“合”即对结尾部分事件结局的交代，其根据报道题目争论情况和报道意图可以分为能下明确结论的封闭式结构和不宜下明确结论的开放式结构，但无论采用哪一种结尾方式，“合”的关键在于能让读者在静思中深悟报道的主题思想。①

在系统思维以及讲故事叙事方式的指引下，深度报道动笔前的流程可以总结如下：在确定新闻主题和立意方向后，细致梳理采访内容，初步搭建文章框架，确定衔接全文叙述逻辑的明线和承载文章深层思想的暗线，进而根据主线设定，划分多个逻辑单元，安排好各逻辑单元高潮点的出现位置。

第二节 案例解析

在深度报道的广阔天地里，那些穿透表象、触及灵魂的佳作如同黑

① 唐铮.深度报道［M］.北京：中国人民大学出版社，2021：198-200.

暗中的灯塔，不仅照亮了新闻的真实与真相之路，也引领着公众对社会、时代的深刻思考。

本节我们将踏上一场深度报道佳作的分析之旅。通过细致剖析这些作品的选题、采访与写作，可以探寻其成功背后采写记者的智慧与匠心，领悟如何在纷繁复杂的信息海洋中抽丝剥茧，如何在人性与制度的交织中探寻真相，如何以文字为刃，切割出时代的横截面，展现给读者一个更加清晰、深刻的世界。

本节选择了调查性报道、解释性报道、预测性报道、系列报道、深度人物报道各一篇，这五个案例的选择以历届中国新闻奖获奖作品为主。

案例一

调查性报道是以调查事件来龙去脉、揭示某些涉及公共利益的事件及其原委为己任的一类报道，是深度报道独立文体形式的一种，具有题材多为负面、内容深刻、调查艰难、采写不强调时效性的特点。[①]

一、案例简介[②]

《青海“隐形首富”：祁连山非法采煤获利百亿至今未停》为《经济参考报》2020年8月4日在“经参调查·锐度”4版刊发的一篇调查性报道，作者是《经济参考报》记者王文志，该报道荣获第31届中国新闻奖文字通讯与深度报道类一等奖。

---

① 《新闻采访与写作》编写组.新闻采访与写作［M］.北京：高等教育出版社，2019：280-281.

② 案例分析中所涉报道原文节选自《经济参考报》2020年8月4日在“经参调查·锐度”4版刊播文章《青海“隐形首富”：祁连山非法采煤获利百亿至今未停》，作者王文志，http://www.zgjx.cn/2021-10/25/c_1310262092_2.htm。

稿件以文字版、电子版和视频等全媒体方式，在《经济参考报》报纸、网站、微信公众号、视频号和新华社客户端等渠道传播，取得了显著的跨平台全媒体传播实效。中央各重点新闻网站、各大主流新闻网站及客户端、各门户网站大量转载，全网阅读量高达6亿次，截至2020年12月31日，该舆情在网络上的相关信息超过190万条，《人民日报》、中央广播电视总台、《光明日报》等权威媒体针对该事件刊发评论文章。①

生态环境保护功在当代、利在千秋，党的十八大以来，党中央以前所未有的力度紧抓生态文明建设工作。在本篇报道刊发的三年前，即2017年，中共中央办公厅、国务院办公厅曾就甘肃祁连山国家级自然保护区生态环境问题发出通报，直指祁连山存在违法违规开矿、水电设施违建、偷排偷放、整改不力等行为，掀起了声势和力度空前的问责风暴，开启了祁连山史上最大规模的生态保卫战。

在此背景下，《经济参考报》记者王文志以高度的新闻敏感和社会责任感将视线敏锐地转向了祁连山南麓，于2018年年底，对在南麓腹地的青海省木里煤田聚乎更矿区以生态修复之名行掠夺式开采之实的恶劣行径展开深入调查。

王文志在持续两年多的跟踪调查中，三上祁连山，通过现场观察、多方信源采访、获取核心数据资料和相关文件等方式，以翔实和无可辩驳的证据，证实了在通报追责高压之下，祁连山生态保护总体取得成效，但非法开采并未根绝的事实；揭露了青海祁连山南麓“隐形富豪”青海省兴青工贸工程集团有限公司马少伟持续掠夺式盗采煤炭资源长达14年获利百亿的恶行。

2019年4月26日，王文志伪装成山东煤炭采购商游弋于矿区外围，

---

① 王文志.青海“隐形首富”：祁连山非法采煤获利百亿至今未停［EB/OL］.（2021-10-25）［2024-08-16］. http://www.zgjx.cn/2021-10/25/c_1310262092.htm.

结识了数位多年在矿区拉煤的山东籍大车司机，随后以运输车司机身份通过重重盘查，进入了聚乎更矿区一井田煤矿5号井，目睹了兴青公司非法开采的现场。2019年7月8日，王文志再上祁连山，跟随司机老乡到达开采现场，重点查看开采规模等动态变化。2020年7月，王文志三上祁连山，通过身份伪装，用多个微信号加入了几个采煤队的司机微信群，实现了对煤矿非法采煤的动态了解。[①]王文志孤身三入祁连山，以用“眼睛采访”的方式获得了很多珍贵的现场证据，也正是这些现场资料支撑其写成了本篇调查性报道的第一个逻辑单元——“开膛破肚”式采挖触目惊心。

报道原文：

兴青公司采煤区内，数台挖掘机和装载机正在紧张作业。满载煤炭、渣土的重型自卸车一辆紧接一辆，沿着矿区简易道路逶迤爬行；回行的空车则一路狂奔，扬起漫天尘土。知情人士告诉记者，目前兴青公司有四个采煤队、120台机械、近300人在聚乎更矿区一井田煤矿5号井开采作业。

在第二个逻辑单元“14年非法开采获利超百亿”中，王文志通过翔实的数据，分析了兴青公司的财政结构，坐实了兴青公司非法采矿量之大、获利金额之巨的恶行。

报道原文：

另据青海省政府青政〔2012〕61号文件和2013年7月青海省财政工

① 王文志.深挖几锹，把监督报道做得更扎实：《青海“隐形首富”：祁连山非法采煤获利百亿至今未停》采写背后［J］.中国记者，2021(12)：118.

作会议披露的数据，2012年度兴青公司上缴税收4.12亿元。当地专业人士据此测算，自2006年底到2014年6月底，兴青公司在聚乎更矿区一井田煤矿非法开采优质焦煤2000多万吨，收入110多亿元。

……

《经济参考报》记者从兴青公司内部获得的2019年11月26日至12月29日《挖机挖煤结算表》显示，在此约一个月期间，10台挖机合计产煤11.25万吨；2020年5月26日至6月25日《自卸车车数统计表》显示，此期间产煤4.1万吨。

在“两轮中央环保督察期间仍不收手”逻辑单元中，王文志按照时间顺序，从2014年木里矿区的煤矿全面停产整顿写起，通过涉事公司董事长马少伟、知情人士、涉事公司内部资料等多方信源的交叉验证，揭露了兴青公司阳奉阴违的事实。

在最后一个逻辑单元“‘破坏性’开采暗藏巨大生态‘黑洞’”中，王文志通过引用相关煤炭开采专家、业内人士、专家学者的话语，突出非法开采对生态环境的危害，将文章的主旨从揭露黑暗上升到以推动事件解决、提示未来解决方案为导向。

报道原文：

就兴青公司“掠夺式、破坏性”开采行为，中国科学院院士、中科院地质与地球物理研究所研究员张宏福连呼“痛心疾首”。他说：“木里煤田区域生态极其敏感和脆弱，大规模无序探矿采矿使得成千上万年形成的冻土层被剥离，水源涵养功能减弱或消失殆尽，将使地表大面积发生不可逆转的干旱化。”

张宏福表示，兴青公司十几年来无科学的施工组织设计和规范施工作业，不仅破坏原有的自然生态系统，而且使优质焦煤、可燃冰等不可再生资源遭受毁灭性破坏，有关部门必须予以彻查。

二、案例分析

该报道荣获第31届中国新闻奖文字通讯与深度报道类一等奖，记者王文志历经两年的不懈调查，孤身三入海拔4200米的祁连山南麓腹地青海木里矿区内部，面对生理极限的严峻挑战与潜在的人身危险，以“铁肩”勇担社会道义之重，凭“妙手”匠心独运，采写完成了一篇“从选题到采访到写作再到社会效果”都堪称典范的调查性深度报道。

选题大，站位高，立意远。选题要“大”，是深度报道选题的重要原则，本篇报道以揭露青海木里矿区非法采矿现象为主题，是关于生态保护的重大时代议题。选题政治站位高，立意深远，则是锚定调查性报道正确方向，体现深度与厚度的关键所在。该篇报道于我国提出打好污染防治攻坚战之际问世，政治站位高，立意深远。文章通过对木里矿区非法采矿现象的揭露，以小见大地折射了彼时我国污染防治工作存在的问题，有助于推动我国污染防治工作向纵深发展。

采访扎实，证据链完整。深入而扎实的采访是调查性报道获得完整证据链的核心关键，现场观察、访问、查阅相关资料则是调查性报道采访的主要手段。在本篇报道的采访环节，王文志深入践行“脚力”要求，三入祁连山，以现场观察客观记录非法采矿证据，2019年4月26日，他以运输车司机身份第一次进入聚乎更矿区一井田煤矿5号井并目睹了开采场面，其后在2019年7月8日和2020年7月，记者又两上祁连山，进行深入调查。在采访对象的选择上，记者十分注重“平衡信源”，涵括了涉事公司董事长马少伟、公司职员，曾经在木里矿区进行过采掘、运输作业的人员，当地专业人士、知情人士、政府工作人员，专家学者等信源。多方信源可以起到交叉验证、补全证据链的效果。此外，本篇报道翔实的数据资料也是形成完整证据链的核心关键，记者通过严谨的调查，获得了兴青公司的内部数据，通过内部资料和政府下发的相关文件的双重呈现，以确凿的数据证据，坐实了兴青公司非法开采的事实。

文章逻辑清晰，笔触细腻。标题《青海“隐形首富”：祁连山非法采煤获利百亿至今未停》，通过“隐形首富”“非法”“获利百亿”“至今未停”几个关键词勾勒出了本文的核心冲突，能够激发读者的阅读兴趣。对于调查性报道来说，逻辑的环环相扣在文本上可以体现为以各段小标题串联而成的完整逻辑线，每个小标题下的内容都可以看作一个逻辑单元。首先，本文以“‘开膛破肚’式采挖触目惊心”“14年非法开采获利超百亿”“两轮中央环保督察期间仍不收手”“‘破坏性’开采暗藏巨大生态‘黑洞’”这四个小标题，串联了文章从摆证据到讲危害，从揭露黑暗到揭示解决方案的叙事线索，逻辑极为清晰和严密。其次，通过阅读文章，还可感受到记者深厚的文字功底和精湛的叙事技巧，其笔触细腻，巧妙运用比喻、白描等修辞手法描述开采现场的环境，以触目惊心的环境描写揭露兴青公司的“恶”。王文志将开采形成的巨型凹陷采场描述为“犹如在高原湿地上辟出的一道巨大伤口”；将远处生机勃勃的绿和开采现场死气沉沉的黑对比，写出了“对比之下像是绿色的高原草甸被遽然撕裂，黑色煤炭和渣土如伤口处外翻的血肉，令人不忍直视”的直击读者心灵的表达。

社会效果显著，发挥舆论监督威力。对于调查性报道来说，报道的刊发不是结束，促使问题得到解决才是终点。在该报道刊发后，习近平总书记等中央领导作出重要批示，掀起了一场声势和力度空前的青海祁连山木里矿区生态环境综合整治行动。青海“隐形富豪”马少伟被依法逮捕；青海官场反腐大幕悄然拉开，青海省副省长文国栋主动投案，另有15名厅局级、处级干部相继落马。

总的来说，该篇报道选题重大、敢于碰硬问题，采访扎实、数据翔实、证据充分，写作逻辑清晰严密，发挥了舆论监督作用，推动了祁连山南麓青海片区生态破坏乱象的彻底治理，是调查性报道中的典型佳作。

案例二

解释性报道也称解释性新闻或分析性报道，侧重于揭示和说明新闻事实的原因与结果，具有写作宗旨不强调对抗和揭露、文本重在分析解释、背景材料作为重要依据的特征。[①]

一、案例简介[②]

《为了月球这抔土，嫦娥五号有多拼？》是《中国航天报》在2020年刊播的“嫦娥五号月球采样返回”系列报道中的一篇解释性报道，刊播于2020年12月3日《中国航天报》第2版，作者是《中国航天报》记者郑恩红、索阿娣、赵聪、李淑姮。“嫦娥五号月球采样返回”系列报道荣获第31届中国新闻奖文字通讯与深度报道类三等奖。系列报道包含《为了月球这抔土，嫦娥五号有多拼？》《第一次，中国航天器从月面起飞》《“五姑娘”的平安夜》等作品。“嫦娥五号月球采样返回”系列报道作为行业媒体的解释性报道，既有全程跟踪体验式的细节描写，又有通俗易懂的解剖麻雀式科普，很好地展现了嫦娥五号到月球“挖土”并将月壤带回中国的科技壮举。作品以图文并茂的形式呈现，经由全媒体平台投放，

---

① 《新闻采访与写作》编写组.新闻采访与写作［M］.北京：高等教育出版社，2019：285-286.

② 案例分析中所涉报道原文节选自《中国航天报》2020年12月3日刊播文章“嫦娥五号月球采样返回”系列报道，作者郑恩红、索阿娣、赵聪等，http://www.zgjx.cn/2021-10/28/c_1310266660_2.htm。

获得了业内人士和社会读者的广泛认可，取得了良好的全媒体传播实效。

2020年年底实施的嫦娥五号探月任务是我国探月工程三期的收官之战，对于实现探月工程“绕、落、回”三步走任务目标意义重大。“九天云外揽月回”，嫦娥五号作为彼时我国复杂度最高、技术跨度最大的航天系统工程，在中国航天史上书写了多个“首次”篇章，是中国航天探测器首次实现地外天体采样返回的创新之举。《为了月球这抔土，嫦娥五号有多拼？》这篇报道则聚焦嫦娥五号“首次完成地外天体采样与封装”的重大创新，从月壤的珍贵性、“挖土”的两种姿态、怎么钻土和怎么铲土四个层面，立体解读了嫦娥五号的采样装置和采样过程。由于时空的局限，记者无法亲临现场见证嫦娥五号在月球上执行的复杂采样任务，为确保报道的准确无误与权威性，记者在深入研读海量资料，反复观看模拟视频，寻访了数位专家进行求证后，才敢谨慎落笔，力求以生动真实的笔触为读者还原嫦娥五号的采样过程。①

《为了月球这抔土，嫦娥五号有多拼？》全文以“壮丽的荒凉”“‘挖土’的两种姿态”“钻土：连走六步，步步惊心”“铲土：3.7米长机械臂与精密‘小罐子’”四个小标题划分了四个逻辑单元。在“壮丽的荒凉”部分，援引历史背景资料，与小标题呼应，并引出对月壤珍贵性的描述。

报道原文：

坑坑洼洼的表面、灰色的主基调、一望无际的荒凉……是普罗大众通过科幻作品等认识到的月球。

“走在月球表面上，犹如走在一个布满沙土的运动场上，四周有泛光灯的照耀。”1969年，美国宇航员阿姆斯特朗登上月球后描述道。

① 索阿娣，赵聪，李淑姮.系统、原创、专业：行业媒体的解释性报道——中国航天报社“嫦娥五号月球采样返回系列报道”经验谈［J］.新闻战线，2022(15)：20-22.

随后，他的搭档奥尔德林也踏上了月球表面，将周围的景象形容为“壮丽的荒凉”。

在“‘挖土’的两种姿态”部分，主要是通过专家信源讲述嫦娥五号的两种采样装置。

报道原文：

“一种是钻取，一种是表取。具体来讲，钻取就是通过空心钻杆的取芯机构，钻到月球表面两米深以下处，得到深层样品的层理信息。表取就是采用机械臂末端固定铲挖型采样器，进行表层和次表层月壤采集，实现多点、多次采样。”彭兢介绍。

在“钻土：连走六步，步步惊心”和“铲土：3.7米长机械臂与精密‘小罐子’”部分，主要是通过专家信源进行专业解释和通俗化解读的方式，讲述了嫦娥五号钻取采样和表取采样的复杂操作。

报道原文：

嫦娥五号探测器的钻取采用原位钻取的方式，简单理解就是一直在一个地方往下钻。月壤特性苛刻，剖面情况复杂，比如一下子碰到石头，钻头是否能够继续正常工作等问题都是必须考虑的风险。

……

解锁、钻进、取芯、封口、提芯、整形、传送、避让，整个钻取采样过程动作复杂，目标是实现“钻得动”“取得着”“封得住”“缠得上”“送得进”“展得开”。

……

除了机械臂，在铲土环节，表取的初级封装装置也非常关键。它就像一个“小罐子”一样，巧妙地搁在着陆器里，用来盛放采集到的月球样品。

二、案例分析

《中国航天报》作为航天领域的专业旗舰媒体，在嫦娥五号探月任务的报道中，立足本报特色，秉持为中国航天记录历史的使命感，通过加大解释性报道力度，精心策划了“嫦娥五号月球采样返回”系列报道，并凭借多篇解释性报道在这场举世瞩目的新闻盛宴中独树一帜，展现了与众不同的报道视角与深度。系列报道之一《为了月球这抔土，嫦娥五号有多拼？》，兼具知识深度和通俗表达的特性，是一篇具有极高学习价值的解释性报道。

选题顺时而动，深度解释航天领域重大成就。相比调查性报道，解释性报道的写作宗旨不强调对抗与冲突，文本重在对新闻事件进行分析、解释，故其选题大致集中在重大成就、重大决策、重大突发事件等领域。《为了月球这抔土，嫦娥五号有多拼？》为《中国航天报》应时而动，以系统思维进行全局报道策划的选题成果。嫦娥五号探测器从立项到成功，历经了整整十年之久，集结了一系列创新技术。无论是从技术攻坚角度，还是从研发团队“十年铸器”的角度来考量，这一航天领域的重大成就都是诠释探索精神、展现科技实力的绝佳解释性报道选题。

背景资料翔实，拓宽解释深度和厚度。美国专栏作家朱蒙德从实践和操作的角度将深度报道理解为“以今日之事态，核对昨日的背景，从而说出明日的意义来”。[1]背景之于深度报道是核心要素，之于解释性深

① 杜骏飞，胡翼青.深度报道原理［M］.北京：新华出版社，2001：3.

度报道则是不可或缺的存在，善用背景解释事实既是写作解释性报道的基本要求，也是决定其作品质量的关键所在。在《为了月球这抔土，嫦娥五号有多拼？》这篇报道中，记者巧妙运用历史背景讲述了月壤的珍贵性，从而为下文深入解释嫦娥五号的采样装置和采样流程做铺垫。在该篇报道的第一个小标题“壮丽的荒凉”部分，作者通过引用科幻作品中对月球的描述、1969年美国宇航员阿姆斯特朗登上月球后的描述等历史背景资料，得出了月球景象为“壮丽的荒凉”的结论。进而记者又通过讲述1978年布热津斯基访华时向我国赠送了一克月球土壤作为“国礼”，我国将这份月壤一分为二，其中0.5克用于试验，还有0.5克收藏在北京天文馆的历史事实，凸显月壤之珍贵。

采用专家信源进行权威解读。在《为了月球这抔土，嫦娥五号有多拼？》这篇专业性的解释性报道中，专家信源的采用是体现其解读权威的关键所在。在该报道的采写中，记者深入采访了嫦娥五号探测器系统副总设计师、嫦娥五号采样封装系统主任设计师、五院529厂研究员、采样封装分系统主管设计师、采样封装分系统副主任设计师等权威专家，使得对嫦娥五号采样装置的解释更为精准。如在介绍嫦娥五号如何钻土时，作者引用了五院529厂研究员赖小明的介绍，“针对不同颗粒度月壤，该设备具有切、拨、挤、排能力，同时还带有一定冲击功能，里边有一个装置能反复捶打，把过于紧密排列的月壤震松后再让下钻”。嫦娥五号研发团队对于其所涉技术的解释，既提高了该文章的权威性，也使得读者在读完文章后了解更多关于嫦娥五号的深度知识。

将深奥知识进行通俗化转译。将深奥专业的科研学术语言巧妙转译为适用于新闻报道的，读者能够理解的通俗语言也是解释性报道写作的关键所在。在《为了月球这抔土，嫦娥五号有多拼？》这篇报道中，深奥知识的通俗化解读首先体现在对于专业术语的简化，报道避免了大量使用晦涩难懂的专业术语，或者在使用时进行了必要的解释和说明。在文中，对于“月壤”“钻取”“表取”等术语，报道都给出了简明的定义和解释，如将原位钻取解释为“简单理解就是一直在一个地方往下钻”，通俗的解释可以让读者迅速理解其含义。此外为了解释复杂的科学原理和技术过程，报道多处采用了生动形象的比喻，如将复杂的采样形象地描述为“挖土”“钻土”“铲土”，将用于表取的初级封装装置描述为“它就像一个‘小罐子’一样，巧妙地搁在着陆器里，用来盛放采集到的月球样品”。

逻辑清晰，语言生动，可读性强。文章以“蹦跹落月，正式开工！”八个字作为开头段，寥寥几字便生动勾勒出了嫦娥五号探月任务的壮丽开篇，将读者的思绪瞬间拉至那片遥远而神秘的月球之上。其后以四个小标题，依次讲述了月壤的珍贵性、嫦娥五号的两种采样方式、怎么钻土和怎么铲土，全文逻辑线清晰明了。由于该篇报道专业性极强，为了降低读者的阅读疲劳和提高可读性，作者在语言的活泼性上也下了功夫，“为了确保‘钻得动’，钻机上的钻头可谓‘百里挑一’”“满载而归的嫦娥五号上升器，静静地伫立在着陆器上，等候着月面起飞时刻的到来”等活泼表达，为这篇科技成就类解释性报道赋予了情感温度。

总的来说，选题准确、背景资料翔实、解读兼具权威性和通俗性、全文逻辑清晰、可读性强是该篇报道几个值得学习和借鉴的优点。

案例三

预测性报道，也称预见性报道，即“依据现在和过去的事实，对事物或事态前景所做的报道”，具有预测范围广泛、具备前瞻性、受到不确定性挑战、预测具有科学依据等特征。①

① 《新闻采访与写作》编写组.新闻采访与写作［M］.北京：高等教育出版社，2019：288-289.

一、案例简介[①]

《奥运会后中国经济走势如何》为新华社2008年8月26日刊登文章，是一篇分析2008年北京奥运会后中国经济走势的预测性报道，作者为新华社记者谢登科、杜宇。

2008年北京奥运会是中国首次举办夏季奥运会，是一项历史性盛事，是中华民族“百年申奥梦圆”的辉煌时刻。在此背景下，新华社记者将视角转向了奥运会后中国经济的发展走向，并在奥运会闭幕后的第二天刊发了这篇兼具科学性和权威性的预测性报道。

文章分为四个小节，第一小节以“奥运会不会成为中国经济的分水岭”为小标题，开门见山地提出核心问题。本节通过呈现统计数据和专家分析内容，得出了“北京奥运会后不会发生经济的大衰退，不会出现经济发展的拐点，奥运会之后的‘鸟巢’不会‘人走巢空’，而是依然繁荣”的预测观点。

报道原文：

中国经济的长期发展不是因奥运会而始，自然也不会因奥运会而终。一场北京奥运会，在盛大的高潮后不可避免地会有落潮，但可以肯定地说，北京奥运会后不会发生经济的大衰退，不会出现经济发展的拐点，奥运会之后的“鸟巢”不会“人走巢空”，而是依然繁荣。

第二小节以“自信心和发展理念方面影响深远”为小标题，从意识

① 案例分析中所涉报道原文节选自新华社2008年8月26日刊登文章《奥运会后中国经济走势如何》，作者谢登科、杜宇，https://www.gov.cn/jrzg/2008-08/26/content_1079914.htm。

和思想方面入手辅证为什么奥运会后经济会依然繁荣。本节通过剖析成功举办奥运会对国民素质的整体提升、国家国际形象的显著提升，以及有效提振投资者对中国经济前景的乐观预期等多方面的积极影响，间接论证了经济将持续向好的发展态势。

报道原文：

奥运会对提高中国国民素质、改善投资环境、提高开放度和提升国际形象方面，则具有更长远、更持久的积极作用。奥运会的成功，将有力推动我国与世界全方位、多层次、宽领域的交流合作。

第三小节以“正视中国经济面临的挑战”为标题，着重分析了中国经济发展面临的隐忧和挑战，讲述了大多数奥运会承办城市难以摆脱的“奥运低谷效应”。我国在2008年遭受严重低温雨雪冰冻灾害和特大地震灾害，以及奥运会之后，经济面临一系列不确定、不稳定因素，包括美国经济走弱对中国出口增长的影响、房地产业发展可能出现的周期性调整、原材料价格上涨带来的企业经营困难等。本节最后一段，以“应该积极放大奥运会对经济发展的正面影响，有效应对可能出现的各种负面效应”来提振读者对于奥运会后中国经济发展向好的信心。

报道原文：

“奥运低谷效应”是大多数奥运会承办城市难以摆脱的阴影。如今的国际经济环境正经历着剧烈的波动，美国次贷危机、世界经济整体呈现通胀，国际粮价、油价高企等相继对中国经济发展产生影响。在欣喜之余，中国人难免生出忧虑，毕竟，几乎没有哪个奥运会承办城市能完全摆脱后奥运时代的经济风险。

……

国家发展改革委宏观经济研究院副院长王一鸣表示，经济持续较快发展既面临周期性调整和经济转型压力，也会在一定程度上受到“后奥运效应”的叠加影响。为此，应该积极放大奥运会对经济发展的正面影响，有效应对可能出现的各种负面效应。

第四小节以“中国经济继续平稳较快增长”为标题，以多位专家学者的预测，再次重申和明确对“奥运会后中国经济走势如何”的预测结论，有力收束全文。

报道原文：

“这些是其他承办过奥运会的国家所不能比拟的。”上海银监局副研究员张望博士说。可以判断，中国经济运行在既往轨迹上有着全新的动力基础，支撑中国经济增长的基本面没有改变，中国经济将一如既往地运行在平稳较快增长的轨道上。

二、案例分析

选题符合公众关注的原则。公众关注是记者进行深入调查、采访、写作的原动力，也是报道选题具有预测性价值的关键表征。[①]《奥运会后中国经济走势如何》该篇报道选题既事关举世瞩目的2008年北京奥运会，又事关与民众密切相关的经济问题，属于公众会关注且迫切需要获知相关信息的热点话题。此外，该篇报道选题也彰显了媒体的社会责任感，新华社通过及时、准确地分析奥运会后中国经济的走势，为公众提

① 《新闻采访与写作》编写组.新闻采访与写作［M］.北京：高等教育出版社，2019：290.

供了权威参考信息，可以帮助民众更好地理解国家经济政策的导向，从而做出更加理性的经济决策。

在掌握权威信息的基础上进行预测。预测性报道是在对未发生的事情进行前瞻式的预测，不能仅凭作者的思辨性思维写成一篇毫无证据性可言的“合理想象”式文章，行文必须建立在充分的事实调查、数据分析和专家访谈等基础之上。在《奥运会后中国经济走势如何》这篇预测性报道中，既有时任国家主席胡锦涛在接受外国媒体联合采访时对“筹办奥运对中国经济发展作用”的回答，又有中国公共经济研究会副秘书长、国家行政学院教授张孝德，国家发展改革委宏观经济研究院副院长王一鸣等经济领域的专家，北京奥运会特许供应商、河南思念食品有限公司董事长李伟等企业家对于“奥运会后中国经济走势如何”相关重点问题的解读。除了专家信源，用数据说话也是凸显本篇预测性报道权威性的关键所在。在文中，作者引用了“十一五”规划、相关统计报告，以及摩根大通这一知名国外金融机构的研究报告数据。如在文章的第一小节“奥运会不会成为中国经济的分水岭”，作者引用了“摩根大通的预测数据显示，2008年中国的国内生产总值将达4.5万亿美元”，来佐证奥运会后中国经济放缓的可能性不大。在预测性报道中，引用来源权威且翔实的数据能够为预测提供坚实的科学依据，从而增强报道的可信度和准确性。

思考角度巧妙，文章层次分明。在《奥运会后中国经济走势如何》这篇报道的第二小节“自信心和发展理念方面影响深远”中，作者并没有从传统的经济指标因素入手阐释“为什么经济依然繁荣”，而是从国民素质提高、自信心提振以及发展理念的创新与深化等角度进行分析。鉴于该篇报道撰写于奥运会刚刚落幕之际，彼时现有的经济指标数据尚不足以全面反映未来的经济走势，作者巧妙地避开了即时数据的局限，转而从思想层面的深远影响入手，构建了独特的分析框架。层次分明也是提高预测性报道可读性和权威性的关键所在。本篇文章以“奥运会不会成为中国经济的分水岭”“自信心和发展理念方面影响深远”“正视中国经济面临的挑战”“中国经济继续平稳较快增长”四个小标题，形成了总分总、首尾呼应的阐释逻辑，文章逻辑严谨，层层推进。

《奥运会后中国经济走势如何》作为一篇典型的预测性报道，以清晰的逻辑、权威的信源和翔实的数据预测了2008年北京奥运会后中国经济的走势。此后中国经济的实际发展轨迹，也确实在很大程度上印证了彼时《奥运会后中国经济走势如何》这篇预测性报道中的前瞻观点。

案例四

上文展示的调查性报道、解释性报道、预测性报道是深度报道的三种代表性的独立文体形式，正如第一节对深度报道定义的概述中，深度报道与消息、通讯等文体相比，本身是一种超越新闻文体范畴的概念，所以深度报道除了独立文体形式，还包括系列报道、连续报道、组合报道三种组合文体形式。

系列报道是指围绕同一新闻题材、新闻主题，从不同侧面、不同角度进行多次、连续的报道，由多篇报道组成，各条报道之间没有外在的事态连续，却有必然的内在联系，多篇报道分之独立成篇，合之则成一整体，反映同一主题思想，往往能够产生集束效应。① 与系列报道相比，连续报道是在事态进展过程中进行的持续、多次报道，强调时效性；组合报道则旨在通过片段组合、“碎片化”的报道来产生整体化的效果，文体和内容相对更为丰富和全面。

---

① 《新闻采访与写作》编写组.新闻采访与写作［M］.北京：高等教育出版社，2019：298.

一、案例简介[①]

“工伤认定如何‘新题新解’”系列报道共六篇，由《工人日报》在2022年10月13日到2022年11月17日进行刊播，主创人员为裴龙翔、李润钊、兰德华、刘旭、徐福平、卢越。该组系列报道贴近现实，笔触理性，在法治框架内探寻问题解决之道，工人日报客户端开设该系列报道专题，并同步在百家号、学习强国平台推送，总点击量达260.3万次。该系列报道获评《工人日报》2022年度十佳系列报道和第33届中国新闻奖系列报道类一等奖。

该组系列报道一共六篇，分别聚焦送餐员、快递小哥、网约车司机、货车司机等新就业形态劳动者常因没有固定工作地点、工作生活界限模糊而在工伤认定时遇阻的现实难题，和在灵活办公、云上办公、居家办公等新职场模式下，“家”成为工伤认定阻碍的现实困境。

该系列报道的第一篇文章《人在途中的“小哥”何以证明“上下班途中”》，通过援引快递小哥小张、外卖骑手于成展和蒋峰峰的亲身经历和法院判例，讲述了骑手“小哥”们在进行工伤认定时，面临的如何证明是在“上班途中”受伤，如何证明受伤时处于“工作时间”的两大困境，并在该文章的最后一个小标题“针对性保障举措明确认定难点”中讲述了当下一些针对上述认定难点的保障举措。

报道原文：

外卖骑手遭遇交通事故，却因不能证明“上班途中”被保险公司拒

① 案例分析中所涉报道原文节选自《工人日报》2022年10月13日到2022年11月17日刊登的文章《工伤认定如何“新题新解”》，http://www.zgjx.cn/2023-10/25/c_1310746235_2.htm。

绝赔付。无固定工作场所的骑手，如何证明是在“上班途中”受伤？

公司以骑手发生事故后，摩托车的送餐箱内没有餐盒为由，认定骑手当时并非在送餐。骑手该如何证明受伤时处于“工作时间”？

当前，我国灵活就业人员已达2亿人。与一般的工作相比，骑手“小哥”们就业方式更灵活，在劳动关系认定、工作时间、地点等问题上的确认更具难度。《工人日报》记者在采访中获悉，全国多地已有不少案件判决支持受到职业伤害的“小哥”维权，一些更具针对性的保障措施也在逐渐发挥作用。

第二篇文章《别让居家成工伤认定“不在场证明”》，依然是通过援引案例、法院判例的方式，指出“在家办公”“在家加班”等方式因工作场所模糊而面临的工伤认定阻碍，并通过专家对相关法律条例的解读，指出工伤认定中的工作岗位强调的是职责而非场所和契约精神才是权益维护的底线。

报道原文：

不定时、不定期、不定场所的灵活办公日渐成为职场新常态。长远来看，在居家办公、线上办公变得越来越普遍的背景下，对“工作场所”的界定变得越来越模糊。在他看来，“工伤认定要与时俱进，适配‘新职场’，这是大势所趋”。

第三篇文章《网约车司机工伤认定存争议，何解？》，聚焦网约车司机在工伤认定时面临的不属于劳动关系、不在接单时间、不是工作场所的难题。第四篇文章《工伤鉴定延期 多出来的费用谁赔》关注疫情致使劳动能力鉴定结果延期，工伤赔偿数额无法认定的问题。第五篇文章《家在车上，活儿在路上，受到伤害咋认定？》聚焦以车为家的货车司机因工作和生活界限模糊导致的工伤认定困难。

作为该系列报道的压轴之作，《穿透迷雾，让工伤认定回归本质》一文，在深入剖析前五篇文章所揭示问题的基础上，着重聚焦于探索解决方案，通过援引多位专家学者的权威观点，提出确立身份是划分责任的前提、回归工伤认定的本质才是解题思路等建设性意见。

报道原文：

“界定‘三工’只是技术性问题，确认‘关系’才是前提性问题。”中国社会法学研究会副会长、中国人民大学教授、博士生导师常凯强调，“这涉及劳动者基本身份和基本权利的认可问题。”

……

“技术性问题要解决，但重要的是回归工伤认定的本质。”常凯指出，“在承认当前出现的新情况、新特点的同时，也要认识到，劳动形式变了，但‘劳动’的本质没变。”

二、案例分析

“工伤认定如何‘新题新解’”系列法治报道，敢于直面现实问题，叩问时代脉搏，“以案释法”，力图达到法治报道“帮忙不添乱”的效果，是一篇具备深度的系列报道佳作。

问题抓得准，选题紧扣社会热点。相对“毕其功于一役”的单篇报道，系列报道一般时间跨度较长，选题需要把握热点，聚焦当下社会的新现象、新问题，以热点问题持续吸引读者的注意力。

根据我国《工伤保险条例》规定，职工在工作时间和工作场所内，因工作原因受到事故伤害的，属于工伤。但随着工作场所、工作时间灵活的新就业形态劳动者成为我国职工队伍的重要组成部分，居家办公成为一种普遍的职场工作模式，出现了因劳务关系不明、工作地点和时间不固定等致使工伤认定受阻的新问题。《工人日报》推出的“工伤认定如何‘新题新解’”系列法治报道，敏锐地抓住了这一劳动关系领域的前沿热点问题，展现了《工人日报》强烈的社会责任感和高度的新闻敏感。

主题统一，视角多元。多篇文章围绕同一主题是写作系列报道的首要要求，系列报道中的单篇报道，在视角和篇幅方面可以有所不同，但内容之间必须具有关联性，要做到“形散而神不散”。在“工伤认定如何‘新题新解’”系列报道中，前五篇文章分别聚焦外卖骑手、快递小哥、网约车司机、货车司机这几种不同新就业形态劳动者面临的工伤认定困难和居家办公、疫情致使工伤鉴定延期这两大致使工伤认定困难的新情况。虽然每篇的人物和事件都不同，但其主题都是“工伤认定中的新问题”。系列报道的最后一篇文章更是以收束系列报道、升华主题的方式从多视角描述问题上升为提出解决方案。概括而言，《工人日报》的这组系列报道以层层深入的方式和多元的分析视角，突出了“工伤认定存在新问题”的主题。

此外，六篇报道在写作风格上也呈现较强的一致性，这种一致性体现在标题的相似和文章行文结构的相似。在这六篇报道中，在文章的最前面，都有一句简短的概括本篇文章核心问题的话，比如在第一篇文章《人在途中的“小哥”何以证明“上下班途中”》，通过“送餐员、快递小哥等新就业形态劳动者常常因没有固定工作地点而在工伤认定时遇阻”进行核心内容概括；在第四篇文章《工伤鉴定延期 多出来的费用谁赔》通过“疫情导致劳动能力鉴定结果‘迟到’，没有劳动能力鉴定结果，就认定不了工伤赔偿的数额”进行核心内容概括。此外这六篇文章还存在分段灵活，有很多单独一句成一段的共性。

笔触冷静，导向正确，力求在法治框架内探寻解决之策。发现问题是为了解决问题，“工伤认定如何‘新题新解’”系列法治报道，面对工伤认定这一法治敏感问题，秉持媒体“帮忙不添乱”的理性立场，力求使新闻报道在法治框架内寻找问题性和建设性的平衡点。该系列报道以直面问题、挖掘成因、提出建议的逻辑闭环，既回应了民众关切，也为解决现实难题提供了有益思考。大众报业集团党委常委、副总编辑魏武在评价该系列报道时也曾指出，“这组报道没有片面以劳动者代言人自居为他们‘强出头’，而是站在党和人民的立场上，以国家政策和法律为依据，针对灵活就业者面临的新情况新问题，积极寻求解决问题的途径”[①]。

案例丰富、信源权威、用事实说话。在“工伤认定如何‘新题新解’”系列报道中，法院判例、法官、政府官员和专家学者的发言是文章的核心组成部分，丰富的案例和权威的信源提升了该系列报道的深度和厚度。在大众报业集团党委常委、副总编辑魏武的点评中，也提到了该系列报道“文风朴实、靠事实说话”的优点，并指出“6篇文章引用了近20个案例，采访了18位政府官员、专家、法官等”权威信源。

总的来说，“工伤认定如何‘新题新解’”系列报道之所以脱颖而出，关键在于其敏锐地触碰了社会现实的热点议题，同时，通过层层递进的逻辑架构与深入剖析，展现了报道的深度与广度，此双重策略共同铸就了其成为系列报道佳作的成功密码。

案例五

人物报道是指以具有新闻价值的人物为中心的新闻报道，新闻人物的新闻事实、思想情感是人物报道所反映的主要对象，按照人物的社会

① 卢越.《工伤认定如何“新题新解”》触碰现实热点叩问时代脉搏［J］.中国记者，2023（11）：44-45.

地位与社会影响，人物可以分为公众人物报道和普通人物报道。[①]

深度人物报道是人物报道的一种，这是一种非娱乐性的，强调反映新闻人物深层信息的报道，可以分为公众人物报道、民间人物报道和典型人物报道。非虚构性、以新闻人物为报道中心、具有非事件新闻的浓郁色彩和着力传播社会价值较重的新闻人物信息是深度人物报道的四大特点。[②]

一、案例简介[③]

《父亲留在了火神山》由《中国青年报》旗下《冰点周刊》刊播于2020年4月15日武汉火神山医院休舱闭院之日，作者是《中国青年报》记者耿学清。该报道讲述了一个全家人都感染新冠病毒的普通武汉家庭，同意捐献父亲遗体用于科研的感人故事。该篇文章也是在武汉新冠疫情报道中，第一篇连接起新冠遗体捐献者家庭和遗体解剖团队的深度报道，荣获第31届中国新闻奖文字通讯与深度报道类二等奖。

2020年3月，在火神山医院红区进行采访的耿学清，偶然发现了几个带有编号的器官标本，这些标本来自因感染新冠病毒而离世的遗体捐献者。耿学清凭借其敏锐的新闻嗅觉和深厚的记者素养，深刻洞察到了这一线索所蕴含的非凡新闻价值。随后，他采访了火神山医院军方负责人、病理专家、医护人员，并找到了一个全家人都感染病毒的遗体捐献者家庭，通过对捐献者蔡德润女儿蔡雅卿的采访，记录了一个普通武汉

① 欧阳明.深度报道采写概论［M］.北京：清华大学出版社，2011：396.

② 欧阳明.深度报道采写概论［M］.北京：清华大学出版社，2011：397-400.

③ 案例分析中所涉报道原文节选自《冰点周刊》2020年4月15日刊发文章《父亲留在了火神山》，作者为耿学清，http://www.zgjx.cn/2021-10/29/c_1310277289_2.htm。

家庭在疫情中的坚忍、善良、奉献，以及中国军民同心战疫的故事。

本文以平实、克制的文字，将新冠患者及家属、解放军、医护人员在灾难面前的选择呈现在世人面前，既科普了遗体捐献者的贡献，赞扬了尚未走出巨大悲痛就同意捐献遗体的病人亲属，又体现了我国“人民至上、生命至上”的崇高理念。

报道原文：

武汉火神山医院的病房陆续空下来，贴上了封条。但70岁的蔡德润永远留在了火神山，确切地说，他身体的一部分留在了这里——他因新冠肺炎抢救无效去世后，家人捐献他的遗体用于研究，帮助世人“认识新冠肺炎的发生发展机理”。

一场来势汹汹的新冠疫情给武汉一个普通的三口之家带来了前所未有的挑战与考验。70岁的蔡德润在2020年2月8日确诊为新型冠状病毒感染者，在3月9日病故。蔡德润和妻子都是新冠危重症患者，与其共同生活的独生女蔡雅卿，核酸检测呈阴性，但肺部检查却显示被感染，在医学上认定为密切接触者，属于“临床确诊病例”。

3月9日这天，蔡雅卿接到了火神山医院的三次来电，在第一次来电中医生告诉蔡雅卿其父的生命体征非常不好，医院正在抢救，要做好心理准备，最好通知一下其他亲属。在第二次来电中，医生告诉她，情况很不好，估计当天很难挺过去。在双方沉默了十几秒后，医生轻声询问蔡雅卿如果她父亲走了能否捐献遗体做研究？蔡雅卿听后很惊讶，内心无比悲伤的她回复医生说“我现在没法回答你”。只在电视上看过捐献遗体故事的蔡雅卿，从未想过这件事情会发生在至亲身上，挂断电话后，她试着站在医生的角度考虑，认为既然医生顶着“这么大的冒犯（的可能）”主动询问，说明“国家非常需要感染者的遗体”。

在医院的第三次来电中，蔡雅卿听到了“患者蔡德润逝世于3月9日16时40分”的噩耗，医生也在电话中再一次征求她关于父亲遗体捐献的意见。蔡雅卿同意了捐献父亲遗体，并提出日后把父亲骨灰留给她的唯一要求。

蔡雅卿在接受中国青年网记者采访时说：“父亲最后一程跟医生、护士在一起度过，而现在的话，为医学研究，国家需要的时候，我好像没有什么理由拒绝，就同意了。”

3月9日傍晚，蔡雅卿在家门口见到了火神山医院军医赵鹏南，赵鹏南详细解答了传染病逝者遗体捐献的用途。蔡雅卿在知情同意书上签下名字，摁了手印，在“采集方式”一栏选择了医学价值最大的“全身”，她希望父亲的遗体能够帮到他人。蔡德润在当长江航运集团船员时，曾遭遇过一次拖轮船队相撞爆炸事故，当时他失血过多，昏迷不醒，被救时上身刺满了玻璃，之后他回家养伤，每月只拿基本工资，没有多要一分钱赔偿，并在7年后重新回到长江上继续跑船。蔡雅卿说一个那么不愿意给他人、给国家添麻烦的人，如果生前知道自己的遗体还能帮助别人，肯定也会大笑着同意。

报道原文：

女儿签字后，蔡德润的遗体带着特殊的代号，被送到火神山医院的负压尸检方舱内——这是全国唯一的针对烈性传染病的负压过滤式生物安全尸检方舱。

出于保护隐私的考虑，遗体仅以样本编号和研究编号区分。但每次在尸检方舱内，开始工作前，卞修武院士和他的同事会分列在手术台两侧，举行一个简短的默哀仪式。尽管身上的防护装备像太空服一样笨重，他们依然用力向前弯腰，向逝者鞠躬致敬。

39位捐献者，帮助他们建立了已知全球病理数据最齐全的新冠肺炎病理样本库。

3月25日，蔡雅卿独自从殡仪馆领到父亲的骨灰，在社区工作人员的帮助下为父亲举行一个无比简易的葬礼。

报道原文：

蔡雅卿抱着骨灰盒，轻轻放进墓穴，摆正，盖上盖子。工人用混凝土暂时砌出一个斜坡，给墓碑留好位置。她暂时找不到人刻碑。

她点了蜡烛，烧了纸钱，突然下起很大的雨。上午10点左右她出门时，还是晴天。她慌忙从包里找出一个购物袋，盖在未晾干的混凝土上。

……

在父亲墓前，蔡雅卿觉得一切太突然了。“就没有个过程……我心里面最难受的是我觉得好多事情都没有完成，好多话都没有说……”她自责，很多事情一直让父亲操心。

……

安葬父亲之后，蔡雅卿把父母的床单洗了，把床铺好，定期进去拖地，等待母亲回家。她每天好好吃早饭，“努力让自己生活得像他们在家里面一样”。

二、案例分析

《父亲留在了火神山》聚焦一个全家人都感染的遗体捐献者家庭，对传染病患者遗体捐献的故事做了一次完整记录，其在选题、人物刻画、行文风格方面的成功实践值得广泛借鉴与深入学习。

“独家”选题，取得良好社会效果。典型人物、公众人物与普通人物是深度人物报道的三类核心选题。[①]《父亲留在了火神山》这篇深度人物报道以讲述“普通人物的不平凡故事”为切口，聚焦疫情期间的一个普通武汉家庭，讲述了70岁的蔡德润因感染新冠病毒抢救无效去世，独生女蔡雅卿同意捐献遗体用于新冠病理研究的感人故事。在新冠疫情期间，很多媒体着眼于对医护人员和社区志愿者、警察、环卫工人、物资配送人员等抗疫一线工作者以及疫情动态、防控措施、疫苗研发进展等内容进行报道。《父亲留在了火神山》则将视角转移至“那些尚未走出巨大悲痛就同意捐赠遗体的病人及其亲属”，以独特的选材角度，完成了一次在战疫期间具有深刻意义的“独家”深度人物报道，成为第一篇连接起新冠遗体捐献者家庭和遗体解剖团队的深度报道。

该报道选择在武汉火神山医院休舱闭院之日刊发，获得了更高的关注度，社会效果显著。当日撤离火神山医院的部队相关负责人点赞，“在火神山撤离之际，以此文纪念，既沉重又感动”，大量网友留言致敬“谢谢逝者和家属的大爱”“向蔡雅卿致敬”“谢谢这充满人性光芒的大爱”“4034个字，看每一个字，脑海里都浮现着封面的这张笑脸”。蔡雅卿也在冰点周刊微信公众号留言，“谢谢你！把我絮絮叨叨的话整理了出来，两个月来压抑在心里的痛释放了！此文终身收藏，怀念我们家爱笑的老蔡，他去天堂和爷爷在一起了。留我和妈妈继续这人间的旅程”。

选材典型，人物刻画丰满。选材典型也是这篇深度人物报道大获成功的关键所在，记者耿学清在中国科学院院士、陆军军医大学教授卞修武带领的一支病理诊断与研究团队所完成的36例新冠感染逝者遗体解剖中，找到了一个一家三口全都感染新冠的遗体捐献者家庭，通过对捐献者独生女蔡雅卿的深入采访，以《父亲留在了火神山》这篇报道作为所

① 欧阳明.深度报道采写概论［M］.北京：清华大学出版社，2011：409.

有忍亲人离世之痛同意捐赠遗体家庭的缩影，以小见大，映射了每一个家庭的无私奉献，凸显了中国人的国家道义和人性之光。正是这些深明大义的中国家庭捐献的遗体，构成了当时全球病理数据最齐全的新冠病理样本库。

此外，该篇报道在人物刻画方面，运用了语言描写、心理描写和环境描写来使人物更加丰满，力图展现人物的内心世界。该篇报道以蔡德润女儿蔡雅卿第三人称视角的讲述为文章主线，“能不能够把骨灰给我”“他肯定也会大笑着同意”“一点‘私心’”“父亲的葬礼”四个小标题，皆以蔡雅卿的口吻按照时间顺序进行讲述。心理描写是展现人物内心世界的重要方式，在文中“她不敢关机，不敢不接电话”“后来，听医生说父亲被抢救过五六次，她感觉到，父亲应该很痛苦，他在‘遭罪’”“她甚至怀疑，是自己把病毒带到家里的”等心理描写，更能表达蔡雅卿内心的焦虑与痛苦。此外，文中在3月9日蔡雅卿接到父亲病危电话时，和3月25日为父亲举行葬礼时，都提到了下雨，雨这一环境描写更能渲染悲伤的氛围和蔡雅卿沉重的心情。

笔触平实、克制，文章内容翔实，结构完整。《父亲留在了火神山》这一标题中，“留”字的使用极具深意与情感张力，既体现了蔡雅卿对父亲深深的眷恋与不舍，也展现出遗体捐献者家庭在抗疫斗争中的伟大举动和无私贡献。文章以“武汉火神山医院的病房陆续空下来，贴上了封条。但70岁的蔡德润永远留在了火神山……”开头，以“拿着这张纸，蔡雅卿确信，父亲永远留在了火神山”结尾，标题—开头—结尾的呼应使得文章结构更为完整。全文的四个小标题，每一个都很抓人，平实、克制中有一种别样的力量。记者还通过在文中穿插对火神山医院医务部副主任张宏雁、火神山医院军医赵鹏南等病理专家的采访内容，科普了新冠病逝者遗体捐献的重要价值，使文章在深度上更上一层楼。

文中对于蔡德润个人背景资料的运用，使得整篇报道内容更为翔实，也使读者更了解这位伟大的遗体捐赠者。文中对于蔡德润“从前是长江航运集团的船员，曾在20世纪80年代的一次拖轮船队相撞爆炸事故中幸存”的描述，不仅揭示了这位非凡遗体捐赠者勇敢与坚忍的一面，更巧妙地映射出他内心深处的善良与无私。也正如其女儿蔡雅卿所说“一个那么不愿意给他人、给国家添麻烦的人，如果生前知道自己的遗体还能帮助别人，肯定也会大笑着同意”。这段背景信息，虽看似游离于文章核心之外，实则如同点睛之笔，让蔡德润的形象跃然纸上，也使得文章的主题与意蕴得以升华。

《父亲留在了火神山》这篇文章在选题上独具慧眼，展现人性光辉；在人物刻画上细腻入微，生动描绘了家庭成员间深厚的情感与无私的奉献；行文风格则兼具纪实性与文学性，是一篇令读者潸然泪下的深度人物报道典范之作。

小　结

在本章第一节中，我们沿循“历史溯源—界定—选题—采访—写作”的逻辑脉络，首先梳理了深度报道在中国和西方的“两条发展脉络”，随后探讨了深度报道的“三种定义之争”：文体说、形式说、旨趣说（理念说），分析了它们各自的侧重点与争议。接着从理论指引实践出发，详细阐述了在深度报道实践中，如何选题、如何采访以及如何写作的核心理论要点。

理论指导实践，实践丰富理论。对于深度报道而言，掌握扎实的理论知识与亲身参与采写实践是相辅相成、缺一不可的两个方面。本章第二节以细致剖析深度报道佳作为主，希冀通过对深度报道现实实践的分析，实现从第一节理论知识讲述到实践应用的跨越，进而实现内容层次的升维与逻辑结构的闭环。该节共选择了5个经典案例，涵括深度报道的5种主流呈现形式：调查性报道、解释性报道、预测性报道、系列报道和深度人物报道。佳作的选择以中国新闻奖历届获奖作品和体裁代表性比较强的作品为主，佳作的赏析视角主要聚焦选题的独特性、采访过程的深入性以及写作手法的精妙之处。

新媒体时代，深度报道面临着采写时间长与传播时效要求高、文章篇幅长与用户碎片化阅读、深度内容与社会偏好肤浅娱乐化内容的矛盾和挑战，深度报道在新媒体时代必须解决的难题就是如何在保持内容深度的同时应对新媒体所带来的冲击。面对传播生态环境的变化，深度报道需要及时转变思维，乘上技术东风，丰富深度报道形式，成为在后真相时代促进公众理性思考的重要力量。

首先，深度报道的核心优势在于其内容的深度与广度，而非单纯追求速度与流量，因此面对时效要求和娱乐化内容的冲击，深度报道仍需坚守最初的新闻旨趣。其次，深度报道也应在媒体深度融合的浪潮中，积极拥抱全媒体生态，充分利用短视频、直播、AIGC、大数据等新技术手段，丰富报道形式，拓宽传播渠道，提升传播效果。总之，深度报道不会在新媒体时代黯然失色，反而会以其独有的深度挖掘、广阔的视野和有温度的人文关怀，去守护社会的公平正义、激发公众理性思考的光芒，为社会的和谐稳定与可持续发展贡献坚实的力量。

课后讨论题

1.深度报道在新媒体时代发展的创新路径是什么？

2.深度报道的“深”和短视频的“短”如何在新闻实践中相互补充与融合，以更好地满足现代受众的信息需求？

3.思考AIGC如何对深度报道的生产流程进行再造与革新？

第十章　融媒体报道

2024年正值媒体融合成为我国国家战略十周年①。近年来，互联网逐渐成为新闻竞争主战场，移动端正逐步成为舆论工作主阵地。在此背景下，如何借助新兴技术手段、多元传播平台进行融媒体报道，成为新闻采编工作者从事新闻报道的新课题。

第一节　要点概述

一、融媒体报道的兴起与内涵

1983年，美国传播学者伊契尔·索勒·浦尔（Ithiel De Sola Pool）在《自由的技术》（*Technologies of Freedom*）一书中指出：媒体融合意味着一种媒体渠道就能够承载以往需要不同的媒体渠道才能提供的服务，而一种服务也可以通过不同媒体渠道来提供，以往在媒体与其提供的服

① 曾祥敏，刘思琦.媒体融合十年考：传播体系、社会治理与自主知识体系现代化的实践路径［J］.现代出版，2024（1）：47-60.

务之间的一对一的关系正在消逝。[①]

多年来，互联网技术的兴起、普及、发展，使得传统新闻业在行业、技术、表现形态上发生多方面改变，传统媒体不断发展壮大自有平台，实现了对各种媒介资源生产要素的整合，同时实现了文字、声音、图像、视频等多形态报道的融合，可以说，融媒体形态正是媒介融合所呈现出来的复杂媒介形态。相应地，融媒体报道也是在这种媒介融合态势下应运而生的复合报道形式。

（一）融媒体报道的兴起

融媒体的兴起与发展过程是新媒体与传统媒体不断融合、创新的结果，不仅仅是传统媒体向新媒体的过渡，更是媒体形态、传播方式、内容生产等多方面的深刻变革。融媒体的发展变化，大致可以划分为3个阶段——“跨媒体”“全媒体”“融媒体”[②]，他们相继出现，这些阶段也反映了媒体融合从初步探索到深入实践，再到创新发展的过程。

1.跨媒体时代（1997—2006年）

跨媒体一词最早出现在1997年的一篇论文《办看得见的电台——珠江经济台的户外活动及跨媒体合作》中，作者用“跨媒体”这个词来描述珠江经济台与报纸、电视台等的联合办节目模式。[③]随着移动互联网的普及，网络信息传播开始朝着实时性、互动性和多元化的方向发展。2001年，我国国内改革开放加快了传媒市场化进程，加剧了媒体间的生存竞争；中国加入世贸组织，西方传媒巨头进驻中国，给传媒业的发

---

① 新闻学与传播学名词审定委员会.新闻学与传播学名词［M］.北京：商务印书馆，2022：202.

② 李玮.跨媒体·全媒体·融媒体：媒体融合相关概念变迁与实践演进［J］.新闻与写作，2017(6)：38-40.

③ 蒙乃康.办看得见的电台：珠江经济台的户外活动及跨媒体合作［J］.中国广播电视学刊，1997(7)：49-50.

展带来了严峻的挑战。在此背景下，各大传统媒体在不同媒体之间通过"横跨"组合来实现"合作"传播。比如，一方面，报纸、电视等传统媒体想利用网络新媒体的多媒体呈现、快速传播、海量存储等优势；另一方面，网络新媒体又需要借助传统媒体的内容资源、人才资源、政策资源以及品牌影响力等。两方面的诉求相结合，催生了媒体间的各种互动与合作，形成了跨媒体。这也可以看作融媒体报道兴起的初期阶段。

2. 全媒体时代（2006—2014年）

作为媒体融合进阶的"全媒体"概念，是伴随着北京北大方正电子有限公司"报业全媒体"战略的提出（2006）、烟台日报传媒集团"全媒体新闻中心"的组建（2008）而逐渐活跃于国内新闻传播领域的。智能手机和移动互联网的普及，使人们开始更多地通过手机获取信息。各大传统媒体开始涉足手机客户端的开发，而一些新兴的新媒体也纷纷涌现出来，进一步推动了媒体融合的发展，这一阶段的媒体报道开始在传播形态和媒体运营上全盘发展。一方面，媒体开始综合运用各种表现形式，如文字、声像、网络、通信等来进行传输；另一方面，用所有媒体手段和平台来构建大的报道体系。如2013年10月28日，上海报业集团正式成立，成为实施全国媒体融合发展战略的首个"地方实践"——其通过整合重组解放日报报业集团和文汇新民联合报业集团，开启了中国媒体集团率先融合转型的"破冰"之旅。这一阶段"全媒体"的实践探索是促进优势互补的不同媒体间融合进入制度化、规范化、持续化运作的一种有益尝试。

3. 融媒体时代（2014年至今）

2014年8月18日，习近平总书记在主持召开中央全面深化改革领导小组第四次会议发表重要讲话时强调，推动传统媒体和新兴媒体融合发展，要遵循新闻传播规律和新兴媒体发展规律，强化互联网思维，坚持传统媒体和新兴媒体优势互补、一体发展，坚持先进技术为支撑、内容建设为根本，推动传统媒体和新兴媒体在内容、渠道、平台、经营、管理等方面的深度融合，着力打造一批形态多样、手段先进、具有竞争力的新型主流媒体。[①]

随着计算机技术、多媒体技术、互联网技术等新技术的不断涌现，融媒体报道在创意策划、内容生产、传播方式等方面都实现了技术驱动下的创新。例如，数据可视化、VR/AR、MR等技术的应用，为融媒体报道提供了更加丰富多样的表现形式和更加沉浸式的用户体验。各大传统媒体开始注重“一体化”发展，逐渐形成了“纸媒+网站+客户端+微信公众号+微博”等多个媒介融合的信息传播体系，组成了新的媒体生态系统。这一阶段，融媒体报道在内容生产、传播方式、用户互动等方面都取得了显著进展，成为媒体传播的重要形态之一。

随着上述三个阶段的发展与摸索，融媒体报道的发展阶段从跨媒体时代的初步探索，到全媒体时代的快速发展，再到融媒体时代的创新发展，每一步都伴随着技术的革新和媒体生态的变革。未来，随着技术的不断进步和媒体融合的深入发展，融媒体报道将呈现出更加多样化和创新的形态。

（二）融媒体报道的内涵

目前新闻传播学界及新闻业界对融媒体报道的概念还没有达成共识，与其相近的概念有“融合新闻报道”“媒体融合报道”等。“融媒体报道”在内容与特征上更注重各个传播介质之间的“融”——通过打通介质、平台，充分利用互联网这种载体，将广播、电视、报纸等既有共同点，又存在互补性的不同媒体在人力、内容、宣传等方面进行资源整合，使

① 谢建东. 2014年《关于推动传统媒体和新兴媒体融合发展的指导意见》出台与媒体融合国家战略的确立［EB/OL］.（2023-09-20）［2024-08-09］. https://www.ccpph.com.cn/bwyc/202309/t20230920_369566.html.

得报道过程中资源共通，内容呈现丰富多元，传播渠道互通互融。

1.融媒体报道的“创作过程之融”

不同于过去各类型媒体报道之间创作过程的独立性，融媒体报道更加注重创作过程的融合。融媒体报道往往包含以下流程：前期调研、信息收集、整合分析、内容撰写、发布与传播。融媒体制作之初，媒体工作者会对选题是否合适做出判断，然后结合过去的信息收集渠道与新型信息收集渠道发现新闻线索、获取新闻素材，之后进行整合分析，并对素材适合的报道形式进行规划，最终通过文字、图片、音频、视频等多种方式进行全面呈现，发布在不同的媒体平台之上。在创作过程中，媒体工作者需要通力合作、互融互通。

2.融媒体报道的“内容之融”

从媒体实践的案例来看，融媒体报道十分强调“内容”的融合。内容的融合，并非简单地把同一文字报道用图片或者视频等其他形式进行报道，而是围绕同一主题的新闻，通过不同的报道角度，结合合适的呈现形式进行融合报道。一般而言，融媒体报道在选题上具有可报道价值高、内容突破口多等特点，这也决定了媒体工作者需要通过对内容的融合，从多角度进行报道，使得受众能够通过不同报道角度与报道形式，更加清晰明白地理解该主题新闻报道所呈现出的新闻信息与社会价值，从而更好地发挥新闻报道的功能性。

3.融媒体报道的“输出形态之融”

媒体融合报道的形态主要分为短视频新闻、移动直播新闻、长图新闻、互动新闻和沉浸式新闻这五类[①]。在这一框架下，短视频新闻以其短小精悍、直观生动的特点，迅速成为吸引用户眼球的重要形式，通过快

---

① 罗培新.融媒体时代媒体融合报道的内涵探索［J］.记者观察，2023（32）：145-147.

速剪辑与高效传播，让新闻事件在第一时间触达广泛受众。移动直播新闻则进一步打破了时空限制，让受众仿佛置身于新闻现场，实时见证并参与新闻事件的发展，增强了新闻的即时性和现场感。这种形态不仅提升了新闻的透明度，也促进了受众与新闻事件之间的情感共鸣。长图新闻则以图文并茂、条理清晰的方式，将复杂的信息或故事脉络以视觉化的形式呈现，融合了文字、图片、图表等多种元素，使得信息传达更加直观且富有吸引力，便于读者快速理解和记忆。互动新闻则代表了新闻报道的又一创新方向，通过嵌入问卷调查、投票、评论等互动环节，鼓励受众参与新闻内容的生成与传播，实现了新闻生产与消费的双向互动。这种形态不仅增强了新闻的参与性和趣味性，也促进了新闻价值的多元化挖掘。沉浸式新闻则是融媒体报道的另一个前沿探索形式，利用虚拟现实（VR）、增强现实（AR）等先进技术，为受众营造出身临其境的新闻体验。通过模拟真实场景、还原事件细节，沉浸式新闻让受众能够全方位、多角度地感知新闻事件，极大地提升了新闻报道的沉浸感和感染力。

从生产和传播的角度来看，能够体现出融合特征的新闻作品具体又可以分为多媒体新闻报道、数据新闻报道、社交媒体新闻报道和互动新闻报道这四种形态。多媒体新闻报道通过整合文字、图片、音频、视频等多种媒介形式，形成立体化的报道体系，使新闻内容更加丰富多元，满足不同受众的多样化需求。数据新闻报道以大数据为基础，通过数据挖掘、可视化等手段，将复杂的数据转化为直观易懂的信息图表或动画，揭示新闻事件背后的规律与趋势，提升新闻报道的深度与广度。社交媒体新闻报道则充分利用社交媒体平台的传播优势，将新闻报道与社交媒体元素相结合，如微博话题、抖音挑战赛等，通过病毒式传播扩大新闻影响力，同时收集用户反馈，实现新闻报道的即时互动与调整。互动新闻报道除了上述提到的互动环节，还包括基于用户行为数据的个性化推荐、定制化内容生成等高级互动形式。这些形态不仅提升了新闻报道的个性化与精准度，也促进了新闻生态的多元化与健康发展。

融媒体报道的“输出形态之融”，是传媒领域深刻变革的产物，它不仅涉及内容上的整合与创新，更涵盖了传播手段、交互方式及用户体验的全面升级。

二、融媒体报道的特点

融媒体报道是媒体行业发展的一个新趋势，它充分利用了多种媒介载体的优势，将广播、电视、报纸、互联网等不同形式的媒体在人力、内容、宣传等方面进行全面整合，实现了“资源通融、内容兼融、宣传互融、利益共融”。这种报道方式不仅丰富了传播手段，还提升了传播效果，满足了受众多样化的信息需求。目前，融媒体报道主要有以下几个特点。

（一）信息来源丰富

融媒体报道融合了传统媒体与新兴媒体的优势，获取信息来源非常丰富，形成了一个多元化的信息获取和传播体系。融媒体报道的信息来源主要有传统媒体资源、互联网与社交媒体平台、用户生成内容、政府部门和专业数据机构等。融媒体报道的重要信息来源依旧离不开报纸、广播、电视等传统媒体，这些媒体获得的新闻线索与信息往往具有社交媒体、自媒体信息来源所缺乏的专业性与权威性，信息源质量更高。

不过，随着互联网的普及，网络新闻、博客、论坛、微博、微信公众号、短视频平台（如抖音、快手）等也成为融媒体报道的重要信息来源之一。记者、编辑通过大数据技术、内容聚合平台或建立官方账号等方式，实时抓取和整合这些平台上的信息，实现信息的快速传播与实时互动，拓宽信息源。此外，在融媒体时代，用户不再仅仅是信息的接收者，更是信息的创造者和传播者。用户可以通过社交媒体、社区论坛、在线评论等方式，分享自己的见闻、观点和体验。融媒体平台通过鼓励用户参与和贡献内容，极大地丰富了信息来源，并增强了内容的多样性和贴近性，这一方式也逐渐成为融媒体报道的信息来源之一。各类专业数据机构（如市场调研公司、统计部门）和政府部门（如国家统计局、国家各部委）发布的数据和报告，也是融媒体报道的重要信息来源。这些数据和信息往往具有权威性和准确性，能够为新闻报道提供有力的数据支撑和背景分析。

融媒体报道的信息来源非常丰富多样，涵盖了传统媒体、互联网与社交媒体、用户生成内容、专业数据机构与政府部门等多个方面。这种多元化的信息来源体系，为融媒体提供了丰富的素材和广阔的视野，有助于提升新闻报道的时效性、准确性和深度。

（二）渠道矩阵联合

随着媒介技术飞速发展，融媒体报道的传播渠道也从单一走向多元。融媒体报道联合了多种媒体平台，包括传统媒体（如报纸、电视、广播）和新兴媒体（如网站、社交媒体、新闻客户端、短视频平台等），实现了跨平台、跨渠道的传播。这种多渠道融合的方式，使得新闻信息能够迅速覆盖到更广泛的受众群体，形成强大的传播力和影响力。在融媒体报道矩阵中，不同媒体平台之间可以共享新闻资源和内容。这种资源共享的方式，不仅提高了资源利用效率，还避免了重复劳动和资源浪费。

同时，通过内容的互通共享，各媒体平台可以相互借鉴、相互补充，共同提升新闻报道的质量和水平。融媒体报道矩阵联合了多种报道形式，如文字、图片、音频、视频、短视频等，满足了不同受众的多元化需求。这种多样化的报道形式，使得新闻信息更加生动、立体，增强了受众的信息接收体验。同时，各媒体平台还可以根据自身的特点和优势，选择最适合自己的报道形式进行传播。

（三）互动性增强

融媒体报道通过社交媒体、新闻客户端等平台，实现了与受众的即时互动。这种即时性极大地缩短了受众对新闻信息的反馈周期，使得媒体能够迅速捕捉到受众的反应和意见，从而及时调整报道策略和内容。这种快速的互动反馈机制，不仅提升了新闻报道的时效性和针对性，还增强了受众的参与感和归属感。

融媒体报道提供了多种互动形式，如评论、点赞、分享、投票、问卷调查、直播互动等，这些形式丰富了受众的参与体验。受众可以根据自己的兴趣和需求，选择适合自己的互动方式参与到新闻报道中来。同时，这些互动方式也为媒体提供了更多了解受众需求和反馈的渠道，有助于媒体更好地优化报道的内容和形式。

社交媒体平台是融媒体报道互动性增强的重要推手。这些平台具有用户基数大、传播速度快、互动性强等特点，使得新闻报道能够迅速在社交媒体上引起关注和讨论。受众可以在社交媒体上转发、评论、点赞新闻报道，与其他用户进行交流和讨论，形成了一种全新的传播生态。这种传播生态不仅扩大了新闻报道的传播范围，还增强了新闻报道的影响力和互动性。

随着大数据技术的发展，融媒体报道开始运用数据分析工具对受众的互动行为进行深入分析。通过数据分析，媒体可以了解受众的兴趣偏好、阅读习惯、互动习惯等信息，进而实现精准互动。例如，媒体可以根据受众的兴趣偏好推送相关的新闻报道；根据受众的阅读习惯调整报道的排版和风格；根据受众的互动习惯设计更具吸引力的互动环节等。这种精准互动不仅提升了受众的满意度和忠诚度，还增强了新闻报道的针对性和实效性。

融媒体报道互动性增强的另一个重要特点是用户生成内容（UGC）的兴起。在社交媒体平台上，受众不仅可以作为信息的接收者参与互动，还可以作为信息的创作者和传播者。他们可以通过发布自己的见解、观点、经历等内容，为新闻报道提供新的视角和素材。这种UGC的兴起不仅丰富了新闻报道的内容来源，还激发了受众的创作热情和参与热情，进一步增强了融媒体报道的互动性。

（四）表现形式多样化

融媒体报道的表现形式在融媒体背景下呈现出多样化和创新性的特点。通过多媒体融合、可视化呈现、短视频兴起、互动元素增加和个性化定制等方式，融媒体报道不断创新报道形式和内容呈现方式，为受众提供更加丰富、生动、有趣的新闻阅读体验。

融媒体报道不再局限于单一的文字或图片形式，而是将文字、图片、音频、视频、动画等多种媒体元素有机融合，形成多媒体报道。这种多媒体融合的方式，使得新闻报道更加生动、立体，能够全方位、多角度地展现新闻事件的全貌和细节，增强了报道的感染力和说服力。

随着技术的发展，融媒体报道越来越注重数据的可视化呈现。新闻工作者通过图表、地图、动画、VR/AR等技术手段，将复杂的数据和信息转化为直观、易懂的视觉元素，使受众能够更加清晰地理解新闻事件背后的数据逻辑和趋势变化。这种可视化呈现的方式，不仅提高了新闻报道的可读性和趣味性，还增强了受众的参与感和互动性。

短视频作为一种新兴的媒体形式，在融媒体报道中得到了广泛应用。短视频具有时长短、内容精炼、传播速度快等特点，能够迅速吸引受众的注意力并传递核心信息。在融媒体报道中，短视频常被用于报道突发事件、热点话题或人物故事等，通过生动的画面和紧凑的节奏，让受众在短时间内了解新闻事件的全貌和亮点。

融媒体报道还注重增加互动元素，提升受众的参与度和体验感。媒体工作者通过设置在线调查、投票、评论、问答等互动环节，让受众能够参与到新闻报道中来，表达自己的观点和看法。同时，一些融媒体报道还利用社交媒体平台的社交属性，鼓励受众分享、转发和讨论报道内容，形成更加广泛的传播效应。

随着大数据和人工智能技术的发展，融媒体报道还开始尝试个性化定制服务。通过分析受众的浏览历史、兴趣爱好等数据，为受众推荐符合其个性化需求的新闻报道。这种个性化定制的方式，不仅提高了新闻报道的针对性和精准度，还增强了受众的满意度和忠诚度。

三、融媒体报道的实践形态

正如前文所言，从生产和传播的角度来看，能够体现出融合特征的新闻作品具体分为多媒体新闻报道、数据新闻报道、社交媒体新闻报道和互动新闻报道这四种形态，本节主要从中选取H5新闻、视频新闻、数据新闻三种常见的融媒体报道实践形态进行分析。

（一）H5新闻

H5新闻是融媒体报道的常见形态之一。超文本标记语言（Hyper Text Mark Language，HTML）是一种制作万维网页面的技术。所谓超文本，指页面信息包含多种媒体形式，且可以用超链接的方式进行组织。HTML的作用是对要显示在网页上的超文本内容进行格式定义，如指明文字内容如何在屏幕上显示（位置、大小、色彩等），以及图片、音频、视频等多媒体内容的位置及其表现方式。HTML文件通过HTTP协议传输给用户，客户端浏览器软件解释执行HTML标记，将结果显示在显示器上。HTML的正式开发一般被认为是从1993年开始的。自此之后，HTML的技术标准也在不断发生变化，目前最新的标准是HTML5，也简称为H5[①]。

H5新闻主要有多媒体呈现形式、强交互性、跨平台性、表现力丰富等特点，H5新闻可以集文字、图片、视频、动画、链接等多种元素于一体，使新闻内容更加丰富和生动。这种多媒体形式不仅增加了内容的可读性，还提高了趣味性。H5新闻具有强大的交互能力，受众可以通过滑动、点击、长按等动作与新闻进行互动，参与感和体验感更强。这种交互性使得新闻报道更加个性化和场景化。并且，H5新闻具有跨平台的优势，可以在个人计算机、手机、平板等不同终端上呈现，方便受众随时随地阅读。同时，H5新闻采用响应式设计，可以自适应不同屏幕尺寸的设备，保证受众在不同设备上获得一致的阅读体验。此外，H5新闻借助HTML5技术的优势，可以实现多种效果，如动画、音视频等，使新闻报道的表现力更为丰富和生动。

H5新闻在融媒体报道中的应用主要有帮助新闻可视化、提升互动感、进行新闻解读、整合资料等。首先，H5新闻通过多媒体和交互性技术，将复杂的新闻事件以更直观、更易于理解的方式呈现给受众。例如，在报道重大新闻事件时，可以通过时间轴、地图、图表等形式展示事件的发展过程和相关信息。其次，H5新闻为受众提供了与新闻进行互动的机会，受众可以通过参与问卷调查、投票、评论等方式与新闻内容进行互动。这种互动传播方式不仅提高了受众的参与感，还增强了新闻的传播效果。再次，H5新闻可以通过多媒体和交互性技术，对新闻事件进行深入解读和分析。例如，在报道财经新闻时，可以通过图表、动画等形式展示经济数据的变化趋势和背后的原因。最后，H5新闻可以将相关的

---

① 新闻学与传播学名词审定委员会.新闻学与传播学名词［M］.北京：商务印书馆，2022：188.

新闻资料进行整合和分类，为受众提供全面的信息。例如，在报道某个新闻事件时，可以将相关的新闻报道、图片、视频等资料整合在一起，方便受众查阅和了解。

H5新闻的多媒体形式和强交互性使得阅读过程更加生动有趣，提高了受众的阅读体验。其跨平台性和互动传播方式使得新闻内容能够更广泛地传播给受众，增强了传播效果。并且，H5新闻通过深入解读和整合资料等方式，提升了新闻的价值和深度，是融媒体报道中非常实用的呈现形式之一。

（二）视频新闻

视频新闻是一种基于互联网技术平台的新的报道形态。视频新闻整合文字、图片、音频、视频、Flash、动漫等信息传播的基本元素，在继承传统新闻报道方式和理念的同时，体现出发散传播、即时互动和瞬时发布的传播优势。[①]随着网络视听技术的发展，视频新闻的制作和发布速度快，能够在第一时间将新闻事件传递给受众。视频新闻通过图像、声音和文字的综合运用，能够生动形象地展示新闻现场，增强观众的感知和理解。视频新闻可以容纳大量的信息，包括新闻事件的背景、发展、影响等多个方面。视频新闻通过图像、声音和文字的三维展示，能够全方位地呈现新闻事件，使观众获得更全面的了解。在新媒体平台上，视频新闻可以与观众进行互动，收集观众反馈，提高观众的参与感和黏性。

视频新闻的类型可以分为传统的电视新闻和短视频新闻，电视新闻一般指传统电视媒体制作的新闻节目，通常包括时政新闻、社会新闻、经济新闻等多个领域。短视频新闻则一般指在新媒体平台上广泛传播的

---

① 张晋升，闫昆仑.新媒体写作谈之六视频新闻：新媒体语境下报道形态变革的产物［J］.新闻与写作，2010（9）：84-87.

视频新闻形式，时长从几秒到几分钟不等，适合在移动状态和短时休闲状态下观看。

视频新闻的形式也比较多样，主要包括直播报道、录播报道、互动报道等。直播报道主要通过对新闻事件进行实时直播，让观众第一时间了解事件进展，是目前常用的一种报道形式；录播报道通常将新闻事件拍摄后制作成视频节目进行播放；互动报道一般会在新闻节目中加入互动环节，如观众投票、评论等。视频新闻具有直观性强、信息量大等优点，能够通过图像和声音的直观展示，使观众更容易理解和接收新闻信息。同时，视频新闻可以容纳大量的文字、图像和声音信息，为观众提供全面的新闻报道。这也使得视频新闻具有较强的感染力和吸引力，能够引起观众的共鸣和关注。

视频新闻作为一种重要的融媒体报道形式，具有直观性强、信息量大、传播效果好等优势，但也面临着制作成本高、技术门槛高、传播环境复杂等挑战。不过，随着技术的不断发展和创新，视频新闻正在被越来越多的新闻媒体应用到融媒体报道中，提升新闻报道的传播效果。

（三）数据新闻

一切利用数据来发现新闻、呈现新闻要素、解释新闻的手段、表现形式或过程都可以称为数据新闻。数据新闻的源头可以追溯到20世纪中叶在美国出现的计算机辅助报道。但今天的数据新闻已经超出了辅助报道这个层面，扩展到新闻生产的各个层面。数据新闻与数据可视化有密切关系，数据可视化常常可以作为数据新闻的一种呈现手段，但并非所有数据新闻都需要数据可视化。[①]

① 新闻学与传播学名词审定委员会.新闻学与传播学名词［M］.北京：商务印书馆，2022：203.

数据新闻主要以数据为核心，具有可视化呈现、交互性表达、故事化叙事等特点。首先，数据新闻以数据为核心驱动力，通过挖掘、分析和运用海量数据来发现新闻、呈现新闻要素和解释新闻。这是数据新闻与传统新闻报道的主要区别之一。其次，数据新闻经常采用图表、地图、交互式图形等可视化手段来呈现信息，这种方式使得复杂的数据变得直观易懂，增强了读者的阅读体验和兴趣。再次，部分数据新闻提供交互式体验，允许读者通过点击、滚动等操作来获取更多信息或探索数据的不同维度，增加了新闻的参与性和互动性。数据新闻不仅仅是对数据的简单呈现，更是通过数据来讲述故事，揭示数据背后的深层含义和内在逻辑，使新闻报道更加生动、有趣且引人深思。最后，数据新闻还具有实时性与动态性的特点，依托大数据和实时分析技术，数据新闻能够迅速捕捉并呈现新闻事件的最新动态，为受众提供即时、全面的信息服务。

数据新闻凭借其独特的优势，显著提升了信息透明度与准确性，通过依托大量可验证的数据源及统计分析方法，有效减少了主观偏见，确保报道的公正与精确。其中，大数据分析技术的运用，深刻揭示了数据背后的隐藏趋势与规律，为读者洞悉复杂社会现象与经济动态提供了有力支持，助力其做出更为明智的决策。此外，数据新闻以可视化手段呈现信息，不仅丰富了报道形式，还极大地增强了内容的可读性与吸引力，提升了读者的阅读体验与兴趣。更重要的是，借助在线数据平台和社交媒体等互动渠道，数据新闻促进了公众的广泛参与和深入讨论，激发了社会共鸣，增强了新闻报道的互动性和社区凝聚力。数据新闻以其广阔的视野和深刻的洞察力，打破了传统报道的界限，覆盖了更全面的社会领域，提供了多元化的视角与详尽的背景信息，极大地拓展了读者的新闻认知边界，并加深了报道的层次与深度，这也使得数据新闻逐渐成为融媒体报道中常用的一种报道形式。

四、融媒体报道的制作

融媒体报道的制作是一个复杂而多元的过程，它融合了传统媒体与新兴媒体的优势，旨在通过多样化的形式和内容，向受众提供全面、深入、及时的新闻报道。一般而言，融媒体报道的制作包括以下五个环节。

（一）信息收集与筛选

融媒体报道的信息来源广泛，包括传统媒体（如报纸、广播、电视）、互联网（新闻网站、社交媒体、博客、论坛等）、专业数据机构、政府部门以及用户生成内容（UGC）等。媒体工作者在收集到大量信息后，需要进行严格的筛选和核实，确保信息的真实性、准确性和权威性。

（二）内容策划与创作

在融媒体报道之初，记者需要根据新闻价值、受众需求、媒体定位等因素，确定报道的主题和角度。之后需要明确报道的形式（如文字、图片、视频、直播等）、结构、时间安排等，制订详细的报道方案。

媒体工作者在内容创作上需要注重语言精练、逻辑清晰，确保在短时间内传达核心信息。对于短视频等形式的报道，更需精细文本，合理剪裁和加工，充分利用图片、视频、音频、图表等多媒体元素，丰富报道内容，提升报道的吸引力和感染力。此外，为了深化受众的参与体验与互动性，我们还应积极探索在报道中嵌入互动元素，比如鼓励网民跟帖交流、设置在线调查以收集反馈，或是开展即时投票等活动。这些举措不仅能够激发受众的参与热情，还能有效促进信息的双向流动，构建更加活跃与紧密的传受关系，让报道不仅仅是信息的单向传递，而是成为一场充满生命力的对话与交流。

（三）制作与编辑

对于视频报道，媒体工作者需要注重拍摄画质和剪辑技巧，确保画面清晰、流畅，同时符合报道主题和氛围。对于音频报道或包含音频元素的报道，需要进行专业的音频处理，确保音质清晰、无杂音。对于数据新闻等需要展示大量数据的报道，可以利用图表、动画等形式进行数据可视化处理，使数据更加直观易懂。

（四）发布与推广

媒体工作者利用融媒体平台的多渠道优势，将报道发布到不同的媒体平台（如新闻网站、社交媒体、短视频平台等），扩大报道的传播范围。此外，媒体工作者还需要根据受众的兴趣、需求等特征，进行精准推送和个性化推荐，提高报道的到达率和阅读量；及时关注受众的反馈和评论，进行互动回复和解答疑问，增强受众的黏性和忠诚度。

（五）评估与优化

媒体工作者通过数据分析手段，对报道的传播效果进行评估，包括阅读量、点赞量、评论量、转发量等指标。并且，媒体工作者需要根据评估结果和受众反馈，对报道内容、形式、推广策略等进行优化调整，不断提升报道的质量和效果。

融媒体报道的制作是一个系统而复杂的过程，媒体工作者需要注重信息收集与筛选、内容策划与创作、制作与编辑、发布与推广以及评估与优化等各个环节的紧密配合和不断优化。

第二节 案例解析

案例一

一、案例简介[①]

在中国共产党成立100周年的重要历史节点，新华社推出融媒体报道作品《2021，送你一张船票》，自2021年1月2日发布，形成了多轮传播高潮，报道传播周期长达6个月。交互性特点在这篇报道中得到了充分体现：该作品总浏览量超过5亿次，“转赞评”超过117万次，H5用户平均停留时长6分39秒，H5“完播率”达到98.34%，8500多万个独立设备生成分享海报。[②]

二、案例分析

《2021，送你一张船票》具有以下3个突出的特点。

（一）形式融合创新

H5形式的融媒体产品过往常常存在大小屏不同频、主流平台、主流

① 李忠发，焦旭锋，周年钧，等. 2021，送你一张船票［EB/OL］.（2021-01-02）［2024-08-09］. https://h.xinhuaxmt.com/vh512/share/9664313.

② 2021，送你一张船票［EB/OL］.（2021-11-01）［2024-08-09］. http://www.zgjx.cn/2022-11/01/c_1310667988.htm.

浏览器播放不适配的问题，《2021，送你一张船票》通过游戏级的开发，提升了播放的流畅程度和用户的观感体验。

该作品使用船票这一形式，以南湖红船为线索，追溯历史大事件，将文字、国潮插画、互动闯关游戏、音乐、音频文献等元素进行了巧妙融合，在一个简短的H5作品中，让广大网民能够通过领取船票这一方式，身临其境地体会中华民族在中国共产党的领导下，从积贫积弱到走向复兴的百年征程的巨大变化（图10-1）。该作品主要表现形式有以下几点。

图10-1 《2021，送你一张船票》H5作品截图（图片截自新华网）

1.国潮长卷手绘

不同于部分移动端H5作品纵向播放的特点，该作品采用横向播放的方式，突出历史长河的纵深感。进入界面后，通过黑白灰色的手绘图片，讲述中国在鸦片战争后内忧外患，人民生活在水深火热之中，以及此时中国共产党诞生的历史。随后通过节点似的梳理，在32个历史大事件中通过手绘的方式重现过去的历史场景，将100年党史串联成长卷，帮助网民回忆历史大事件。

2.交互动画

在这部作品中，充满了较为丰富的互动形式，如通过设置问答与屏幕点击，实现了用户与作品之间的联结，提升参与感。首先是问卷采用参与式回答的方式，通过知识问答和让用户输入出生年份的形式，增强了对话感（图10-2）。其次是用户点击屏幕触发动画与声音，例如点击屏幕“发射”中国第一颗原子弹，滑动“发射”神舟系列飞船等，帮助用户重温历史时刻，提升在场体验，使得用户深入体会中国前进路上的激动人心的时刻（图10-3）。最后是鼓励用户全程参与，在回顾百年党史之后，会形成背景可以筛选且带有用户唯一编号的船票（图10-4）。

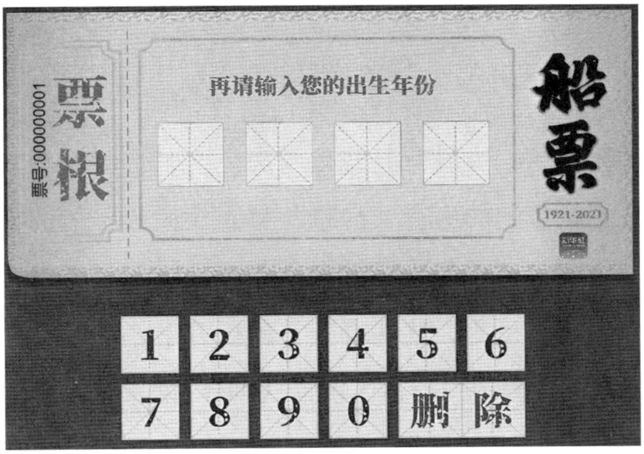

图10-2 《2021，送你一张船票》H5作品交互界面（图片截自新华网）

图10-3 《2021，送你一张船票》H5作品交互界面（图片截自新华网）

图10-4 《2021，送你一张船票》H5作品生成海报（图片截自新华网）

3. 音频文献

作为融媒体作品，大量背景音乐与历史文献音频被融入作品中，例如，武昌起义军队奋起的声音、1937年号召全民族抗战的喇叭声、开国大典上毛泽东主席宣布中华人民共和国成立的音频、抗美援朝《中国人民志愿军战歌》的音乐等，这些音频文献提升了作品的历史在场感，丰富了作品的艺术性，为用户打造了沉浸式的体验。

（二）叙事策略巧妙

1. 按照事件顺序，梳理重要节点

该作品主要以1921年中国共产党成立为起始点，通过一艘红船进行100年来的重要历史事件或事件节点的叙述。在此期间设置互动，让用户参与其中，事件前后相互关联，用户可以选择前进或后退观看这些百年来被载入史册的事件。

2. 采用群体化视角与宏大叙事

该作品主要在中国共产党成立100周年这一宏大主题下进行了历史事件的描摹，旨在提升用户的主人翁意识与历史责任感。

（三）多维发力精准传播

新媒体时代，融媒体作品在社交媒体的传播力急需增强。《2021，送你一张船票》这部融媒体作品，基于移动优先和精准传播理念，抓准传播对象心理，通过设置出生年份链接网民与历史事件这种新颖的形式，提升党史教育与个人命运的关联度。此外，通过设置用户答题闯关，点击“发射”中国第一颗原子弹，滑动“发射”神舟系列飞船，生成唯一序号的纪念海报，在社交媒体上实现裂变式传播。此外，新华社配合这一产品，发布了九宫格海报、在微博设置互动话题，在微信设置专版文章、“百年红色之旅”抽奖活动等，进行了精准化、差异化、分众化传播，线上线下联动提升了“微党课”的触达率。

案例二

一、案例简介[①]

《手机里的小康生活》这部作品以H5的表现形式，讲述了曾经是建档立卡贫困户的朱小红在中国共产党的领导与帮助下，如今实现小康生活的故事（图10-5）。主人公还有一个特殊的身份——是习近平总书记亲口讲述的“半条被子”故事的主人公徐解秀老人的孙子，这也使得他作为千万平凡老百姓的一员，具有足够的典型性与代表性。该作品连续3天在新湖南客户端首屏重要位置进行展播，并且通过微博、微信等新媒体平台进行宣传报道，通过制作带有作品二维码的海报，进行全网传播，

① 手机里的小康生活［EB/OL］.［2024-08-09］. http://h5.hunantoday.cn/c/gsmm/-yvz/index.html.

阅读量达1200多万。

图10-5 《手机里的小康生活》H5开屏截图（图片截自新湖南客户端）

二、案例分析

正如前文提到的，优秀的融媒体报道往往需要具有良好的互动性，并且尽可能地适应新时代的传播特点。以“小康生活”为主题的媒体报道有很多，不乏许多内容详尽、叙述优秀的报道。但是，大多报道往往存在叙述过于宏大、可读性差等问题。《手机里的小康生活》这篇融媒体报道本身所具有的互动性强、可读性高等特点在一定程度上为宏大主题的报道提供了报道思路。

（一）叙事巧妙，小切口讲述大主题

在时代变迁这样的大主题报道中，采用宏大的叙事很难走近普通用户的心，而用小人物的故事作为切口，是新闻传播中的重要方式。

把“小康生活”与“乡村振兴”这样的宏大主题进行小切口叙事拆分，通过对普通人物朱小红一家从建档立卡户到走向小康生活的讲述，

使得新闻报道的真实性得到了提高，同时主人公一家亲切的乡音、接地气的日常生活，引发读者共鸣，也提升了产品的趣味性与可读性。

同时，该作品的叙事方式也不同于以往人物报道常用的第三人称叙事方式，而是采用以朱小红为第一视角叙事，通过以朱小红讲述为主，朱小红与其家人、朋友对话以及记者采访为辅的方式进行叙事。其中，朱小红和亲戚朋友们通视频电话、朱小红与家人一起拍全家福、朱小红使用地图导航，以及朱小红使用支付宝、微信等进行转账、收款等行为，都是经常会发生在大众身边的事情。这种叙事方式让用户通过朱小红的视角，深切感受平凡百姓的幸福小康生活，提升了报道的接近性。让重大主题更显生动，最终起到让用户从朱小红一家幸福生活的剪影里，窥见沙洲村实现小康、乡村振兴的壮丽全景的效果，提升报道的传播效果。

（二）互动性高，趣味性强

与一般的人物报道不同，在该H5作品中，朱小红并不只是采访对象，反而，该作品中的大量素材，都来自朱小红本人的手机原始素材。例如，朱小红与亲戚朋友的微信视频聊天，他的支付宝转账等功能的使用，他用相机记录身边的美好生活与时代的飞速发展，他使用手机地图进行导航，等等，这些主人公本身原始素材的大量运用，是该报道让人眼前一亮的创新点之一。当然，对于这些原始素材，新湖南客户端创作团队对其进行了细致深度的“整理”“加工”，其中穿插了一些习近平总书记讲述“半条被子”的故事的画面，并且通过插入一些对朱小红本人采访的话语，使得主人公的人物背景与身份得到了完善，使人们在朱小红本人的讲述与采访中，感受到朱小红、沙洲村以及整个国家的发展。

这些最真实、有温度、有触感的素材，最终得以从多个维度来描画一个平凡又不普通的老百姓的“小康”生活。除此之外，创作团队用手机作为与用户互动的虚拟载体，作品模拟手机形态来呈现朱小红的小康生活。设计了“微信”“地图”“相册”“相机”“支付宝”等8个最常见的APP图标，通过朱小红的生活视角，嵌入相关联的6个短视频，并融入了大量的互联网元素，如直播页面、微信视频聊天、朋友圈留言等，以此让用户产生高度的代入感、共情感与亲切感[①]（图10-6）。在该作品中，创作团队也进行了简单的交互设计，用户需要通过点击屏幕来观看不同APP图标中展现的主人公的生活，增添了趣味性与互动性。

图10-6 《手机里的小康生活》H5交互界面（图片截自新湖南客户端）

（三）碎片化、轻量化传播，提升产品触达率[②]

互联网时代，用户阅读方式发生极大改变，碎片化、轻量化成为融媒体报道需要考虑的因素之一。该作品通过适合手机端观看的竖屏H5形式，将重大主题报道以硬核内容进行柔性报道，通过有分量的内容、轻量化的传播方式，既做到了“媒体要表达什么”，也满足了“观众想看什么”。

上文提到的H5新闻、视频新闻、数据新闻是融媒体报道中常见的三

① 手机里的小康生活［EB/OL］.［2024-08-09］. http://h5.hunantoday.cn/c/gsmm/-yvz/index.html.

② 马悦.重大主题报道如何实现有效的共情传播［J］.传媒评论，2024（3）：40-41.

个主要表现形式，正如前文所言，视频形式的报道呈现，具有直观性强、信息量大、传播效果好等优势。在实际报道过程中，各大主流媒体也在对融媒体报道中的视频形式报道进行探索与创新，下文主要选取几个典型的以视频形式为主的融媒体报道进行具体分析，探究它们各自的优势与存在的弊端。

案例三

一、案例简介

《新千里江山图》是一部由人民日报社新媒体团队精心策划与创作的融媒体作品，创作团队由多位经验丰富的媒体人和艺术家组成，包括余荣华、熊捷、宋嵩、杨丽娟、林渊、贾雪、钟金叶、曹磊等主创人员，以及梁昌杰、徐丹、胡洪江等编辑成员。该作品创作于党的二十大召开前夕，主创团队以“江山就是人民，人民就是江山”为创作理念，将新时代十年的发展成就和奋斗故事融入名画之中。通过这幅作品，他们不仅展现了中国在政治、经济、社会、文化、生态等各个领域取得的辉煌成就，还深情讴歌了中国人民的奋斗精神和爱国情怀。《新千里江山图》于2022年10月15日发布，在全网引起巨大反响。话题#新千里江山图#迅速登上微博热搜榜第一，人民日报微博账号阅读量不到一小时就超过10万+，视频号突破双10万+，接连登上抖音、快手、Bilibili等视频媒体热搜榜，据统计，视频的全网播放量超过6.6亿。[①] 2023年，该作品荣获第33届中国新闻奖融合报道类一等奖。

① 余荣华，熊捷，宋嵩，等.新千里江山图［EB/OL］.（2023-10-31）［2024-08-09］. http://www.zgjx.cn/2023-10/31/c_1310747774.htm.

融媒体报道《新千里江山图》进行了数字化、新技术、新形式的“出圈”尝试，以丰富的内涵、巧妙的叙事将内容与形式进行了完美融合，此外，通过线上线下的联动传播，收获“好评如潮”，为新型主流媒体融媒体报道创新提供了新范本（图10-7、图10-8）。

图10-7 《新千里江山图》视频截图（图片截自人民网）

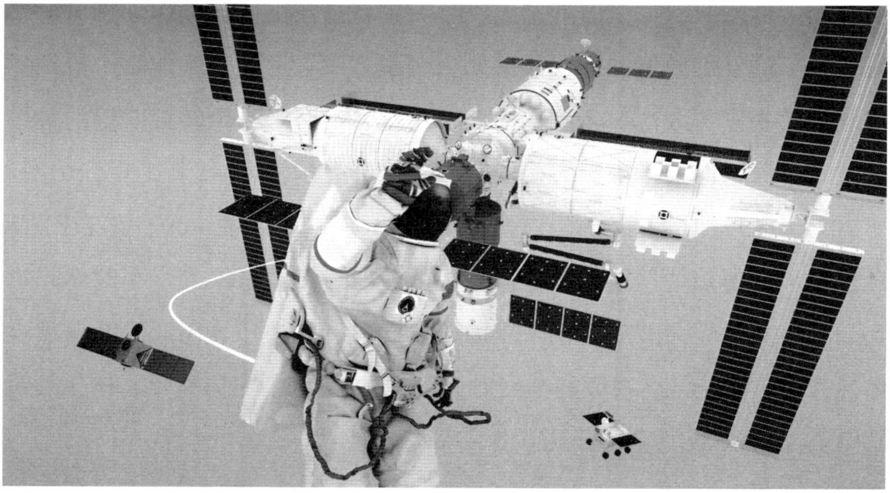

图10-8 《新千里江山图》视频截图，图为中国航天员（图片截自人民网）

二、案例分析

（一）内涵丰富，宏大叙事与微观视角相结合

《新千里江山图》巧妙融合了绘画、舞蹈、戏曲、书法、民乐等多种中华优秀传统文化元素，将古代与现代、传统与创新、人文与自然等元素融合在一起，通过视觉、听觉、情感等多种方式向观众讲述这幅新时代壮美画卷的故事。视频开篇把握“黄金七秒”原则，以国风舞蹈《只此青绿》作为切入点，吸引观众的注意力。之后以第一视角进行动态叙事，使观众仿佛坐上了一台穿越时光机，跟随镜头穿越山川峡谷、飞越港珠澳大桥等，体验中国这十年的辉煌成就。作品除了展现国家层面的宏大叙事，如聚焦中国高铁、中国水利工程、中国航母、载人航天等大国重器和辉煌成就，也通过微观视角切入，聚焦普通人物的奋斗故事和日常生活，展现中国人民在中国共产党领导下顽强拼搏、砥砺前行的精神风貌。作品呈现了在稻田里科研劳作的袁隆平、奋战在扶贫一线的黄文秀、在校门口和学生交谈的张桂梅等时代典型英模人物的故事，展现了中国人民的奋斗精神和家国情怀（图10-9）。作品也努力还原每个中国人在这十年间的共同记忆和生活，如在雪域高原边防前哨的解放军战士、在风雪中攀登的珠峰测量队，以及外卖小哥、“大白”（医务工作者）等各行各业的奋斗者形象，他们的事迹和精神成为新时代中国发展的生动注脚，也使得叙事更加贴近人心、接地气，激发观众的共鸣。

图10-9 《新千里江山图》视频截图，图为张桂梅校长（图片截自人民网）

（二）数字化、新技术、新形式的“出圈”尝试

在融合时代，优质内容离不开好的创意，而好的创意离不开技术的支撑。《新千里江山图》利用三维建模技术和场景CG（电脑动画图像）技术[①]，将《千里江山图》中的青绿山水、亭台楼阁等元素进行数字化复现，使观众能够在虚拟世界中畅游这幅千年名画。这种技术不仅保留了原作的精髓，还赋予了其新的生命力。在舞蹈、戏曲等表演元素的拍摄中，采用实景拍摄与后期CG合成相结合的方式，将传统艺术形式与现代科技手段完美结合，这些技术的运用不仅使名画“活”了起来，还极大地增强了作品的视觉冲击力和沉浸感。例如，视频中所有人物均采用照片级复原技术，力求做到每一个细节都真实还原；所有场景、画面都饱含匠心，一唱一舞、一笔一画力求尽善尽美，使得新创意和新技术为新时代融媒体传播赋予了新的生命力和无限的可能性。

① 创作谈 |《新千里江山图》为何受中国新闻奖青睐［EB/OL］.（2024-01-17）［2024-08-09］. https://mp.weixin.qq.com/s/FZ5_6WvEUW31akuhUG0bRg.

（三）深入策展，线上线下联动传播

融媒体报道《新千里江山图》在深入策展和线上线下联动传播方面展现出了独特的创新性和影响力。在“新千里江山图”的IP框架下，不仅有大家所熟知的三维动画视频，还有国风手绘长卷、系列移动直播、线下互动展播、系列文创产品等。2023年，“新千里江山图”的画卷更是铺展到全国各地，先后推出江苏篇、陕西篇、四川篇、浙江篇、广西篇、福建篇，跟随画卷展开的是更多与技术相融合的崭新尝试（图10-10）[①]。

图10-10 《新千里江山图》线下传播（图片源自公众号“研究事儿”[②]）

线上传播不仅限于单向的信息传递，还通过互动话题、用户评论等方式增强了与观众的互动。观众可以在观看报道的同时发表自己的观点和感受，形成了一种良好的互动氛围。相关报道在人民日报新媒体自有平台、社交媒体、视频分享网站等多个新媒体平台上发布，实现了广泛

① 创作谈丨《新千里江山图》为何受中国新闻奖青睐［EB/OL］.（2024-01-17）［2024-08-09］. https://mp.weixin.qq.com/s/FZ5_6WvEUW31akuhUG0bRg.

② 创作谈丨《新千里江山图》为何受中国新闻奖青睐［EB/OL］.（2024-01-17）［2024-08-09］. https://mp.weixin.qq.com/s/FZ5_6WvEUW31akuhUG0bRg.

的覆盖和传播。通过微博、微信、抖音等平台的热门话题和热搜榜，吸引了大量网友的关注和讨论。

例如，江苏南京玄武湖畔等地搭建了“新千里江山图”主题互动场馆，将数字画卷带到线下，让观众能够亲身体验到这幅壮美画卷的魅力。这种线下体验活动不仅增强了观众的参与感和沉浸感，还进一步提升了报道的知名度和影响力。报道还在北京、成都、杭州等多个城市的地标建筑和公共交通上进行展示，通过大屏幕、广告牌等形式将报道内容传递给更广泛的受众群体，并且通过近70场“新千里江山图”主题直播，带大家从三维走到实景观赏；数十个城市上千块地标大屏几万小时的循环播放，实现了从小屏到大屏的多屏联动。①这种线下展示方式不仅扩大了报道的传播范围，还增强了报道的视觉效果和冲击力。

创作团队还通过线上话题引导、线下活动体验等方式实现线上线下的互动联动。例如，在线上发起相关话题讨论和互动活动，引导观众到线下场馆进行参观体验；同时在线下场馆设置二维码等互动元素，引导观众关注线上平台并参与互动。线上线下联动传播不仅提升了报道的知名度和影响力，还增强了报道的传播效果和深度。通过线上线下的互动和融合，使报道内容更加深入人心，形成了良好的传播效果和社会反响。

案例四

一、案例简介②

《中国首位！是个90后姑娘》是一则以短视频为中心，以图文报道

① 创作谈丨《新千里江山图》为何受中国新闻奖青睐［EB/OL］.（2024-01-17）［2024-08-09］. https://mp.weixin.qq.com/s/FZ5_6WvEUW31akuhUG0bRg.

② 中国首位！是个90后姑娘［EB/OL］.［2024-08-09］. https://www.chinastory.cn/kfptsj/dzpl/20240716/273664_1.html.

为辅的融媒体报道，也是一则典型人物报道。该融媒体报道由中央广播电视总台中国之声制作发布，《人民日报》《中国妇女报》等多家新闻媒体进行了转发，据笔者截至2024年8月在相关平台观测，在“中国好故事”栏目板块阅读量达100万+，在抖音等短视频平台播放量达10万+，取得了不错的报道效果。

报道原文节选：

詹春珮是中国首位远洋公务船女船长，从南印度洋马航MH370客机失联搜寻到东海“桑吉”轮燃爆应急处置，她至今已参与了20多次海上重大搜救任务，航程平均每年可绕地球一周。

一名女性要经历多少风浪才能成为一位船长？詹春珮的答案是：十年。

90后姑娘成中国首位
远洋公务船女船长

“各船舶请注意，这里是上海海事局‘海巡01’轮。附近水域内渔网渔船密集，过往商船加强瞭望，谨慎驾驶……”

“海巡01”轮是一艘长128.6米、5000吨级的海事综合执法船，集巡航、执法、搜救功能于一体，她的船长是90后姑娘詹春珮。

巡东海、穿南海、越赤道……十年来，詹春珮从晕船的新手到三副、二副、大副……一步步成长为中国首位远洋公务船女船长。

……

主动请缨加入搜寻团队
“一丝希望，百倍努力”是她的座右铭

2013年，浙江诸暨姑娘詹春珮从上海海事大学航海技术专业毕业后，考入了上海海事局，同年恰逢当时世界最大的公务船“海巡01”轮列编，两位“新兵”的命运在此交汇。

2014年，马航MH370客机失联，作为中方指挥船的“海巡01”轮奉命赴南印度洋展开搜寻。初出茅庐的詹春珮主动请缨加入搜寻团队，担任见习三副。

……

图10-11　詹春珮工作照片（图片来自中国之声）

“漫漫亦灿灿”
她鼓励更多女性从事航海事业

大多数时候，船上的日子是琐碎又重复的，每天迎来日出，送走晚霞。

“最享受的时刻就是海上夜航时万里无云，整个天空就像一张天鹅绒的幕布，上面缀满了星星。”这是詹春珮眼里的浪漫时刻，回到宿舍，她用画笔记录下月光、星辰、海浪与灯塔。

……

詹春珮表示，希望自己能成为一名优秀的、虽老犹新的船长。“老”是经验老，“新”是希望自己的状态永远年轻。

二、案例分析

该融媒体报道具有时效性与深度并重、多角度人物展示、叙事形象生动、报道形式贴合文本等特点。

（一）时效性与深度并重

该报道紧跟时事热点，及时捕捉并呈现了詹春珮的成长历程和卓越成绩。从詹春珮毕业、入职，到她参与的多项重大搜救任务，再到她正式成为船长的时刻，报道都进行了及时的跟进和报道。而且，该报道并不是停留在表面的事实陈述，还深入挖掘了詹春珮在成长过程中的心路历程、面临的挑战以及她如何克服这些困难等深层次内容，使人物形象更加丰满立体；同时展现了新时代女性打破性别偏见，为女性在航海事业中的发展树立了榜样，激励更多女性勇敢追求自己的梦想，投身到航海事业中来。

（二）多角度人物展示

作为一则典型人物报道，该融媒体报道的文本内容注重对人物进行多角度展现。通过职业、个人、社会三重视角，对詹春珮人物形象进行了全方位、多角度的描摹。通过职业视角的叙述，从詹春珮作为远洋公务船船长的职业角度出发，详细描绘了她在海上搜救、巡航执法等方面的工作内容和专业技能，讲述了她参与的重大搜救任务以及做出的贡献。比如2014年，马航MH370客机失联后，“海巡01”轮作为中方指挥船赴南印度洋展开搜寻。詹春珮主动请缨加入搜寻团队，担任见习三副。尽管面临风急浪高的恶劣环境，她仍坚持完成任务，展现了坚韧不拔的精神。再如，詹春珮多次参与东海“桑吉”轮燃爆应急处置等重大搜救任务，体现了她在紧急情况下的冷静判断和果断决策能力。通过职业视角的展现，让用户认识到她在航海领域的卓越才能。通过詹春珮的个人经历和感受，展现了她在面对恶劣天气、复杂海况和危机四伏的搜救现场时的坚韧不拔和勇敢无畏，以及她对航海事业的热爱和执着追求。报道还从社会层面探讨了女性在航海事业中的地位和作用，以及詹春珮作为女性船长的出现对航海领域的积极影响和启示。

（三）叙事形象生动

《中国首位！是个90后姑娘》这则报道结合融媒体报道方式，通过图片、视频等素材的使用，在叙事过程中融入人物对话，并结合场景再现和细节刻画，使叙事更加形象生动，避免了典型人物报道的“高大全”。一方面，报道通过生动的语言描述和场景再现，将詹春珮在海上搜救、巡航执法等过程中的紧张氛围和感人瞬间呈现在读者面前，使读者仿佛身临其境。另一方面，报道通过引用詹春珮本人及其同事、教官等人的话语，展现了詹春珮的性格特点和内心世界，使人物形象更加鲜活生动。此外，报道十分注重细节刻画，如詹春珮在海上夜航时享受的美景，她用画笔记录下的月光、星辰、海浪与灯塔等，这些细节不仅丰富了报道内容，也展现了詹春珮的浪漫情怀和文艺气质，深化了人物形象。

（四）报道形式贴合文本

融媒体报道并非简单素材的相加，而是要通过对文本特点的深入掌握，选取适合的报道形式进行呈现。在《中国首位！是个90后姑娘》这则报道中，中国之声结合传播特性，将视频、图片、音频等多种媒体形式进行了巧妙融合，通过短视频方式进行传播，更加直观、生动地呈现了詹春珮的故事。这种多媒体的融合运用，不仅丰富了报道的表现手法，也提升了报道的传播效果和影响力。

案例五

一、案例简介[①]

《走村直播看脱贫》是中央广播电视总台财经节目中心主办的一场大型融媒体报道行动，记者们深入基层实地探访，通过创新的报道形式、先进的技术应用和丰富多样的内容，成功展示了我国脱贫攻坚战的伟大成就和乡村的巨变。以下为该视频的宣推文稿：

中央广播电视总台财经节目中心主办的大型融媒体行动#走村直播看脱贫#来到河南范县千安社区。过去范县有9万多人居住在黄河滩区，每到汛期就面临着黄河漫滩的风险。如今，滩区居民已分批搬迁，当地居民也从人水争地，变成了水土养人。前房村发展流水养鱼项目，养了十几万尾鱼，年收入150万元。2019年，范县农村居民的人均可支配收入超一万元，今年2月份正式摘掉了贫困县的“帽子”。央视财经记者孟夏冰带你探秘黄河鲤鱼养殖地，打卡黄河鲤鱼的N种吃法！

《走村直播看脱贫》视频截图如图10-12、图10-13所示。

① 走村直播看脱贫［EB/OL］.（2021-10-29）［2024-08-09］. http://www.zgjx.cn/2021-10/29/c_1310272052.htm.

图10-12 《走村直播看脱贫》第八集短视频截图（图片截自央视财经网）

图10-13 《走村直播看脱贫》第八集短视频转场截图（图片截自央视财经网）

字幕：

前房村投资150万元发展流水养鱼项目

这片50多亩的鱼塘 养了十几万尾鱼 一年收入150万元

字幕：

除了养殖业 范县还培育有机瓜果蔬菜
菌菇种植和莲藕养殖等产业

字幕：
2019年 范县农村居民的人均可支配收入超一万元
今年2月份正式摘掉了贫困县的“帽子”
咱农民当主播，中不中？来吧，展示！
乡村rap、铿锵豫剧……不要太有范儿！
……

二、案例分析

从整体来看，这场融媒体报道行动，不仅在政治层面展现出卓越的高位视野与深刻洞察，更在选题构思上匠心独运，巧妙把握时代脉搏。该行动以丰富的创新点为驱动，成功跨越媒介界限，取得了较好的宣传效果，其特点主要有以下几点。

（一）表现形式新颖

正如前文提到的，融媒体报道的表现形式逐渐呈现出多样化和创新性的特点。在《走村直播看脱贫》这场大型融媒体报道活动中，其报道表现形式在直播形式、技术应用、内容呈现方面都较为新颖独特（图10-14）。在直播形式方面，采用实地直播方式，记者亲自走进脱贫村，将真实的脱贫故事和乡村变化直接呈现给观众。这种身临其境的直播方式，让观众能够直观地感受到脱贫攻坚的成果和村民生活的改善。报道同时进行了多平台同步直播，利用电视、广播、新媒体等多种平台，实现了线上线下、大屏小屏的有机结合。观众不仅可以在电视上观看，还可以通过手机APP等新媒体平台随时随地观看直播，增强了报道的时效性和互动性。

图10-14 《走村直播看脱贫》宣传海报（图片截自央视财经网）

在技术应用方面，直播搭载5G新媒体移动云制播系统的大篷车，利用先进的5G、4K/8K超高清视频技术和人工智能技术，实现了高清、实时的直播传输和智能剪辑制作。这些技术的应用极大地提升了报道的视觉效果和观看体验。此外，制作团队首创的演播室设计，集拍摄、直播、互动于一体。外场新媒体大篷车采用集装箱改装而成，配置了三讯道演播区，可以自动展开并外接扩展平台，满足各种场景的拍摄和直播需求。这种灵活多变的演播室设计，为报道提供了更多的可能性和创意空间。

在内容呈现方面，该融媒体报道行动推出了“云瞰中国之美丽乡村”系列短视频、“我当村主播”系列报道等多个专题栏目。这些栏目以不同的形式和角度展现乡村的变化和脱贫故事，使报道内容更加丰富多样、生动有趣。该报道还十分注重融媒体报道互动活动的开展，通过“我为家乡点赞”H5互动产品、记者走村Vlog等形式，让观众和村民参与到报道中来。这种互动式的报道方式，增强了观众的参与感和认同感，使报道更加贴近人心、深入人心。

（二）传播渠道多元

《走村直播看脱贫》这一融媒体报道通过构建多渠道、全方位的传播网络，实现了信息的广泛覆盖与深度渗透。它不仅局限于传统电视与广播，更深度融合了互联网、社交媒体及地方融媒体平台，形成了多元化、立体化的传播矩阵。这一创新模式不仅拓宽了传播边界，还促进了受众的积极参与和互动，为脱贫攻坚宣传报道工作提供了有力支持，生动展现了融媒体时代新闻报道的活力与影响力。其具体的传播渠道主要有以下几种。

1. 电视直播与广播报道

报道主要通过央视财经频道的午间新闻节目《天下财经》和黄金档新闻栏目《经济信息联播》进行电视直播。其中，央视财经频道《天下财经》推出电视直播连线57场，《经济信息联播》《第一时间》《正点财经》等栏目播出相关新闻170多条，电视播出时长总计近500分钟。这些节目在全国范围内有广泛的观众基础，能够直接触达大量观众，特别是农村地区的观众。除此之外，中央广播电视总台经济之声和中国交通广播也参与了节目的广播报道，通过声音传播的方式，进一步扩大了节目的覆盖范围和受众群体。

2. 新媒体平台

报道使用的新媒体平台主要包括央视财经客户端、社交媒体平台以及新闻网站。首先，央视财经客户端精心策划，推出了长达1小时的《走村直播看脱贫》直播节目，观众只需下载APP即可轻松观看，并实时参与互动。这种新媒体直播方式不仅为观众提供了前所未有的便捷观看体验，还极大地增强了他们的参与感和互动性。同时，主创团队在微博、微信、抖音等热门社交媒体平台上积极发声，通过官方账号发布丰富的新闻信息、精彩的短视频及互动内容，成功吸引了大量年轻用户的关注与热烈参与。此外，人民网、中国日报网、央视网等权威主流新闻网站，以及新浪网、腾讯网等商业新闻网站也纷纷转载相关报道，形成了强大的传播合力，进一步拓宽了节目的传播渠道，显著提升了其社会影响力和公众关注度。

3. 地方媒体融合

江苏、河南、湖北等省（区、市）的地方新闻联播以及省市县各级融媒体中心对《走村直播看脱贫》的活动线路、技术特点、传播亮点进行了报道，形成了上下联动的传播矩阵。各地融媒体中心通过自身的平台和渠道，对节目进行了深入报道和传播，进一步增强了节目的地域性和贴近性。

4. 线上线下结合

正如前述，该融媒体报道首创了“外场新媒体大篷车”，搭载5G新媒体移动云制播系统，利用5G+4K/8K+AI技术，实现了线上线下、大屏小屏、电视广播的有机结合。这种创新的演播方式不仅提高了节目的制作效率和传播效果，还增强了观众的现场感和沉浸感。此外，该融媒体报道行动推出了“我为家乡点赞”H5互动产品，让每个村的村民自发参与到活动的宣推中，互动人次超过千万。此外，“我当村主播”等活动也让村民以rap、快板、戏曲等特色方式讲述家乡的变化和扶贫成果，实现了媒体和个人的深度融合。

5. 立体式传播矩阵

节目通过电视、广播、新媒体平台以及线下活动等多种渠道进行融合传播，形成了立体式的传播矩阵。这种多渠道的融合不仅提高了节目的传播效率和覆盖面，还增强了节目的影响力和公信力。节目在做好内宣的同时，也积极做好外宣工作，通过外部平台如人民网、中国日报网等中央主要媒体和新闻网站的转载报道，进一步扩大了节目的国际影响力。

（三）用户互动性强

《走村直播看脱贫》节目的互动内容设计得相当丰富且具有创新性，通过直播互动、社交媒体互动、线下互动等多种方式增强了观众的参与感和体验感。同时节目团队还注重收集用户反馈和评估互动效果以持续优化互动体验。

其中，直播互动主要通过实时弹幕与评论、在线问答、观众投票等方式。在央视财经客户端的直播过程中，观众可以通过发送弹幕和评论的方式，实时参与直播互动。这种即时反馈机制不仅让观众能够表达自己的观点和感受，还能与其他观众进行交流和讨论，形成热烈的互动氛围。直播中会设置在线问答环节，观众可以通过弹幕或评论区提问，主持人或嘉宾会选取部分问题进行解答。这种互动方式不仅增加了直播的趣味性，还能让观众更深入地了解脱贫故事和背后的细节。在一些特定的直播环节中，节目会设置观众投票环节，让观众对某个话题或选项进行投票。通过投票结果，节目可以直观地了解观众的意见和偏好，从而调整后续的内容和形式。

社交媒体互动主要通过官方账号互动、开设特色互动产品、发起话题挑战等实现。该融媒体报道在微博、微信、抖音等社交媒体平台上开设了官方账号，定期发布新闻信息、短视频和互动内容。观众可以在这些平台上通过点赞、评论、转发等方式与节目进行互动，表达自己的看法和感受。除此之外，报道团队开设了“我为家乡点赞”H5互动产品，观众可以通过简单的点赞操作，为自己喜爱的家乡或脱贫故事加油助威。这种低门槛的互动方式不仅激发了观众的参与热情，还通过社交网络的裂变效应扩大了节目的影响力。报道团队还通过不定期在社交媒体上发起话题挑战活动，鼓励观众拍摄与脱贫故事相关的短视频或图片并上传至平台参与挑战。这种互动方式不仅丰富了节目的内容，还通过用户的自发传播进一步扩大了节目的传播范围。

除了线上互动，报道团队还设置了大量线下互动，如开设《我当村主播》《云瞰中国之美丽乡村》《记者走村vlog》《小游戏：脱贫奔小康》《全民互动为家乡点赞》等形式新颖的融媒体玩法，获得当地干部群众欢迎。报道团队还多次邀请脱贫村群众进入演播室或直播现场参与直播。这些村民通过讲述自己的脱贫故事、展示家乡的变化等方式与观众进行互动。这种“我当村主播”的形式不仅让村民成为传播的主角，还通过他们的亲身经历和感受增强了节目的真实性和感染力。在直播过程中，报道团队还会组织观众或记者前往脱贫村进行实地探访和体验活动。例如，在湘西州十八洞村体验拦门酒、湘西苗绣等苗族民俗文化；在清水河县高茂泉窑村采摘海红果、体验现代感十足的窑洞民宿等。这些现场体验活动不仅让观众更直观地了解了脱贫故事和乡村变化，还通过亲身体验增强了互动性和参与感。

（四）宣传效果出色

《走村直播看脱贫》融媒体报道的传播效果显著，不仅体现在高点击量和广泛传播上，还体现在社会反响热烈、媒体融合与联动效应以及经济与社会效益显著等多个方面。这些成果充分展示了融媒体在宣传报道中的巨大潜力和优势。

经过100天的行进式直播和后续报道，该融媒体行动的全网总点击量超过了5亿次。[①]这一数字充分说明了报道的广泛传播和受众的高度关注。报道在电视端、广播端、新媒体端进行融合传播，覆盖了多个受众

① 走村直播看脱贫［EB/OL］.（2021-10-29）［2024-08-09］. http://www.zgjx.cn/2021-10/29/c_1310272052.htm.

群体。中宣部“学习强国”学习平台、人民网、中国日报网、央视网等中央主要新闻网站，以及新浪网、腾讯网等商业新闻网站纷纷转载报道，形成了强大的传播矩阵。

报道中的互动环节，如“我为家乡点赞”H5互动产品，吸引了大量观众参与，互动点赞次数达到6892万次[①]，显示了公众对脱贫故事的关注和热情。通过村民参与直播、记者走村Vlog等形式，报道生动展现了脱贫群众的真实生活和巨大变化，让脱贫故事深入人心，增强了社会大众对脱贫攻坚工作的认同感和支持度。

在央视财经频道进行报道的基础上，地方媒体也积极参与报道，形成了央视与地方媒体的融合与联动。这种融合不仅扩大了报道的覆盖面，还增强了报道的权威性和影响力。报道不仅在国内引起了广泛关注，团队还通过外部平台进行宣传报道，实现了内宣与外宣的融合。这种融合提升了报道的国际影响力，让世界更加了解中国脱贫攻坚的成就。财经节目中心在节目现场推出“央视财经”客户端“百村大集”专区，征集各村龙头产品，提供线上农副产品展销平台。这一举措不仅帮助村民拓宽了销售渠道，还促进了当地经济的发展。报道还积极为帮扶企业和贫困地区搭建平台，举行“走村直播看脱贫”精准帮扶签约仪式。邀请8家企业、商超与正在脱贫或已经脱贫的村庄签署采购投资协议，总签约额近4.8亿元。[②]这一举措为贫困地区注入了新的发展动力，推动了脱贫攻坚与乡村振兴的有效衔接。

正如前文所言，融媒体报道数据新闻的形式丰富多样，这些形式不仅提升了新闻报道的准确性和深度，还增强了与受众的互动性和参与感。随

① 王永利.百天、百村、百场直播，带你“走村直播看脱贫”[EB/OL].(2020-11-06)[2024-08-09].https://mp.weixin.qq.com/s/55sYGANr04wu7ucSLBOYUw.

② 王永利.百天、百村、百场直播，带你“走村直播看脱贫”[EB/OL].(2020-11-06)[2024-08-09].https://mp.weixin.qq.com/s/55sYGANr04wu7ucSLBOYUw.

着大数据技术的快速发展，媒体也在数据新闻的制作与传播中不断探索。

案例六

一、案例简介

“解码十年”系列报道是中央广播电视总台推出的一部大型融媒体报道，通过“客观数据+独家发现+可视化影像”的方式，生动呈现了中国在多个领域取得的辉煌成就和发生的深刻变化（图10-15）。该系列节目在《新闻联播》播出期间上星频道观众规模2.3亿，累计观看人次超过6.3亿，经多渠道转发，全网累计触达量达60亿人次。[①]系列报道深度融合“大数据+新闻”的叙事模式，“大数据+故事”的讲述手法，以及“大数据+知识”的深度挖掘，促成了技术、数据与新闻内容的深刻交融，从而迸发出前所未有的传播能量，展现了强大的传播效能与影响力。

图10-15 《解码十年》融媒体作品宣传海报截图（图片来央视网）

① 新闻联播［EB/OL］.（2023-10-27）［2024-08-10］. http://www.zgjx.cn/2023-10/27/c_1310747431.htm.

系列报道内容概括：

（报道一）《精准扶贫让9899万贫困人口一道迈入小康社会》[①]：通过具体的数据和案例，展示了中国在精准扶贫方面取得的巨大成就，包括贫困人口数量的减少、贫困地区的面貌改善等。

（报道二）《易地扶贫搬迁 960多万人迎来新生活》[②]：介绍了中国通过易地扶贫搬迁政策，帮助数百万贫困人口实现安居乐业的过程，展示了搬迁群众的新生活和新面貌（图10-16）。

图10-16 《解码十年》第二集（图片截自央视网）

（报道三）《穿山越壑 向交通空白处挺进》[③]：聚焦于中国交通基础设施的建设和发展，通过具体的工程项目和案例，展示了中国在交通领域

① 【解码十年】精准扶贫让9899万贫困人口一道迈入小康社会［EB/OL］.（2022-08-09）［2024-08-16］. https://tv.cctv.com/2022/08/09/VIDEvk2H2o9aURjZ5AUjsi2E220809.shtml.

② 【解码十年】易地扶贫搬迁 960多万人迎来新生活［EB/OL］.（2022-08-11）［2024-08-09］. https://xczx.cctv.com/2022/08/11/ARTIb0Xgb16hADAGmBqbyEgJ220811.shtml.

③ 【解码十年】穿山越壑 向交通空白处挺进［EB/OL］.（2022-08-11）［2024-08-09］. https://tv.cctv.com/2022/08/11/VIDEZ6jeyrZxCBycQCgSejEF220811.shtml.

取得的突破和成就。

（报道四）《还老百姓蓝天白云 繁星闪烁》[①]：关注中国的生态文明建设，特别是空气质量改善方面取得的成效，通过数据和案例展示了蓝天白云、繁星闪烁的美好景象。

（报道五）《让母亲河永葆生机活力》[②]：介绍了中国在水资源保护、水环境治理等方面的努力和成就，特别是针对黄河等母亲河的保护措施和效果。

（报道六）《开启人与自然和谐共生新篇章》[③]：从生态保护和可持续发展的角度，展示了中国在生态文明建设方面取得的进展和成果。

（报道七）《中国迈入创新型国家行列》[④]：聚焦中国的科技创新和产业发展，介绍了中国在科技创新领域取得的重大突破和成就，以及创新型国家建设的进展情况。

（报道八）《让所有农村人口喝上放心水》[⑤]：关注农村饮水安全问题，介绍了中国在解决农村饮水安全方面采取的措施和取得的成效。

（报道九）《产业集聚 点亮中西部》[⑥]：介绍了中国在中西部地区推动

---

① 【解码十年】还老百姓蓝天白云 繁星闪烁［EB/OL］.（2022-08-12）［2024-08-09］. https://tv.cctv.com/2022/08/12/VIDEyojLcdu2kywIDT388r5k220812.shtml.

② 【解码十年】让母亲河永葆生机活力［EB/OL］.（2022-08-13）［2024-08-09］. https://tv.cctv.com/2022/08/13/VIDEJW1HGKmcWbKkBlf7v63V220813.shtml.

③ 【解码十年】开启人与自然和谐共生新篇章［EB/OL］.（2022-08-14）［2024-08-09］. https://tv.cctv.com/2022/08/14/VIDEtixTMiX4bMhU4ZJtDnkI220814.shtml.

④ 【解码十年】中国迈入创新型国家行列［EB/OL］.（2022-08-15）［2024-08-09］. https://tv.cctv.com/2022/08/15/VIDE0UP99zoiIvYCafYi0O8j220815.shtml.

⑤ 【解码十年】让所有农村人口喝上放心水［EB/OL］.（2022-08-16）［2024-08-09］. https://tv.cctv.com/2022/08/16/VIDEQP6qTRJwea7HxJv5wUss220816.shtml.

⑥ 【解码十年】产业集聚 点亮中西部［EB/OL］.（2022-08-17）［2024-08-09］. https://tv.cctv.com/2022/08/17/VIDEUPTlIInkGmFOdnVzV83A220817.shtml.

产业集聚、促进区域经济发展的政策和成效（图10-17）。

图10-17 《解码十年》第九集视频截图（图片截自央视网）

（报道十）《中国与世界更快更深地连接》[①]：从对外开放和国际贸易的角度，展示了中国与世界各国的紧密联系和合作成果。

（报道十一）《中国掀起数字化浪潮》[②]：聚焦于中国的数字经济发展和数字化转型，介绍了中国在数字技术、数字经济等方面的创新和发展（图10-18）。

（报道十二）《绘就命运与共新蓝图》[③]：从全球视野出发，展示了中国在国际合作、全球治理等方面发挥的作用和贡献。

---

① 【解码十年】中国与世界更快更深地连接［EB/OL］.（2022-08-19）［2024-08-09］. https://tv.cctv.com/2022/08/19/VIDEIsYisO2SQYXgQTvc3Zu220819.shtml.

② 【解码十年】中国掀起数字化浪潮［EB/OL］.（2022-08-20）［2024-08-09］. https://tv.cctv.com/2022/08/20/VIDEAOrFBLGxsYSezLvNIZWT220820.shtml.

③ 【解码十年】绘就命运与共新蓝图［EB/OL］.（2022-08-21）［2024-08-10］. https://tv.cctv.com/2022/08/21/VIDE3chN9six5eU4jAvprzwx220821.shtml.

图10-18 《解码十年》第十一集视频截图（图片截自央视网）

（报道十三）《为乡村振兴插上互联网翅膀》[①]：介绍了中国如何利用互联网技术和手段推动乡村振兴、促进农村经济社会发展的经验和做法。

“解码十年”系列报道，作为一次深度探索与生动呈现中国近十年辉煌成就的创举，不仅展现了数据的力量，更以独特的视角和创新的手法，让这些数据“活”了起来，成为连接过去与未来、宏观与微观、国家与个体的桥梁。

二、案例分析

（一）多维数据呈现

在“解码十年”系列数据报道中，主创团队联合国内50多家部委和直属单位、顶尖大数据机构、科研院所，调用太空中20多颗中高分辨率

① 【解码十年】为乡村振兴插上互联网翅膀［EB/OL］.（2022-08-22）［2024-08-09］. https://tv.cctv.com/2022/08/22/VIDEHTUwt2WFbHoj38v5YOYO220822.shtml.

卫星、地面上百万个传感器，调取全国各行业数万亿级的巨量大数据，解读十年来中国发展巨变的“密码”。这种前所未有的数据规模，使得报道能够从宏观到微观，全面覆盖中国经济、社会、科技、文化等各个领域的发展变化。

报道以数据逻辑谋篇布局、架构故事，通过数据之间的交叉印证，总结梳理十年成就。例如，在观察科技对农业的影响时，主创团队从10万台农业无人机飞行轨迹的大数据中发现，2021年这些无人机的作业面积增长了7.8倍，这一数据直观展示了科技在农业领域的广泛应用和显著成效。再如在8月17日的《产业集聚 点亮中西部》中，报道以西南部小城遂宁为例，展示了成渝地区双城经济圈的发展成就。基于联通数科智慧足迹手机信令人口大数据，报道揭示了从京津冀、长三角、珠三角到滇中、成渝、天山北坡等区域的人口流动和产业分布高度重合的现象。通过人口流动数据反映出产业的集聚程度与联系紧密度，生动展现了中西部地区的崛起和区域发展协调性的增强。

另外，该融媒体报道创新性地使用卫星遥感、地理信息还原、航空测绘、倾斜摄影和三维建模等技术手段，将数万亿的大数据信息通过电脑编程的方式精准呈现。例如，对于通过卫星视角展示的山河变迁、30万艘远洋船舶的运行轨迹、35万个移民搬迁安置点的真实地理坐标等，都通过精准的数据可视化，让观众仿佛亲历中国这十年的沧桑巨变。

（二）人物故事与数据有机融合

“解码十年”系列报道通过将宏大叙事与个人奋斗故事相结合，赋予数据烟火气，让海量数据与鲜活个体人物故事有机融合，使得可视化数据与故事化新闻在报道中相辅相成。在讲述“15分钟生活圈”时，团队以一个社区居民的手机信令作为观察样本，从杂乱无章的手机数据中筛查出人们的活动规律，反映出实实在在的便民举措落地。这种贴近民生的报道方式使得观众能够感受到国家发展带来的实实在在的好处和变化。在展现国家扶贫成就时，“解码十年”系列报道没有止步于宏观数据的堆砌，而是通过个案报道让数据更加有血有肉。主创团队在国家扶贫大数据库中的228亿条信息中，找到了被精准扶贫政策关照的真实人物个体，如潘洪全、文安红、李文宾等。通过他们的真实生活变化，反映出国家全面建成小康社会的巨大决心与努力。这些个案报道不仅让数据更加生动，也让观众深切感受到国家政策对个体命运的深刻影响。在《让所有农村人口喝上放心水》一集中，报道用河北省景县苦水营村村民刘志良的视角和口吻将“苦水营”变成“甜水营”的故事娓娓道来。主创团队通过深入挖掘和分析那些看似冰冷的海量数据，发现其背后隐藏的故事线索，进而锁定那些生动鲜活的人物，将他们的经历、变化与宏大的数据背景紧密相连。这样的报道，不仅让数据“活”了起来，也让观众能够透过数据看到真实的社会变迁和个体命运，感受到数据背后所承载的温度和情感。

（三）传播渠道多元

“解码十年”系列报道的传播渠道涵盖了从国家部委所属媒体平台到中央媒体、地方媒体、主流媒体、商业网站及社交平台的全方位矩阵，通过创新性的传播手段和深度的内容解读，实现了裂变式融合传播的效果，产生了广泛的社会反响和影响力。

该融媒体报道以中央广播电视总台《新闻联播》作为首发平台，《新闻联播》的权威性和影响力为“解码十年”系列报道的广泛传播奠定了坚实基础。通过这一平台，节目能够迅速触达全国乃至全球的观众。另外，该融媒体报道在全网进行了矩阵传播，在央视新闻、人民网、新华网、光明网、学习强国、中国网、中国新闻网等中央及地方主流媒体上广为转载，形成了强大的传播合力。同时，节目还覆盖了搜狐网、凤凰网、澎湃新闻等商业网站，并在微博、百度、抖音等平台上持续登上热搜，形成了从传统媒体到新媒体的全覆盖。截至2022年8月15日，“解码十年”系列报道全网累计触达量已达到14.1亿人次，央视新闻主持的微博话题#解码十年#阅读量超过1.5亿次[①]，显示出极高的公众关注度和传播效果。

在相关话题#国家发展近十年感触最深的事#中，网友纷纷留言表达了对十年变化的感慨和认同，如“这十年变化太大了！”“亲身经历从脱贫攻坚到乡村振兴，伟大！”等，进一步增强了该融媒体报道的社会影响力和共鸣。

案例七

一、案例简介[②]

美数课是澎湃新闻推出的一档以数据新闻为主题的栏目，该栏目通过数据分析和可视化呈现，提供深入洞察和更好地理解复杂社会问题和事件的渠道。其报道和分析始终以数据为基础，通过分析大量的统计数据和实时数据，揭示问题的本质和规律。数据是栏目的核心，为读者提供准确、全面的信息。栏目注重从多个维度和角度展示数据，通过图表、地图和可交互的可视化工具等手段，将数据进行分层次展示，使读者能够更加直观地理解和分析。栏目不仅呈现数据，还对数据进行深度解读和分析，挖掘数据背后隐藏的规律和问题。通过专业的解读和分析，帮

① 《解码十年》：温情解码　数意无穷［EB/OL］.（2022-08-16）［2024-08-10］. https://news.cctv.com/2022/08/16/ARTIaVzPH2ipeuvszaPsjPn7220816.shtml.

② 何以安居？ 7478个关于烂尾楼的等待［EB/OL］.（2020-09-10）［2024-08-09］. https://baijiahao.baidu.com/s?id=1677448394096263499.

助读者更全面地把握社会现象和问题。下文是美数课一篇关于烂尾楼的数据新闻报道《何以安居？ 7478个关于烂尾楼的等待》。

何以安居？ 7478个关于烂尾楼的等待（节选）

小区种菜、电瓶供电、水洼打水、徒步爬上18楼……这是住在云南昆明烂尾楼“别样幸福城”里30户业主的生活。拖沓了七年，这座楼盘在大众广泛的关注下开始复工续建，业主们终于迎来了“别样幸福”的希望。

这栋烂尾楼里30户业主的遭遇，对于普通人而言可能是一种“奇观”，但这种“奇观”并非特例。

在人民网创立的国内唯一全国性领导干部留言板“领导留言板”上，10年间共有8千多条与“烂尾”有关的留言投诉，与住房烂尾直接相关的投诉共7478条，涉及楼盘超过3188座。其中，至少429条留言提到自己或他人有居住在烂尾楼中的情况。

住房烂尾究竟多严重?

“我于2014年购买位于红军一路总部花园小区的住房，合同上是2015年年底前交房，六年过去了，现在小区依旧和买房时一个样子。”一位业主在今年8月份给其市市委书记写下了这样的留言，这是烂尾房业主们现状的一个缩影。

在烂尾楼投诉留言中，能识别出建楼、购房、停工或承诺交房年份的共有2829条。如果用这个时间点与投诉者留言的年份相减，我们可以大致估计出某处楼房的烂尾时长。计算之后我们发现，留言中提及楼盘的烂尾状态在承诺交房年份之上平均持续了2.1年，年份跨度最长的竟然有22年。

……

一栋房子有多少潜在的烂尾风险?

……

为什么会有这么多住房走向烂尾?

……

被烂尾楼困住的，不只是业主。

……

一套烂尾楼可能让一个家庭在各类问题上碰壁。

……

而除了业主之外，受烂尾楼影响的还有其他人。

……

虽有推动解决，但结果不一定如意

……

该报道通过翔实的数据、生动的案例和深入的分析，全面揭示了烂尾楼问题的严重性、成因、影响及解决途径。报道通过具体案例和数据，揭示了烂尾楼问题的普遍性和严重性。在人民网创立的“领导留言板”上，10年间共有8千多条与“烂尾”有关的留言投诉，与住房烂尾直接相关的投诉共7478条，涉及楼盘超过3188座。这些数据表明，烂尾楼问题并非个别现象，而是广泛存在于多个城市和地区，深入描述了烂尾楼问题中业主的困境和挣扎。一方面，他们面临着无法入住的困境，有的业主甚至被迫搬进烂尾楼中居住，生活条件极其恶劣。另一方面，他们还要承担房贷和房租的双重压力，经济负担沉重。此外，烂尾楼问题还影响了业主的子女教育、家庭关系和社会生活等多个方面。报道对烂尾楼问题的成因进行了深入分析。资金问题是最常被提及的原因，包括开发商资金链断裂、挪用购房款等。此外，多方间的合作纠纷、市场形势、国家政策以及新冠疫情停工等因素也加剧了烂尾楼问题的发生。报道还介绍了政府和社会各界对烂尾楼问题的反应和努力。一方面，政府通过出台相关政策、加强监管等措施，努力解决烂尾楼问题；另一方面，社会各界也积极参与其中，包括业主自救、媒体曝光、专家建议等。报道最后对烂尾楼问题的社会影响进行了反思。烂尾楼问题不仅损害了业主的合法权益，也影响了城市的形象和社会的稳定。因此，需要从根本上解决烂尾楼问题，加强法治建设、完善监管机制、规范房地产市场秩序等。

二、案例分析

该新闻报道的出彩之处主要在于问题抓得准、分析全面客观、数据可视化呈现效果好等方面。

首先，报道聚焦烂尾楼这一当时社会现实问题，及时捕捉并反映了烂尾楼问题的现状和业主们的困境，使公众能够迅速了解这一社会问题的严重性和紧迫性。报道引用最新的数据和案例，如云南昆明“别样幸福城”烂尾楼的复工续建，以及领导留言板上的最新投诉和回复，增强了报道的时效性和现实性。同时，报道也注重深度挖掘，通过详细的数据分析、案例剖析和专家解读，揭示烂尾楼问题的根源、影响和解决方案，满足了受众对深度信息的需求。

报道全面覆盖了烂尾楼问题的各个方面，包括业主困境、政府措施、市场形势、法律问题等，为受众提供了全面而深入的信息。同时，报道还注重引用权威的数据来源和专家观点，增强了报道的权威性和可信度。同时，报道借助融媒体平台，通过多种形式与受众互动，如在线调查、读者留言、社交媒体分享等，增强了受众的参与感和表达意愿。另外，报道还通过引用业主、政府官员、专家等多方声音，形成多角度的对话和讨论，丰富了报道内容，也提高了受众的参与度和关注度。

在数据分析与可视化呈现上，该融媒体报道充分利用大数据和可视化技术，通过图表、地图、时间线等形式展示烂尾楼问题的规模、分布和趋势，使复杂的数据和信息变得直观易懂。这种数据驱动和可视化呈现的方式，不仅提高了报道的准确性和权威性，也增强了受众的阅读体验和理解力。

小 结

上述七个具体的融媒体报道案例分别聚焦H5新闻、视频新闻、数据新闻等融媒体报道形式，展现了这些报道形态在融媒体报道中的实际应用，通过分析其传播特点与效果，也反映出融媒体报道所具有的超越传统媒体报道的优点。

在中国共产党成立100周年之际，新华社打造的《2021，送你一张船票》融媒体作品，在形式、内容、传播渠道上都进行了创新，在业界融媒体报道中具有很强的示范意义。当然，这部作品也有可以精进的地方，例如可以适当加入视频文字内容，提升用户视觉体验；在技术上可以改进只能回溯不能前进的缺陷；增加AI交互技术；实现用户在历史时刻或者历史地点进行打卡；在叙事上可以丰富个体叙事，提升作品的丰富度与可读性。

案例二《手机里的小康生活》以“半条被子”故事主人公徐解秀之孙朱小红为第一视角出发，巧妙地将故事融入“手机应用”中，通过大主题、小切口的叙述方式，互动性强的H5产品形式，轻量化的传播方式，引发受众产生共鸣，让其真切感受到“吃穿不愁、人居环境优美、乡村振兴如火如荼、民族团结繁荣发展”的小康图景。作品发布后，连续3天在新湖南客户端首屏重要位置突出呈现，在朋友圈中被广泛转载。但是该融媒体作品也存在一定的不足之处，比如存在交互过于简单、在电脑端不能观看、不同模块之间不能自由选择等问题。

案例三《新千里江山图》作为主流媒体融合发展的典范之作，不仅创新了表达方式，传播了主流价值观和正能量，还为新型主流媒体话语体系建设提供了新范本。该作品以思想为核心，以数码技术和国潮艺术为底座，通过语态革命重构新型主流媒体话语体系，为观众奉献了一场从画面到心灵的感官盛宴。同时，《新千里江山图》也启示我们，在智能传播时代，主流媒体应着力提升新闻舆论传播力、引导力、影响力和公信力，以更加丰富多样的形式和内容满足人民群众的精神文化需求。

案例四《中国首位！是个90后姑娘》这则融媒体报道通过对时事热点的挖掘、生动的叙述、多角度的人物刻画和贴合文本的报道形式，成功展现了詹春珮作为中国首位远洋公务船女船长的非凡经历和成长历程。同时，该报道也传递了积极向上的价值观和对女性力量的肯定与赞扬，具有很高的社会价值和传播意义。

案例五《走村直播看脱贫》作为中央广播电视总台财经节目中心发起的一场大型融媒体报道行动，通过实地探访、创新报道形式和技术应用，全方位展示了我国脱贫攻坚的伟大成就与乡村的巨变。报道以新颖的直播表现形式、多元的传播渠道、强互动性的内容设计及显著的宣传效果为特点，不仅展现了我国脱贫攻坚的辉煌成就，也体现了融媒体在新闻报道中的创新实践与深远影响。

案例六“解码十年”系列报道的成功，不仅在于其对海量数据的精准挖掘与可视化呈现，更在于其深刻理解了数据与人物故事之间的内在联系，实现了数据与人性的共鸣。通过多元化的传播渠道，这一系列报道跨越了时空的界限，触动了亿万人的心弦，让中国这十年的发展成就不是停留在数字上，而是化为每个人心中那份沉甸甸的自豪与感动。展望未来，“解码十年”系列报道所开创的数据与人物故事相结合的报道模式，将继续为新闻传播领域注入新的活力，见证并记录下一个十年的辉煌与变迁。

案例七《何以安居？ 7478个关于烂尾楼的等待》作为一篇融媒体报

道，体现了时效性、互动性、碎片化与深度结合、个性化与多样化、数据驱动与可视化呈现、全面性与权威性以及传播力强等特点，充分展现了融媒体时代新闻报道的创新路径和优势。

这些融媒体报道的实例，显著彰显了其在形式创新、内容深度以及传播渠道多样化方面的超越性优势，有力证明了融媒体在优化传播效能、精准满足受众需求以及有效传播正面价值观等方面所展现出的卓越性能。这些案例不仅借助了新颖独特的表现手法、多元化的传播路径以及高度互动的内容设计策略，极大地增强了报道的吸引力和影响力，同时也深刻体现了融媒体技术在新闻报道领域内的创新探索与深远的社会影响，为融媒体报道实践提供了宝贵的参考。

课后讨论题

1. 创作一篇融合多媒体元素展现巴黎奥运会风采的报道。

要求：设想自己是一名融媒体记者，负责为巴黎奥运会撰写一篇融媒体报道；在报道中，结合文字、图片、视频（可以是概念性描述或模拟链接）等多种媒体形式，展现你对巴黎奥运会亮点、场馆特色、参赛国家及运动员风采的预测与想象；思考并体现融媒体报道的互动性，比如设计一个二维码链接到互动问答或虚拟参观页面，让读者能够参与其中；阐述你选择这些多媒体元素的原因，以及它们如何共同提升报道的吸引力和信息传达效果。

2. 以“国庆七日行：融媒体视角下的地方文化与旅游融合探索”为主题，进行一场融媒体报道策划。

要求：选取一个或几个具有代表性的国内旅游目的地，通过融媒体手段（如短视频、图文直播、VR全景体验等），深入探索并展示该地方在国庆假期期间的文化活动与旅游资源的融合情况。可以有如下角度：

实地采访当地居民，了解他们对国庆假期的期待与安排，以及当地特有的庆祝方式；拍摄并制作关于地方历史、民俗、美食等文化元素的短视频，结合旅游景点介绍，形成系列报道；利用VR技术或360度全景拍摄，为观众提供沉浸式旅游体验，让观众仿佛身临其境地游览各个景点；分析并讨论地方文化与旅游融合的现状、挑战与机遇，提出个人见解或建议。

3. 请选取一个你认为优秀的融媒体报道案例，对其“出圈”之处进行分析。

要求：选取一个最近几年你认为优秀的融媒体报道案例，试着从报道形态、技术运用、报道分发等角度分析该报道的“出圈”之处。

参考文献

［1］程晾.新形势下新闻采访选题策划的适应与革新［J］.记者摇篮，2024(7)：3-5.

［2］赵乃文.媒体融合背景下做好新闻选题策划的思考［J］.媒体融合新观察，2024(3)：59-63.

［3］张吉红.人工智能背景下新闻传播模式的创新发展［J］.中国传媒科技，2024(6)：45-48.

［4］涂林念.做好全媒体新闻选题的原则、标准和方法［J］.全媒体探索，2023(10)：60-63.

［5］衣学.融媒体时代报纸新闻选题策划技巧研究［J］.新闻传播，2024(8)：72-73.

［6］王玉熙.新闻选题策划"温度"和"力度"探析［J］.中国报业，2023(13)：182-183.

［7］李永坤.党报新闻选题策划要有"度"：以泰安日报"新春走基层"策划报道为例［J］.中国地市报人，2023(3)：26-27.

［8］强亚莉.具身传播视角下VR新闻报道的机遇、挑战与实践策略［J］.传媒，2023(7)：50-52.

［9］林信心.新媒体时代民生新闻采编工作创新路径探讨［J］.新闻研究导刊，2023，14(17)：128-130.

［10］李意．“10万+”新闻背后的选题技巧与思路：以“津云”微信公众号为例［J］．海河传媒，2023（5）：59-62.

［11］纪殿国．新形势下新闻采访选题策划创新之路［J］．中国报业，2023（3）：114-115.

［12］张峻峰．新媒体时代广播电视新闻的选题标准和采访技巧［J］．内江科技，2022，43（12）：89-90.

［13］聂焱．迎合时代做好策划：融媒体时代报纸新闻选题策划思考［J］．传媒论坛，2022，5（19）：100-102.

［14］李嘉烨．全媒体时代下融合新闻选题价值再思考：以第三十一届中国新闻奖媒体融合类获奖作品为例［J］．今传媒，2022，30（6）：38-40.

［15］费洪芹．媒体融合下新闻选题策划与创新［J］．中国报业，2022（4）：46-47.

［16］樊筠怡，田力．我国环境新闻报道样态及传播困境分析：基于2018—2020年中国新闻奖获奖作品的研究［J］．青年记者，2022（8）：50-52.

［17］李洁琼．社会新闻选题策略分析：以《南方周末》为例［J］．中国报业，2022（1）：56-57.

［18］朱伟斌．大数据背景下民生类新闻的选题与策划［J］．中国报业，2021（17）：80-81.

［19］梁伟．现实政治与时代写意：《人民日报》头版头条的新闻选题研究（2011—2020）［J］．理论观察，2022（2）：158-162.

［20］肖瀚．融媒体时代法治新闻选题策略分析［J］．中国报业，2021（13）：102-103.

［21］李学志．电视新闻采访中记者的提问艺术与技巧探究［J］．传媒论坛，2019，2（13）：51-52.

［22］王义武.电视新闻采访中记者的提问艺术与技巧初探［J］.中小企业管理与科技（上旬刊），2016（12）：64-65.

［23］于淼.新闻采访中人文关怀要素研究：基于采访对象类型差异［J］.记者摇篮，2020（8）：42-44.

［24］王宇轩.电视新闻采访中人物报道的采编技巧［J］.记者摇篮，2024（7）：81-83.

［25］郑敏.新媒体时代下新闻记者采访素养提升策略［J］.记者摇篮，2024（5）：69-71.

［26］曹峰.新闻采访中人际互动探析［J］.记者摇篮，2024（5）：138-140.

［27］戚冬伟.融媒体环境下新闻采访技巧研究［J］.中国报业，2024（8）：206-207.

［28］刘玮.新媒体时代新闻记者采访模式创新策略研究［J］.新闻研究导刊，2024，15（7）：94-97.

［29］王敏静."四全媒体"框架下新闻采访与写作课程思政建设的创新思路探索［J］.西部广播电视，2024，45（6）：57-60.

［30］刁雪峰.新闻采访中记者素养与职业道德探究［J］.中国报业，2024（4）：178-179.

［31］付莎莎.智媒时代的新闻采访：挑战、伦理与未来可能［J］.青年记者，2024（2）：40-43.

［32］王龛.媒体融合背景下新闻采访与写作的优化策略［J］.记者摇篮，2024（1）：60-62.

［33］李超，杨宝光.《党的文献》刊发俄藏史料研究论文 首次详细披露毛泽东全程参加青年团二大［EB/OL］.（2022-12-29）［2024-08-14］.http://news.cyol.com/gb/articles/2022-12/29/content_lb5X9yfWog.html.

［34］詹国枢.华尔街日报记者是怎样写稿的［J］.新闻三昧，2009

（11）：3-5.

［35］葛贞.以“华尔街日报体”为例谈非事件性新闻的写作［J］.今传媒，2005（4）：28-29.

［36］浦娅玲.新闻专题片制作的起始点：选题与策划［J］.新闻传播，2024（10）：106-108.

后　记

这部案例教程的初稿是由宁夏大学新闻传播学院2023级一群年轻的研究生（他们是未来新闻业界与学界的生力军）梳理每章的知识要点并收集整理编写案例而成。

第一章由杜泉儒撰写，第二章和第四章由荆纬、王娟撰写，第三章由刘冉撰写，第五章和第八章由王娟、荆纬撰写，第六章由吴玉爽撰写；第七章由杜泉儒撰写，第九章由吴玉爽撰写，第十章由刘冉撰写。

这样的安排出于以下几层考虑：一是对研究生而言，他们梳理新闻采访与写作知识要点的过程同样是一次系统地学习、复习与温故知新的旅程；二是他们每个人都熟读了最近五年来的中国新闻奖获奖作品与在《中国记者》《新闻战线》等新闻期刊上刊发的新闻业务论文，在撰写案例前已在一定程度上把握了时代的脉络与新闻实践的脉动；三是案例教程本身就是要面对全国的青年新闻学子，让年轻的研究生们采撷编写的案例自然能贴近他们的心。

作为主编，我们是这群研究生的导师，先是和他们共同组成案例编写团队，然后让他们每个人“认领”选题，给他们一次次的答疑解惑与鼓励。在撰稿过程中，我们仔细修改推敲甚至是大段改写他们每一次交来的稿件——无论是理论部分一句句的审核，还是案例编写部分一字字的校订，我们都花了大力气，真是感到在这个过程中所费的时间与心力比自己亲自撰写案例教程实在要多得多，但这正是导师培养研究生最好的机会之一。

可以说这个案例教程编写的过程，我们每个人都在成长。研究生们在梳理知识要点和收集编写案例中成长；而作为导师，我们真切地感受到学生是璞玉，导师则是雕刻璞玉的工匠，在雕琢璞玉的过程中书稿得以逐渐成形、完成、修订定稿。这个过程甘苦参半，最终是欣慰。

特别需要强调的是，编写本案例教程的目的是辅助新闻采访与写作课程教学，帮助学生从优秀案例中汲取营养，提升学生的新闻采写能力。为此，本案例教程在编写过程中引用和借鉴了部分前人的研究成果和学术观点，由于参编人员水平有限，对前人学术观点的使用不一定完整和准确，如有不妥，敬请批评指正。

另外，本案例教程选用和评析了大量媒体公开刊出的新闻报道案例，对于采写它们的记者和发布传播它们的媒体，我们心怀敬意，尤为感谢，倘若没有媒体和新闻工作者的辛勤付出，我们的案例教程也无法完成。书中对案例的评析完全是参编者的个人拙见，难免有疏漏、偏颇之处，恳请读者和媒体朋友批评指正。

我们还要感谢为本案例教程顺利出版辛勤付出的中国国际广播出版社的编辑老师们，他们勤勉敬业和认真负责的工作精神，令人敬佩，值得我们学习。

本案例教程的编写和出版得到了宁夏大学本科生院、新闻传播学院等部门以及新闻采访与写作国家级一流课程团队、宁夏大学高等教育质量提升工程项目、宁夏哲学社会科学和文化艺术领军人才培养项目、部校共建宁夏大学新闻传播学院项目的支持，在此一并致以衷心的感谢。

图书在版编目（CIP）数据

新闻采访与写作案例教程 / 李世举，俞运宏主编. 北京：中国国际广播出版社，2024.12. --ISBN 978-7-5078-5718-4

Ⅰ. G212

中国国家版本馆CIP数据核字第2024A8M415号

新闻采访与写作案例教程

主　　编	李世举　俞运宏
责任编辑	王立华
校　　对	张　娜
版式设计	邢秀娟
封面设计	赵冰波
出版发行	中国国际广播出版社有限公司［010-89508207（传真）］
社　　址	北京市丰台区榴乡路88号石榴中心1号楼2001 邮编：100079
印　　刷	北京启航东方印刷有限公司
开　　本	710×1000　1/16
字　　数	320千字
印　　张	22
版　　次	2025 年 3 月　北京第一版
印　　次	2025 年 3 月　第一次印刷
定　　价	58.00 元